江西财经大学东亿学术论丛·第一辑

经济福利核算

理论及其指标体系构建

周 伟 著

ECONOMIC WELFARE ACCOUNTING

Theory and Indicator System Construction

本专著为国家自科基金（71940017）、中国博士后基金（2018M630736）、江西省教育厅科技重点项目（GJJ170314）、江西省科技厅软科学一般项目（20161BBA10049）等项目阶段性成果。

经济管理出版社
ECONOMY & MANAGEMENT PUBLISHING HOUSE

图书在版编目（CIP）数据

经济福利核算：理论及其指标体系构建 / 周伟著. —北京：经济管理出版社，2020.9
ISBN 978-7-5096-7510-6

Ⅰ.①经… Ⅱ.①周… Ⅲ.①中国经济—GDP 增长—社会福利—经济核算—研究 Ⅳ.①F124

中国版本图书馆 CIP 数据核字（2020）第 164459 号

组稿编辑：王光艳
责任编辑：许 艳
责任印制：黄章平
责任校对：赵天宇

出版发行：经济管理出版社
（北京市海淀区北蜂窝 8 号中雅大厦 A 座 11 层 100038）
网 址：www. E-mp. com. cn
电 话：（010）51915602
印 刷：唐山昊达印刷有限公司
经 销：新华书店
开 本：720mm×1000mm /16
印 张：13. 75
字 数：186 千字
版 次：2020 年 10 月第 1 版 2020 年 10 月第 1 次印刷
书 号：ISBN 978-7-5096-7510-6
定 价：68. 00 元

总　序

江西财经大学统计学院源于1923年成立的江西省立商业学校会统科。统计学专业是学校传统优势专业，拥有包括学士、硕士（含专硕）、博士和博士后流动站在内的完整学科平台。数量经济学是我校应用经济学下的一个二级学科，拥有硕士、博士和博士后流动站等学科平台。

江西财经大学统计学科是全国规模较大、发展较快的统计学科之一。1978年、1985年统计专业分别取得本科、硕士办学权；1997年、2001年、2006年统计学科连续三次被评为省级重点学科；2002年统计学专业被评为江西省品牌专业；2006年统计学硕士点被评为江西省示范性硕士点，是江西省第二批研究生教育创新基地。2011年，江西财经大学统计学院成为我国首批江西省唯一的统计学一级学科博士点授予单位；2012年，学院获批江西省首个统计学博士后流动站。2017年，统计学科成功入选“江西省一流学科（成长学科）”；在教育部第四轮学科评估中被评为“A-”等级，进入全国前10%行列。目前，统计学科是江西省高校统计学科联盟盟主单位，已形成以研究生教育为先导、本科教育为主体、国际化合作办学为补充的发展格局。

我们推出这套系列丛书的目的，就是想展现江西财经大学统计学院发展的突出成果，呈现统计学科的前沿理论和方法。以“东亿”冠名，主要是为了感谢高素梅校友及所在的东亿国际传媒给予统计学院的大力支持，在学院发展的关键时期，高素梅校友义无反顾地为我们提供了无私的帮助。丛书崇尚学术精神，坚持专业视角，客观务实，兼具科学研究性、实际应用性、参考指导性，希望能给读者以启发和帮助。

丛书的研究成果或结论属个人或研究团队观点，不代表单位或官方结论。若书中存在不足之处，恳请读者批评指正。

编委会

2019 年 6 月

前　言

继中国“十二五”规划明确提出保障和改善民生后，“十三五”规划与党的十九大报告继续聚焦民生保障领域，推进民生改善与社会公平，标志着以改善民生为重点的社会建设将成为我国现阶段的主要任务。在这一背景下，探索构建能客观反映我国经济福利状况的指标体系，逻辑构建中国经济福利指标 CMEW（China Measure of Economic Wellfare）并对其进行核算尤显恰逢其时。

全书分为六章，除第 1 章绪论与第 6 章结论之外，其余 4 章内容大致如下：

第 2 章，经济福利核算的理论基础。本章从经济理论中寻找证据以支持基数效用的存在性以及 GDP 的福利含义，从而在 SNA 体系下为经济福利核算奠定可核算的基础。在对这两个重要的理论问题进行了阐述后，又分析了经济福利评价的依据。在指出经济福利核算为可能的福利评价手段后，分析了影响经济福利关键因素的理论基础。

第 3 章，影响经济福利因素的实证检验。本章通过使用中国家庭动态调查数据（CFPS）实证检验了收入、消费及其收入差异、消费差异对经济福利的影响，从估计的结果来看，居民收入与居民消费的增加都有利于经济福利的提高。但是针对收入差异对经济福利的影响，本书得出了经济福利随收入不平等程度呈倒“U”形曲线变化的结论，与已有国外研究仅得出的收入不平等对经济福利显著为负或者显著为正的单一结论相比，本书的结果更能反映我国转轨时期收入不平等对经济福利影响的新特点。

第4章，经济福利指标构建与核算。本章根据第2章经济福利核算的理论基础与第3章的实证检验结果，吸取了Nordhaus和Tobin（1972）的“防御性支出”与“工具性支出”等核心概念，构建了与森福利指数形式类似的中国经济福利核算指标CMEW，并利用中国改革开放以来的宏观经济数据，依据CMEW指标对中国经济福利进行了核算，通过校准参数a，找到中国最优的衡量不平等程度的基尼（Gini）系数值。在福利核算方面，依据非官方基尼系数，通过观察历年来中国实际人均GDP与人均CMEW的变化趋势，发现中国“十二五”规划前经济福利增长缓慢。但依据政府公布的基尼系数，发现中国自“十三五”规划后已跳出1997年亚洲金融危机后的Max-Neef（1995）所提出的“门槛假说”现象，反映了中国政府近年来特别是党的十九大以来对民生福利保障取得明显成效。

第5章，提升经济福利的政策建议。本章针对前文微观实证与宏观核算结果，就那些影响经济福利的几个重要因素进行了深入分析。在深入分析那些影响因素现状的基础上，通过构建理论与实证模型找到影响它们的原因，并从数量分析中找到提高与改善它们的思路，譬如，探索促进居民消费支出与改善收入分配的长效机制，完善保障和提升经济福利的制度安排，从而科学严谨地提出提升经济福利的对策建议。

后记交代了本专著与本人博士学位论文的联系与区别：联系是该项目的申报是基于本人的博士学位论文开题报告基础上的，其最终成果（专著）也是在博士学位论文的基础上修改和完善的；区别体现在专著在内容上得到了充实、观点进行了更新、结构更为合理以及研究方法上得到了改进和提高。

本书在编辑过程中承蒙经济管理出版社王光艳等领导与编辑的鼎力帮助，在此深表谢意！

周　伟

2019年8月于南昌

目　录

❶ 绪 论

“以经济建设为中心”的发展战略实施40多年来，中国经济持续高速增长，国民收入总量快速增加，出现了令世界瞩目的“中国奇迹”。但是如果对比反映我国经济状况与我国经济福利状况的统计指标，就可发现在我国各项经济指标表现良好的背后，反映我国经济福利状况的指标差强人意。目前，历年统计数据所反映的我国居民收入份额与居民消费率近年来持续下降，以及收入分配不平等程度的基尼系数居高不下等事实已引起政、学两界的重视。如今，中华人民共和国经济和社会发展第十二个五年规划纲要（以下简称“十二五”规划）中已明确提出的“坚持把保障和改善民生作为加快转变经济发展方式的根本出发点和落脚点”，中华人民共和国国民经济和社会发展第十三个五年规划纲要（以下简称“十三五”规划）聚焦民生保障等领域的明显“短板”，突出对推进民生改善和社会公平的影响力；中国共产党第十九次全国代表大会又为保障和改善民生提出了一系列具体目标和举措，突出了报告中“不断满足人民日益增长的美好生活需要，不断促进社会公平正义，……使人民获得感、幸福感、安全感更加充实、更有保障、更可持续”地为人民谋幸福永不懈怠的民生看点，标志着中国共产党抓住了人民最关心、最直接、最现实的利益问题，也标志着以改善民生为重点与为人民谋幸福的社会建设成了我国现阶段的主要任务。由此可以断言，中国将进入一个以改善民生为中心的新的发展阶段。

在这一背景下，思考经济福利所蕴含的内容，探寻近年来中国经济增长没有相应地带来经济福利水平提高的原因以及影响中国居民经济福利的关键因素，通过运用多学科尤其是经济学科中的分析方法，研究具有中国特色的能衡量中国经济快速发展过程中居民经济福利成效的评价标准，构建适合中国国情的经济福利核算指标体系，继而考察中国改革开放40多年来居民经济福利的变化状况，思考近年来中国经济指标与经济福利指标之间所出现越来越大差距的可能原因，以及在我国新形势下探索如何提高经济福利水平与可持续福利的思路与对策等问题，均将具有较为深远的现实意义。

1.1 研究背景及意义

1.1.1 研究背景

生产的目的是消费，同理，发展经济的目的是提高人们的经济福利。但是在目前的GDP大比拼下，我国已具有了强烈的“就经济论经济”色彩，导致我国地方政府片面追求经济增长，忽视增长的质量与效益，甚至出现“唯GDP论”，热衷于“政绩工程”，并由此造成了中国宏观经济长期以来处于高位投资、居民消费率却持续低位徘徊并逐年下降的明显特点。此外，市场化改革后居民收入不平等程度加剧，以及经济高速增长所带来的各种环境、资源问题，居民经济福利进展缓慢，国民经济生产已渐渐失去了应有的意义。

Daly（1996）指出，目前经济发展中已出现许多严重的反常现象，因此，他认为需要提醒政府当局不要像当年的重商主义者那样去试图最大化一个可能并不值得我们最大化的GDP。根据目前中经网上公布的最新统计数据，近年来的人均实际GDP同经济福利（如果以人均实际消费来衡量）之间的相关性估计还要低于黄金同经济福利之间的相关性。因此，如果当前政府仍以投资能否增加GDP为标准，那么中国近年来已开始出现的反常现象将成为常态。

既然GDP在当前经济体制下会将当地政府引入歧途，那么我们就没有必要仍执着于可能有违生产目的的GDP概念。Daly（1996）认为，如果我们要想避免生产与福利之间差距的反常，就需要重新定义“发展”。因此，我们需要构建衡量经济“发展”成效的指标，当然，该指标应该是更能反映经济福利状况的其他指标而不是GDP。

因此，目前需要再思考过孝民等（2009）所认为的中国亟待解决实施科学发展观中的一个关键问题，即如何从科学发展观的角度，对中国社会经济发展过程中的历史轨迹、经济增长的本质及其意义做出科学的评价。所以，我们需要在科学发展观的指引下，权衡效率与公平，并依据经济学所提供的理论与方法，思考各种稀缺资源的最有效配置，以达到最大限度提升民生福利的目的。当然，以上这些都需要对影响经济福利的主要因素进行考察，并对客观可比较的经济福利指标进行研究。

1.1.2 理论与实际意义

20世纪70年代以前，由于经济学家们通常假定产出增加将同等程度地增加居民经济福利，他们常常使用国内生产总值（GDP）来反映民生的经济福利情况，但是，Nordhaus和Tobin（1972）对庇古经济福利等于国民收入的命题提出了质疑，并认为国民收入与经济福利是两个不同的概念范畴。

目前，理论界已提出了很多关于修正GDP的想法，也提出了许多用以替代GDP的经济福利指标，譬如，MEW（Measure of Economic Welfare）、ISEW（Index of Sustainable Economic Welfare）、GPI（Genuine Progress Indicator）、SNBI（Sustainable Net Benefit Index）、MDP（Measure of Domestic Progress）、“绿色GDP”（Green Gross Domestic Product）等。

尽管已有许多研究者或研究机构提出了各种各样的衡量经济福利水平的指标，并且从很多方面修正和完善了 GDP 作为经济福利指标的缺陷，但是本书认为目前所构建的这些福利指标中仍存在指标选取的主观性、不能很好地用货币衡量、缺乏坚实的理论基础等问题。因此，本书试图在微观实证的基础上，反思 Pigou（1920）提出的两个福利基本命题，吸取 Nordhaus 和 Tobin（1972）的“防御性支出”与“工具性支出”（Instrument Expenditure）概念，根据已提出的森福利指数形式，构建一个 SNA 体系下的中国经济福利核算指标 CMEW（China Measure of Economic Welfare）。本书认为，这些思考将在理论上具有一定的前瞻性和研究价值，对我国福利国家建设也将会是一个有益的理论探索。

在实践上，本书借用张伟（2010）在其博士学位论文中所总结的我国改革开放 40 年来的突出经济成就，以此与这阶段的经济福利进行比较。当然，本书的数据已更新到 2017 年，譬如，名义 GDP 由 1978 年的 3678.7 亿元增长到 2017 年的 827121.7 亿元，年平均增长 14.9%，其中，1978～2011 年的平均增长率仍高达 16.5%；人均名义 GDP 从 1978 年的 382 元上升为 2011 年的 36325.2 元，年均增速为 15.29%[①]。沿海部分发达城市的人均名义 GDP 已经步入世界高收入国家水平行列，如 2011 年深圳按户籍人口计算的人均 GDP 为 429471.06 元，在全国大中城市排名中位列第七。

与中国经济总量迅速扩张形成鲜明对比的是民生经济福利的停滞不前，特别是近几年来的经济福利水平并未得到明显改善和提升。实际上，中国经济总量的快速增长意味着社会可提供的商品和劳务数量快速增加，但同时也不可避免地出现了环境恶化、可耗竭资源过度损耗、生态危机、收入差距扩大等一系列问题，西方工业革命 300 年来产生的问题在中国近 40 年来的经济高速增长中集中爆发出来，并且正在损耗中国经济未来赖以发展的基础，社会经济的可持续发展面临着前所未有的压力。

① 资料来源：中经网。

提出“门槛假说”（Threshold Hypothesis）的生态经济学家 Max-Neef（1995）认为，经济增长不能总是与经济福利水平同步，经济福利将随着经济发展达到一个最高“门槛点”（Threshold Point）后，会由于经济增长所带来的生态成本增加而下降。从国外学者的研究结果看，部分国家已显示了“门槛点”后经济增长与经济福利水平之间差距有扩大的趋势，有些国家（譬如美国、德国、英国等）的经济福利状况甚至已长期处于下降状态。

那么，中国情况怎么样呢？已有学者认为中国经济福利与经济增长之间的差距已严重超出发展中国家经济福利只会略微滞后于经济增长的界限。如果用直观的居民消费代表居民经济福利，从图 1-1 中可以看出自 1978 年改革开放以来至 2017 年两者名义值之间的差异，居民消费支出确实随着经济的增长而增加，但是 2000 年后居民消费与经济生产总量之间差距也在加剧扩大。

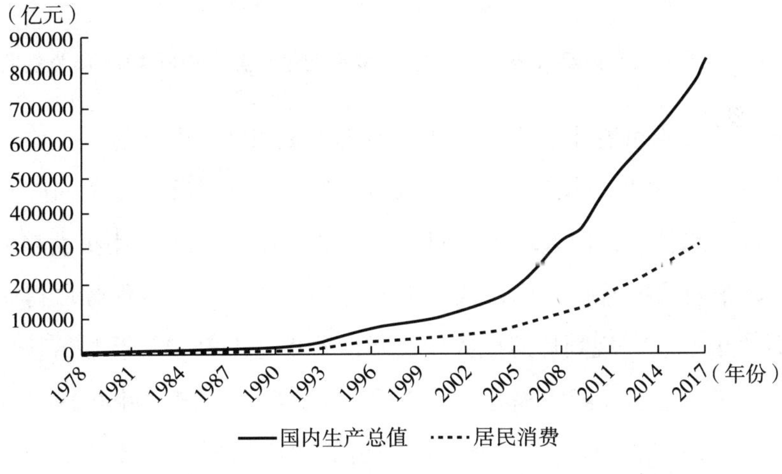

图 1-1　历年名义居民消费支出与国内生产总值变化趋势

如果以 1978 年为基期，依据历年 CPI 指数①，从实际人均角度看近年

① 笔者也尝试用 GDP 平减指数将名义 GDP 转化为以 1978 年为基期的实际 GDP，但根据其结果与实际经济运行情况，GDP 平减指数不如 CPI 指数显示出的经济阶段性变化。譬如，根据 CPI 指数，可从图 1-2 中清楚区分 1997 年亚洲金融风暴前后、2008 年经济危机前后的阶段性变化。

来生产与消费的变化情况，中国居民的实际人均消费支出仅从 1978 年的 183 元上升到 2017 年的 1479 元（2017 年人均消费支出的名义值为 22842 元），年均增长率为 5.5%。如果扣除改革开放初期到市场化程度不高这段时期由企事业单位所提供的福利，中国居民经济福利增长实为有限。

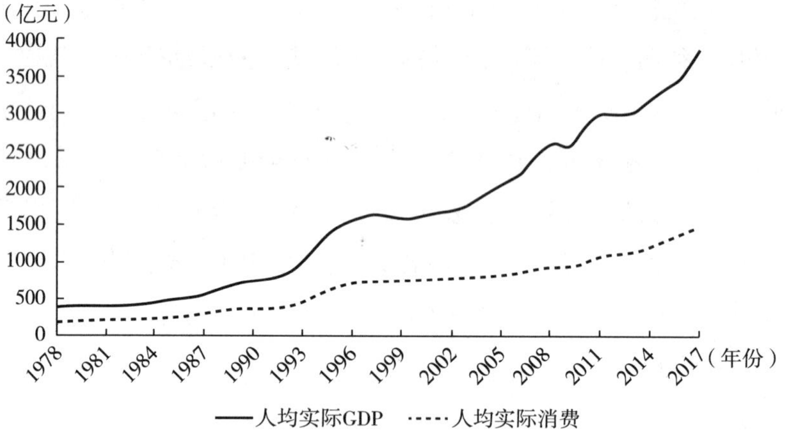

图 1-2 历年人均实际 GDP 与人均实际消费变化趋势（均以 1978 年为基期）

从图 1-2 中可看出，在东南亚金融危机的 1997 年以前，人均消费与人均 GDP 基本同步增长，之后人均 GDP 第一次回落后又逐渐回归到原来的快速增长路径上，但人均消费同样表现出与人均 GDP 差距扩大趋势。从人均实际消费情况看，不可否认“十二五”规划以来民生保障取得明显成效，而“十三五”规划后居民人均实际消费更是上升趋势明显，从以实际人均消费来衡量居民经济福利状况的近年趋势看，中国已跳出 1997 年亚洲金融危机后的 Max-Neef（1995）所提出的“门槛假说”现象。当然，生产的消费目的并不明显，两者间差距的拉大仍需引起中国政府的警惕。

目前，总结 1997 年至“十二五”规划前中国民生经济福利增长缓慢的经验与找出“十三五”规划后居民经济福利明显上升的原因已为社会翘首以盼。本书拟在理论与实证的基础上，在经济福利可持续发展思想的指导下，将影响经济福利的关键因素有机纳入评价经济福利状况的核算公式中，在此基础上对中国近40年来的经济福利状况进行核算与比较，考察中国经济总量与福利水平的变化趋势，并思考提升经济福利的思路与对策具有重要的实际意义。

1.2 本书研究框架与试图回答的问题

1.2.1 本书的研究框架

第2章，经济福利核算的理论基础。本章从经济理论中寻找证据以支持基数效用的存在性以及GDP的福利含义，从而在SNA体系下为经济福利核算奠定可核算的基础。在对这两个重要的理论问题进行了阐述后，又分析了经济福利评价的依据。在指出经济福利核算为可能的福利评价手段后，分析了影响经济福利关键因素的理论基础。

第3章，影响经济福利因素的实证检验。本章通过使用中国家庭动态调查数据（CFPS）实证检验了收入、消费及其收入差异、消费差异对经济福利的影响，从估计的结果看，居民收入与居民消费的增加都有利于经济福利的提高。但是针对收入差异对经济福利的影响，本书得出了经济福利随收入不平等程度呈倒“U”形曲线变化的结论，与已有国外研究仅得出的收入不平等对经济福利显著为负或者显著为正的单一结论相比，本书的结果更能反映我国转轨时期收入不平等对经济福利影响的新特点。

第4章，经济福利指标构建与核算。本章根据第2章经济福利核算的理论基础与第3章的实证检验结果，汲取了Nordhaus和Tobin（1972）的“防御性支出”与“工具性支出”等核心概念，构建了与森福利指数形式类似的中国经济福利核算指标CMEW，并利用中国改革开放以来的宏观经济数据，依据CMEW指标对中国经济福利进行了核算，通过校准参数a，找到中国最优的衡量不平等程度的基尼（Gini）系数值。在福利核算方面，依据非官方基尼系数，通过观察历年来中国实际人均 GDP 与人均 CMEW 的变化趋势，发现中国“十二五”规划前经济福利增长缓慢。但依据政府公布的基尼系数，发现中国自“十三五”规划后已跳出 1997 年亚洲金融危机后的 Max-Neef（1995）所提出的“门槛假说”现象，反映了中国政府近年来特别是党的十九大以来对民生福利保障取得明显成效。

第 5 章，提升经济福利的政策建议。本章针对前文微观实证与宏观核算结果，就那些影响经济福利的几个重要因素进行了深入分析。在深入分析那些影响因素现状的基础上，通过构建理论与实证模型找到影响它们的原因，并从数量分析中找到提高与改善它们的思路，譬如，探索促进居民消费支出与改善收入分配的长效机制，完善保障和提升经济福利的制度安排，从而科学严谨地提出提升经济福利的对策建议。

后记，交代了本专著与本人博士学位论文的联系与区别，联系是该项目的申报是基于本人的博士学位论文开题报告基础上的，其最终成果（专著）也是在博士学位论文的基础上修改和完善的；其区别体现在专著在其内容上得到了充实、观点进行了更新、结构更为合理以及研究方法上得到了改进和提高。

1.2.2 本书试图回答的问题

（1）首先试图通过对影响居民经济福利的因素（居民收入、居民消费、收入差异）的检验，得出这些因素影响经济福利的直观表现形式，譬如倒“U”形关系。

（2）尝试从理论中推导出武康平、张国胜与周伟（2012）所提出的经济福利评价公式 $CMEW=\bar{y}^{*}J(1-aJ)$，并根据中国经济福利核算指标 CMEW 核算中国自改革开放以来的经济福利，检验我国经济福利是否出现“门槛假说”状况。

（3）根据从微观实证与从宏观上对经济福利的分析结果，提出提升经济福利的对策建议。其中主要包括对如何提高居民收入份额、促进居民消费、改善居民收入分配等内容。

1.3 研究方法及技术路线

1.3.1 研究方法及其可行性

1.3.1.1 本书尝试的研究方法

（1）数理经济分析。本书根据经济学的概念与原理，运用严密的逻辑推理，从效用与消费关系理论出发，进一步拓展出收入、环境、防御性支出、工具性支出和收入不平等对经济福利的影响，为本书的实证检验与经济福利核算奠定理论基础。而在提出提升经济福利的对策与思路中，更是通过数理方法对如何提高居民收入份额、促进居民消费、改善收入分配进行深入分析，从而加强了论文的科学性与严谨性。

（2）定性—定量分析。本书一方面从定性到定量，把通过定性分析得到的结论或所提出理论假说，利用权威机构所调查家庭微观数据，用计量经济学方法构建计量模型去进行实证检验。另一方面从定量到定性，对从经验现象中观察的经验规律进行定性分析，找到理论上的依据，从而为本书的结论与所提出的政策建议奠定坚实可信的基础。此外，在对经济福利核算的过程中，使用到了统计学的研究方法。

1.3.1.2 本书研究的可行性

（1）根据实证检验收入差异变量的二次项显著为负可判断出经济福利与收入不平等程度之间具有倒“U”形曲线关系，因此，在森福利指数公式的基础上，可从理论上进一步证明经济福利与收入不平等程度之间的倒“U”形关系。这说明所构建的中国经济福利评价指标的理论基础及其技术路线可行。

（2）福利核算研究部分的可行性。关于经济福利核算，国际上已有不少研究成果，其最基础的成果是 Nordhaus 和 Tobin（1972）的经济福利指标 MEW 与森的公理化福利指标。本书构建与证明的 CMEW 福利指标，虽然在形式上与森福利指标有一定的区别，但其核心思想与 Nordhaus 和 Tobin（1972）、Sen（1976）所提出的福利指标一脉相承，因而逻辑上可行。另外，福利指标 CMEW 中的核算项，其数据可以从中经网、WDI 数据集、《中国统计年鉴》及行业年鉴中收集，然后经过整理和分析得到，因而数据具有可得性。

（3）本书的整体技术路线按照“理论与实证分析—经济福利指标构建—经济福利核算—‘门槛假说’检验—经济福利改善”展开，符合科学研究的习惯，是可行的技术路线。

1.3.2 数据来源及技术路线

（1）数据来源。本书的微观数据来源为中国家庭动态调查（CFPS）2010 年与 2012 年两年的数据集，调查对象基本覆盖中国的大部分城乡居民；宏观数据来源为 1978~2017 年中经网、《中国统计年鉴》以及世界发展指标（WDI）更新的数据集。

（2）研究的技术路线。本书遵循“理论研究—实证分析—指标构建—实际应用—政策建议”的基本研究思路，基本技术路线如图 1-3 所示。首先思考经济福利核算中几个理论问题；其次对影响经济福利的关键因素进行实证检验，根据实证结果、理论分析构建与证明中国经济福利核算公式，然后根据已取得的宏观数据进行经济福利核算，并检验“门槛假说”是否与中国当前情况相符；最后根据微观实证检验与宏观核算中影响经济福利的重要因素，为提升经济福利提出有针对性的政策建议。

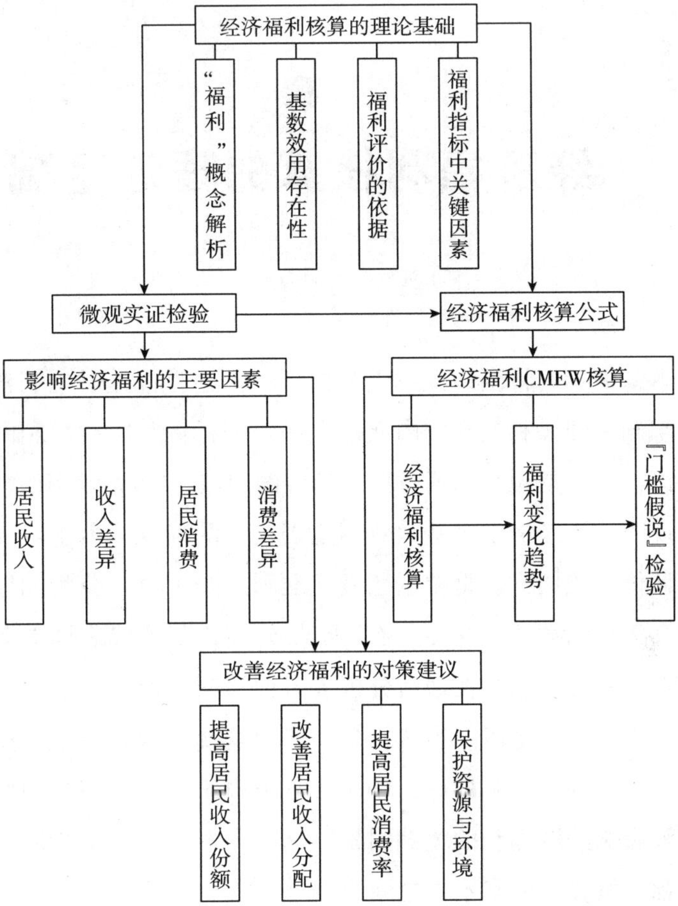
经济福利核算的理论基础
"福利"概念解析
基数效用存在性
福利评价的依据
福利指标中关键因素
微观实证检验
经济福利核算公式
影响经济福利的主要因素
居民收入
收入差异
居民消费
消费差异
经济福利CMEW核算
经济福利核算
福利变化趋势
『门槛假说』检验
改善经济福利的对策建议
提高居民收入份额
改善居民收入分配
提高居民消费率
保护资源与环境

图 1–3 研究技术路线

❷ 经济福利核算的理论基础

在本章中我们将围绕经济福利核算的主题，首先对福利核算中最重要的概念基础，即福利概念的内涵进行深入解析；其次对福利的可测度问题进行探讨，也就是说我们通过已有学者的观点、VNM效用函数的存在性与科学发现回答了经济学中基数效用是否存在的问题。由于对福利的评价需要找到评价的依据，但是帕累托最优准则规避了收入分配问题，阿罗又证明了社会福利函数的不存在，而显示偏好理论下的代表性消费者也遭到了国外学者的质疑，因此在最后分析了多种福利评价手段后得出福利核算才是福利评价的可行手段。当然，余下的问题就是构建一个合适的经济福利指标以便进行经济福利核算，然而，对于构建一个经济福利指标之前我们需要了解影响经济福利的关键因素。至此，本书认为这些内容已基本构成了经济福利核算中的基本理论问题。

2.1 福利思想渊源及福利的不同含义

2.1.1 福利思想渊源

Schumpeter（1954）认为，福利是一个神圣而古老的概念。Sen

(1987) 认为，福利思想的渊源至少可以追溯到亚里士多德（Aristotle，公元前384~前322年）。综观古今中外的福利思想，有学者用“幸福感”来描述福利，也有学者用“客观满足”来表达福利。针对人们从不同的立场和目的出发以对福利概念做出各种不同解释的情况，武康平（2012）认为，这种情况非常不利于福利研究者对福利的核算与评价，也影响学者之间的对话与交流。杨缅昆（2008）认为，科学构建国民福利核算框架需要科学界定作为其概念基础的“福利”概念，因此需要对“福利”概念的外延与内涵进行科学规范与准确界定。由于福利核算评价的概念基础是“福利”，因此，本书认为首先有必要先了解福利思想的渊源，然后再对各种“福利”术语的内涵与外延进行辨析。

（1）古希腊、古罗马及先秦时期的福利思想。福利概念原属社会学范畴，是指“幸福”“快乐”及“满足”，是一种主观意识。朱荣科等（1998）考证，福利思想早在公元前12世纪到公元前8世纪的荷马时代就已出现，譬如，在《伊利亚特》和《奥德赛》中有关于不公平交换会引起人们福利发生变化的记载。古印度的佛教创始人释迦牟尼（Shakyamuni，公元前624年至公元前545年或公元前623年至公元前544年）则将摆脱人生苦难、获得终极幸福作为佛教学说的根本宗旨。由此可见，两千多年前，哲学家便开始了“福利”方面的研究。

朱荣科等（1998）认为，色诺芬（Xenophon，约公元前430年至公元前355年）具有比较深刻的福利意识，在他的《经济论》中已论述了财富与福利的关系，他分析了交换的目的之一是增加人的“潜在福利”，尽管他当时还未意识到什么是福利。在色诺芬的书中还举例说明了价格变动通过社会劳动分配而影响人们福利。相比色诺芬，柏拉图（Plato）的福利思想在他的《理想国》中则更进了一步，他阐述了社会分工的必要性并由此带来宏观福利与微观福利的增加，并勾勒出以福利最大化为基础的理想国。

汪丁丁（2008）认为，亚里士多德的伦理学名著《尼各马可伦理学》

（Nicomachean Ethics）的主题之一是“什么是幸福”，也就是亚里士多德对他书中的“善”有详尽系统的论述。张伟（2010）认为，从亚里士多德的理论体系中可以寻找到“福利”可以客观衡量的依据，因此可以从给人们带来幸福的客观事物（譬如收入等）角度来客观衡量福利。

朱荣科等（1998）认为，古罗马时期的福利思想相比古希腊而言又进了一大步，譬如，早期的基督教表达了人们追求幸福的普遍愿望；而实行财产公有和平均主义的分配原则的基督教社团则为后来的福利主义国家和社会主义国家提供了制定福利分配方案的依据。

中国古代福利思想中以儒家思想最为丰富，孔子提出了“均无贫”“泛爱众”“薄赋敛”“富民”“惠民”等极具影响的社会福利主张，提出了中国社会福利思想的基本概念，并初步构建了别具特色的理论体系。在先秦社会的思想体系中，《管子》一书在中国历史上第一次提出了百姓生活的“贫困线”标准，分析了贫富问题产生的原因，并提出了解决贫困问题的办法，认为贫富应该有度，否则会导致严重的两极分化，并阐述了发挥国家政权的作用来缓解贫富差距，为国家控制“贫富分化”与制定相应的赋税政策提供依据。由此可以看出，中国古代思想家丰富的福利思想为我们构建了朴素的福利社会雏形，并不同程度地影响着我国历代社会的福利措施。

（2）近现代福利思想的形成。Smith（1776）在《国富论》中将国民生产的目的界定为“富国裕民”，其中暗含了经济增长会带来经济福利水平提高的思想。直到 Bentham（1871）的“功利原理”（Utilitarianism Principle）出现，对“功利”（Utility）的探寻开始上升到哲学的高度，他认为合乎道德的行为或制度应当能够促进最大多数人最大幸福。

Schumpeter（1954，1991）认为，现代福利经济学家只不过是复活了边沁的传统而已。因此，有必要重点指出功利主义（Utilitarianism）哲学家边沁从伦理学（或哲学）角度对“效用”赋予的新的含义及其所做的贡献。张伟（2010）将边沁的贡献总结为提出社会总福利概念，但边沁对于社会总福利如何加总、个体福利如何测度等问题并未进行深入探讨。当然，他的主要贡献在于根据个人幸福是全社会幸福的基础，提出“最大多数人最大幸福”原则的社会道德标准。

张伟（2010）认为，边沁和他以前的大多数学者将“福利”与“幸福”等同看待。厉以宁等（1984）认为，有关福利的很多思想来源于英国学者霍布森（Hobson），而霍布森认为“福利”是经济学研究中的中心问题，并注意到社会中收入不平等所引发的问题，主张政府通过税收与国有化政策而拥有社会的大量利润，从而使政府有强大的经济力量用以提升国民的经济福利。

中国资产阶级革命派领袖孙中山提出的“三民主义”是20世纪中国最有影响的理论体系之一，而其中的“民生主义”构想是孙中山继洪秀全的“天朝田亩制度”和康有为的《大同书》之后的另一个带有乌托邦色彩的福利社会蓝图。在他看来，“民生”就是国民的生计，就是要改善民生的物质生活，因此，“民生论”是孙中山提出社会福利思想的理论依据。

事实上，把福利真正作为一个经济概念进行深入研究的是庇古（Pigou），他于1920年出版了《福利经济学》，因此被Little（1966）誉为“福利经济学之父”。庇古认为个人的福利可以用效用来表示，整个社会的经济福利与全社会的“国民所得”相对应，他将他的福利思想建立在边际效用递减规律基础之上，并由此提出了国民收入越高，社会经济福利越高；国民收入分配越平均，社会经济福利越大的两个福利基本命题，为我们指明了经济福利评价的方向。

2.1.2 “福利”术语的不同内涵

（1）与福利相关的两个术语。杨缅昆（2008）认为，福利概念来自西方两个不同性质术语：Well-being和Welfare，但是我国学者将它们简单翻译为“福利”，从而造成了我国理论界对这两个术语的混乱使用。Gasper（2005）认为，Well-being指的是一个人所处状态，或良好或勉强的评估，总之是一种聚焦于人“存在”的任何评估。因此，杨缅昆（2008）认为，国外学者一般用Well-being来反映人们的自身存在状况，是个人感觉得到满足的一种心理反映，并由此将Well-being与汉语的“幸福感”或“满意感”相对应。武康平等（2012）认为，Well-being可用“福祉”一词来准确表达。

而在庇古（2009）看来，应该将讨论的焦点放在能够用货币来度量，并与国民收入指标相对应的经济福利上。显然，庇古将Welfare与经济福利相对应，他一方面通过将经济福利与国民收入联系起来，使福利问题的研究由微观层面上升到宏观层面；另一方面经济福利与国民收入互相对应，因而对应“一项客观事物”可以被测度，从而Welfare又可与客观福利相对应（杨缅昆，2008）。但黄有光在他2005年出版的《福祉经济学：一个趋于更全面分析的尝试》中文版著者序中认为，如果将Welfare翻译为“福利”，比较容易被误为“福利开支”，或者被误为只限于有关物质利益的福利，应把Welfare翻译为“福祉”，比较容易被正确理解为幸福或快乐，并建议把“福利经济学”改称为“福祉经济学”。

（2）福利与福祉的区别。武康平等（2012）认为，福祉（Well-being）与福利（Welfare）至少存在三个方面的不同。实际上，在其文章的基础上，可以更进一步认识“福利”与“福祉”的不同内涵。福利重在说“利”，表达的是对“经济福利”的客观评价，经济理论告诉我们，个体的经济福利与其收入水平正相关，与价格水平负相关。可见，个体的经济福利大小可用扣除价格因素后的实际收入水平来大致衡量。在本书中，沿袭武康平、张国胜与周伟（2012）将“福利”等同于“经济福利”的观点，除非特别说明，后文中“福利”前面的“经济”两字常省略。

由于居民福利以能直接增加居民的福利的客观内容为对象，因而，居民经济福利可用居民最终消费或居民可支配收入等指标来简单代表。社会经济福利还需考虑外部性所带来的福利增减。因此，本书的研究对象为狭义的经济福利或“小福利”，不涵盖公共物品的外部性、非市场活动、闲暇、地下经济等内容，因而又区别于武康平、张国胜与周伟（2012）所定义的按“民本原则”核算的“大福利”。

福祉重在说“福”，包含人们对影响“幸福感”或“对生活满意程度”的主客观事物的综合评价（除非特别说明，本书中的“福祉”“幸福感”和“生活满意度”含义相同，可相互代替），因此，其中既包括可以用客观对象来衡量的经济福利，也包括非经济福利，而非经济福利由个体特征、主观方面的感知与认识来影响，由于主观感知可能会随着环境与心理的变化而变化，譬如天气好或心情好的时候会对自身幸福感评价高些，也正是由于福祉中的主观成分而难以计量。但不管如何，福祉中客观的经济福利是民生幸福的基础，平均来说，收入高的个体比收入低的个体幸福感会更高些就是其理由。当然，也不能排除一些个别情况，譬如，给一个贫困饥饿且爱吃面条的人一碗面条，他会瞬间感到很幸福，而暂时不管其经济状况，但是等到他的饥饿暂时解除之后，他还是会想到他经常所面临的经济困境而不幸福。

因此，福祉（用集合 Ω 来表示）是一个比福利涵盖范围更广的概念，福利（用集合 E 来表示）应该包含于福祉，即 $E \subset \Omega$。福祉中不仅包含可以客观衡量的福利 E，而且包含诸如婚姻状况、是否受到歧视与尊重、对未来是否充满信心、自我实现的程度如何等马斯洛需求层次中影响个体的对幸福感评价的内容，而这部分可用非经济福利集合 F 来描述。当然，还包括诸如年龄、性别、城乡户籍等个体特征影响个体对福祉的评价，但在计量实证分析中一般作为控制变量出现。

根据马斯洛“金字塔”式的需求层次理论，底部二层的物质需求是所有其他层次需求的基础，因而理论上有理由推断与物质需求相关的经济福利 E 是福祉全集 Ω 中的最大子集，是福祉中较为稳定的部分。当然，福利之外但涵盖在福祉之中的非经济福利受到个体特征、主观因素、外部环境等因素的影响。因此福祉集合 Ω 可以一般表达为：$\Omega = E \cup F$，即福祉中应包括经济福利与非经济福利（注：关于“福祉”中是否包括经济福利与非经济福利的观点将在第3章的实证检验中得到证实，即可以从计量模型中各类型的解释变量显著性来判断）。

综上所述，可将本书中与“福利”相关的术语定义如下：

（1）经济福利指的是与“客观事物”对应的，通常可用货币客观衡量的福利，简称“福利”。

（2）社会经济福利指的是除直接影响居民的福利之外，还包括间接影响居民的福利，譬如公共物品的外部性等，简称社会福利。

（3）福祉指的是对影响幸福感的主客观综合评价，包括经济福利与非经济福利。本书中福祉与幸福感、生活满意度含义相同，可相互替换。

由此可见，辨析清楚不同内涵的福利概念，为我们选取合适的数据以及合适的计量模型进行经验研究提供了方向，当然也是科学评价经济福利的重要前提和基础。

2.2 基数效用的存在性

对经济福利进行核算，不可回避福利的可测度性问题。由于按照《麻省理工学院现代经济学词典》的定义，“效用”（Utility）是“福利”（Welfare）的同义词，因而福利的可测性问题可转化为效用的可测性，当然根本的问题就是基数效用是否存在。

2.2.1 基数效用与序数效用的讨论

“效用”是一个经济学家说不清、道不明的东西，但同时又是现代经济学的核心概念。庇古认为个人的效用可以用基数来度量，也可以进行人际比较，并且边际效用递减，即认为穷人的边际效用比富人的边际效用高。叶航（2003b）认为，从19世纪50~70年代的“边际革命”一直到20世纪30年代，效用的基数性质似乎是主流经济学的“共识”，期间除了

Pareto（1896）和 Slusky（1915，1952）对效用的直接计量产生了怀疑外，整个西方经济学事实上都把自己的分析建立在“基数效用论”的基础上。到 20 世纪 30 年代，一些经济学家指出，效用的大小是无法衡量的，效用的比较只能通过顺序或等级来表示。主张实证经济学的 Robbins（1932）认为，经济学应该避免基数效用的使用，因为经济学中的大多具有规范性质的结论来自基数效用的使用。

Hicks 和 Allen（1934）提出效用作为一种心理现象是无法计量的，并运用埃奇沃思（Edgeworth）发明的“无差异曲线”提出了所谓的“序数效用”，在帕累托标准的基础上发展出了新福利经济学，从此，在主流经济学中，序数效用逐渐取代基数效用以分析消费者的行为。后来，Blaug（1990）把新福利经济学的流行称为“希克斯—艾伦革命”（Hicks-Allen Revolution）。

社会福利最大化的帕累托标准避开了人际间的效用比较。叶航（2003b）认为，“序数效用论”对“基数效用论”的替代，在更大程度上是一种意识形态的需要。因为如果从“基数效用论”的“边际效用递减”出发，那么经济政策向低收入群体倾斜将有利于社会总体福利水平的提高，因此，好像可以看出庇古的福利思想似乎在为马克思的著名口号“剥夺剥夺者”提供理论依据（叶航，2003b）。

但是，叶航（2003a，2003b）认为，从理论的内在逻辑上看，序数效用替代基数效用导致了一系列混乱的同时影响了经济学发展的正常进程。森、黄有光等当代学者认为效用的人际比较不但原则上是可能的，而且实际上也是可行的。Ng（2003）通过有趣的例子反驳了序数效用论的真实性：“如果你的偏好是纯粹序数性的，那么你只能说你喜欢你现在的状况（记作 A）甚于这一状况外加蚂蚁叮一口（记作 B），而后者又胜于被投入硫酸池中的感觉（记作 C），但你不能够说你偏好 A 胜于 B 之程度，不及你偏好 B 甚于 C 之程度”。因此，Ng（2003）认为，如果一个人试图比较“喜欢”的不同程度，那么他事实上就是在对“效用”进行“基数”意义上的权衡和比较（叶航，2003b）。

也许叶航（2003a）对基数效用的认识是正确的，他大胆猜测了“序数效用论”诞生60余年来，西方经济学家仍没有丢弃“基数效用论”，并将两种矛盾理论安排在广泛使用的经济学教材中是由于“离开基数，任何序数都不能得到完整说明”这个原因。由此可认为，主流经济学家不得不用“序数效用论”替代“基数效用论”并不能说明“基数效用论”不成立，原因仅仅在于目前技术上还没法完全证明效用的基数性质以及还不能提供一个衡量“效用”的计量单位。

2.2.2 基数效用的存在性

有以下几种理由说明基数效用的存在性。首先，物品的消费确实能给经济主体带来满足（效用），并且在其他条件不变的情况下，随着该种物品消费的增多，单位该物品带给消费者的满足增量减少，从而效用与边际效用是客观存在的，而不同的消费量带来不一样的满足程度说明了经济主体在对“效用”进行“基数”意义上的权衡和比较。因此，尽管到目前为止还没有人能提供一个比“信息”更为抽象的“效用”的计量单位，但是茅于轼（2008）认为，效用的“量”一旦被确立，经济学的研究将呈现出新的面貌。

其次，效用梯度的存在使序数效用在一定程度上具有了基数效用的量的意义，因为效用梯度真正代表消费者满足程度提高最快的方向。而偏好梯度这一事实使本来不具有“多和少”意义的序数效用（偏好关系）具有了一定的基数意义，即在序数效用函数 u 下，X 处的效用增加量 $\Delta u=u(X+\Delta X)-u(X)$ 具有了像基数效用一样的“多少”意义。这就在一定程度上给偏好关系和序数效用赋予了基数含义，从而为基数效用的存在提供了一定的理论依据。

再次，无差异曲线凸向原点的性质是以“边际效用递减”从而也就是以“基数效用论”为隐含前提的。更为重要的是已经证明了预期效用函数和 VNM 效用函数一定是基数意义上的效用函数，它们的存在性本身就意味着基数效用函数存在。因此，VNM 效用函数和预期效用函数的存在性定理就是基数效用函数的存在性定理。值得一提的是，VNM 效用函数理论是 Neumann 和 Morgenstern（1947）在公理化假设基础上建立的不确定条件下对理性人处理决策问题的分析范式，可以想象，如果基数效用不存在，那么由 VNM 效用函数构筑起的现代微观经济学及由此展开的包括宏观、金融、计量等在内的宏伟而又优美的理论大厦将轰然倒塌。

最后，随着神经元经济学（Neuroeconomics）的发展为效用的基数意义提供了客观而科学的证据，相关文献可参见 Davidson（2000）、Diener 和 Seligman（2004）、Layard（2006）、Stuphorn（2006）等，而想对神经元经济学有更多了解的读者可参考叶航、汪丁丁等（2007）。

2.2.3 基数效用与经济福利

VNM 效用函数的存在已证明了基数效用函数的存在，由此有理由说明消费或收入与效用量之间一定存在着某种对应关系，也就是说存在一种规则能够准确衡量经济主体心目中的效用。从经济学教科书上可知，通过消费可以给经济主体带来效用，进而通过间接效用函数可知，收入是影响经济主体效用的主要因素。由微观的个体福利推及宏观的经济福利，基数效用函数也就成了经济福利核算的微观基础，当然，国民收入的福利意义也就由此引申出来了。但是不难看出，上述逻辑的源头在于经济福利是否可测度，即效用基数意义上的存在性，因此，基数效用的存在性成了经济福利核算不可回避的问题。

瓦尔拉斯认为凡是能够满足需要的东西就是有用的，后来学者将他所提出的标准称为强有用性标准。现行 SNA 体系是按照强有用性标准对社会最终产品进行确定，而由于庇古对经济福利的解释建立在强有用性标准之上，隐含着生产活动的所有最终成果都是经济福利承载体的假定（杨缅昆，2007），从而可推出庇古国民收入或 GNP 等于经济福利的命题。当然，这一观点也得到 Mamalakis（1996）的支持，他用图表的方式道出了 SNA 下的国民产品应是经济福利的组成部分。尽管学者在有用性强弱标准上仍存在分歧，但本书认为经济福利核算要坚持 Nordhaus 和 Tobin（1972）的弱有用性标准，首先国民福利与国民生产是两个不同的经济概念。GNP 是一个生产指标而不是一个消费指标，通过消费来提高效用的经济福利指标在很大程度上取决于活动成果可以增进居民的经济福利。

当然，已有许多学者依据弱有用性标准构建了经济福利指标，譬如，Nordhaus 和 Tobin（1972）所构造的国民福利指标 MEW 最早依据弱有用性标准确定了国民福利核算的客观对象，从而强调了只有能直接满足并提高个人效用的商品和劳务才是国民福利的组成部分。因此，作为生产范畴的社会最终产品与作为福利范畴的社会最终产品存在区别，经济福利核算也不是简单地对 GDP 的替代，对 GDP 缺陷的修正并使经济福利与国民生产联系起来将是本书构建中国经济福利指标的主要任务。

2.3 经济福利评价的依据

2.3.1 社会福利函数与福利评价

帕累托最优准则是经济学中用来评价社会福利状况的基本准则，按照这一准则，如果一些人的状况好起来而其他人的状况没有变差，社会福利就得到了增进；如果已不能在不减少其他人福利的前提下使一些人福利增加，那么社会福利就达到了最大。显然，这些情形非常难以实现。尽管这一评价准则建立在效率基础之上，但回避收入分配的福利评价显然不为另一些关注公平的学者所接受。于是，伯格森、萨缪尔森等学者又进一步提出了社会福利评价的新方向——社会福利函数。总之，传统上关于福利评价的研究大致沿着两条思路进行：一是运用帕累托最优准则，把福利评价建立在效率基础之上；二是沿着 Bergson-Samuelson 的社会福利函数思路，寻求社会的追求目标，把福利评价建立在社会目标之上。

第二条思路的开创者 Bergson（1938）由于反对福利评价去伦理化的做法而提出社会福利函数理论，并认为只有在社会福利函数中结合“明确的价值判断”才可以对社会福利状况进行评价。Samuelson（1947）发展了伯格森的观点，形成了伯格森—萨缪尔森社会福利函数（Bergson-Samuelson Social Welfare Function）理论。该理论试图解释社会应该追求怎样的目标，应该考虑哪些因素，并指出帕累托最优状态不是一个而是有许多个，显然，帕累托最优准则不能告诉我们哪一种状态下的社会福利最大，也无法为一些人状况改善但另一部人状况变差的情况提供任何指导。实际上，经济效率只是实现最大福利的必要条件，合理分配才是实现最大福利的充分条件。然而，我们又如何得到以对理想分配的判断为基础的 Little 准则呢，显然如何去发现这个明确的社会福利函数又成了摆在学者面前的难题。社会独裁者可能会以他的效用函数作为社会福利函数，但在民主的社会里让一个社会独裁者来做此类决定并不会符合大多数人的意愿。

Arrow（1951）对伯格森的社会福利函数产生了浓厚兴趣，并试图对其进行修残补缺加以完善。他经过严密的数学论证，却得到了一个出乎意料的结果——社会福利函数不存在，这就是众所周知的阿罗不可能性定理，该定理证明了不存在这样一个可以从个人对社会状态的排序中得到一个符合某些合理条件的社会排序的规则，在满足偏好传递性要求下，社会决策或集体决策上多数人决定的原则会形成一个偏好怪圈，因此，社会福利函数在社会选择问题上又遇到了一个不可逾越的障碍。既然社会福利函数不存在，收入分配如何影响社会福利也就成为一道谜题。继阿罗之后迄今为止的许多研究表明，一方面，国家通过政府干预来调节收入分配，可以促进资源合理配置和增进社会福利；另一方面，虽然目前的收入分配制度不合理，但若加以改变，则可能更加不合理，一切人为地改善收入分配状况和增进社会福利的做法都是无效的。尽管 Samuelson（1967，1977）追随 Little（1952）的观点，认为阿罗不可能定理尽管对政治学有用，但与福利经济学无关，并拒绝承认阿罗不可能定理在经济学中的意义。

武康平（2012）认为，既然在一定条件（只存在序数效用情况）下社会福利函数不存在，那么利用社会福利函数来评价社会福利之路走不通，人们可能不得不回归帕累托最优准则，但这样又迫使人们不得不放弃收入分配对社会福利的影响。于是他借鉴了把个人福利评价建立在个人需求基础之上，把社会福利评价也建立在社会总需求理论基础之上的思路。他认为，确定适当的收入分配规则，以使总需求成为总收入的函数并满足需求弱公理，或者满足“需求弱公理+齐次性公理+瓦尔拉公理+可微性公理+对称性公理”，这样根据需求显示偏好理论，就可得到一个虚构的消费者代表，也许可以用这个消费者代表来评价社会福利。当然，该思路是否可行还有待进一步的证明。

但是 Fleurbaey（2009）已指出上述这种思路是不可行的，他认为，即使总需求与消费者代表行为一致，也没有理由认为消费者代表的显示偏好与社会福利函数一致。正如 Kirman（1992）所强调的，代表性消费者即使在社会中所有其他成员福利变差的情况下也可能得到福利改善。综上所述，尽管经济学中关于福利评价问题的研究已有八九十年历史，但仍是长期以来困惑着人们的一道理论难题。在帕累托最优准则、社会选择理论与显示偏好理论陷入困境的时候，经济福利测度的实践方面却获得了长足的发展，Tinbergen（1972）讨论了福利的测度问题，强调经济福利可以测度。当然，从国民经济核算角度，可以对经济福利进行核算并因此进行福利评价。

2.3.2 经济福利核算与福利评价

经济福利核算是指依据某一标准，譬如，强有用性或弱有用性标准，从宏观上对经济福利加以核算，从而通过不同对象的福利状况来为宏观经济决策提供依据的一种福利评价手段。本书认为，经济福利核算是目前福利评价的有效手段。

在国民福利核算方面，杨缅昆（2009）认为，国民福利核算的创始人应追溯到福利经济学的创始人庇古（Pigou），他在著名的《福利经济学》一书中提出经济福利等于国民收入的命题时，就为国民经济福利核算的研究奠定了理论基石。

但直到20世纪70年代，Nordhaus和Tobin于1972年发表著名的论文《经济增长过时了吗?》，才算真正拉开国民福利核算的研究序幕。20世纪70年代以后，人们逐渐注意到不仅市场性因素，而且其他非市场性因素诸如资源环境、不付酬的劳动等也对经济福利产生重要影响，于是他们开始为福利核算开发新的指标。杨缅昆（2009）认为，目前国内外学术界主要沿着两条路线推进福利核算研究：一个是国民经济福利核算的研究；另一个是社会福利指数的研究。

当代研究国民福利核算理论和方法的学者，基本上是在Nordhaus和Tobin（1972）的研究框架下进行的，只是现在的经济福利指标进一步考虑了譬如环境污染、生态危机以及自然资源的耗竭等影响人们现在和将来的经济福利因素。比较有影响力的指标有ISEW（Index of Sustainable Economic Welfare）、GPI（Genuine Progress Indicator）、EDP（Environmentally Adjusted Domestic Product）等。尽管这些指标从很多方面修正和完善了原GDP的缺陷，但是本书认为这些福利指标仍存在选取指标的主观性、不能用货币衡量、缺乏坚实的理论基础等问题。当然，这些学者研究成果进一步改进了对国民经济账户的管理。

目前，Nordhaus和Tobin（1972）质疑庇古国民收入等于国民经济福利的命题，提出应对现行GNP进行内外部性因素的调整以核算国民福利水平的构想已成为当代国民福利核算研究的基本范式（杨缅昆，2009），尚存争议的地方主要聚焦在影响经济福利的加减项上。

而社会福利指数主要以国民幸福为研究对象，认为应该用国民幸福指数或国民快乐总值来替代GDP指标以反映社会成员的整体福利情况。杨缅昆（2008）认为，用幸福指数来反映社会成员的整体福利情况，虽能一定程度上克服 GDP 自身的某些毛病，但如果将幸福指数看作国民福利，那就意味着国民福利核算必须建立在福祉（Well-being）概念基础之上。

参考周伟博士学位论文 2.1.2 节对福利（Welfare）与福祉（Well-being）的含义辨析，由于本书认为福利是福祉的一个子集，因此如果以福祉（Well-being）为研究对象，将影响福祉的经济福利与非经济福利有机结合起来，那么从方法论角度讲，新的福祉核算框架不仅能完成旧的福利核算框架的所有功能，而且由于研究范围的扩大还能增加原有框架所没有的新功能，那么，新的福祉核算框架能得到科学哲学权威拉卡多斯（Lakatos）判断标准的支持，是一个较原有框架进步的框架。

但是，由于现阶段福祉核算框架中仍有一些理论难题有待解决，因此在福祉核算框架中进行福祉核算的时机尚不成熟，尽管已有学者或机构提出了诸如人类发展指数 HDI（Human Development Index）、生活质量指数 QLI（Quality of Life Index）、幸福星球指数 HPI（Happy Planet Index）等指数，但这些指数或者没有考虑测度经济福利，只是测度了个体在社会发展中拥有基本生活条件的权力水平（譬如，HDI），或者只是对福祉中经济福利与非经济福利的简单综合，特别是经济福利与非经济福利的权重选取较为主观，譬如，杨缅昆在 2009 年的《社会福利指数构造的理论和方法初探》一文中所构建的社会福利指数，因而也难以令人信服。

因此，本书的研究不打算在研究范围更广的福祉核算框架中进行。需要指出的是，尽管诺德豪斯和托宾等经济学家对用 GDP 来衡量经济福利提出了质疑，但他们构建的经济福利指标避免主观因素而仍以“客观事物”为对象（杨缅昆，2008）。因此，本书的经济福利核算仍坚持围绕国民生计的客观部分——福利（Welfare）概念。

本书认为，可以吸取庇古的两个基本福利命题思想与森的公理化福利指标形式，借鉴 Nordhaus 和 Tobbin（1972）的“防御性支出”与“工具性支出”（Instrument Expenditure）概念，在库伦涅兹创造的 GDP 指标中通过扣除某些内容，从而修正为能直接影响居民经济福利的综合指标，并在理论推导下将直接表现经济福利的综合指标与表现收入分配不平等程度的基尼系数有机结合，以此构建包含两者的中国福利指标。由于直接表现经济福利的综合指标与收入分配情况均可客观衡量，其内容具有坚实的理论基础，因而构建的福利指标在前人的基础上更能真实反映民生的客观福利情况（经济福利指标构建的相关内容将在第 4 章中论述）。

2.4 经济福利指标中的关键因素

从 Pigou（1920）福利思想的两个基本福利命题可知，国民所得与收入分配是影响经济福利的两个关键因素。

2.4.1 已有学者相关观点

（1）在庇古的《福利经济学》著作中，经济福利有一个“客观的配对物”，即国民所得。庇古认为在大多数情况下，经济福利随着收入的增加而增加这一论断成立，因此，经济发展可以促进经济福利水平的提高。换句话说，　国经济福利水平的提高意味着可以通过增加国民收入量来实现。由于国民收入是一个效率指标，因此，可以将国民收入看作影响经济福利的效率因素。当然，在庇古最初的分析中，国民所得这个概念是为了避免效用度量难题而提出的。

关于国民收入与经济福利之间的关系比较好理解，20 世纪 70 年代以后提出的几乎所有经济福利指标均将 GDP 作为一个参照物，不同指标的差异大多体现在 GDP 中的增减项不同，由此可看出，关于它们之间的关系已达成共识，因此不再赘述。

（2）建立在效率基础上的帕累托最优准则由于回避了与收入分配相关的问题而受到其他学者的指责。为了克服帕累托最优准则的局限性，经济学家提出了补偿理论。譬如，Kaldor（1939）提出了假想补偿标准，Scitovszky（1941）提出了双重补偿标准。这些标准使帕累托效率标准的作用有所拓展，但其不足之处是它们需要的仅仅是潜在的补偿，因此，Little（1949）提出三重补偿标准，即认为需要在假想补偿标准之上再加上实际补偿，才能使增加福利的标准成为充分条件，但这样一来，收入分配问题仍然无法回避，因为这里的实际补偿就是收入再分配。

Pigou（1920）认为，社会福利并不是个人福利简单的加总，其收入分配是影响社会福利的重要因素，并在边际效用递减基础上提出了收入分配越平均，则社会福利越大的基本福利命题。Bergson（1938）、Samuelson（1947）也认为福利经济学不应该排除收入分配问题，因为不同的收入分配会对人们的福利产生不同影响。Cobb（1989）认同庇古的福利思想，认为个体间财富与收入的不同分配在经济总量一定的条件下，必然会影响经济社会的消费水平与福利状况。

Atkison（2001）认为，炫耀性消费带给富人福利的增加量少于同样金额消费带给穷人福利的增加，因此，收入差距扩大将对社会福利产生负面影响。Lawn（2005）认为，高度不平等的收入分配可能会增加犯罪从而不利于经济福利的增加。因此，“亲贫式”的经济增长有利于社会福利的提高。显然，任何一个社会福利理论不可能不考虑收入分配问题，古典经济学者认为在收入再分配引起效率损失不是特别高的情况下，收入再分配是必要的。

Kuznets（1955）发现收入不平等程度随着经济发展阶段的演变而呈倒“U”形关系，认为收入不平等程度的加大是经济发展的必经阶段。Runciman（1966）认为，收入不平等程度的提高能够导致相对剥夺感等负面心理体验的上升，从而降低居民的经济福利。Hirschman（1973）则认为，带来乐观收入预期的收入不平等的扩大有利于经济福利的提升。Clark（2003）针对英国的研究发现，用基尼系数衡量的收入不平等与经济福利呈正相关；但是Alesina等（2004）、Oshio和Kobayashi（2011）针对美、日、欧的研究则发现，收入不平等显著损害了居民经济福利。

综合上述学者的观点，可以大致分析出在经济未达到发达阶段以前，收入不平等由于传递给居民良好收入预期而对经济福利产生正向激励作用，而当经济高度成熟后，则可能由于良好收入预期减弱而使收入不平等负向影响经济福利。因此，收入分配对经济福利的影响可能比线性关系更复杂。

2.4.2 国民收入与收入分配的有机结合

Sen（1976）认识到如果用实际国民收入衡量经济福利的话，收入分配这个非常根本性的问题必须在福利指标中有所体现，并通过数理推导出了森福利指标 $W_f = y\ (1-Gini)$，因而也证明了庇古所提出的“国民收入水平越高，社会福利越大”以及“收入分配差距越小，社会福利越大”的两个基本福利命题，其中，W_f 代表经济福利，y 为反映国民收入水平的实际国民收入，Gini 为反映收入不平等程度的基尼系数，当然，如果考察人均经济福利，则国民收入水平为人均实际国民收入 $\bar{y}$。

从森福利指标公式可知，实际国民收入和反映收入分配不平等程度的基尼系数是影响社会福利的两个关键因素。实际上，无论是庇古的两个福利基本命题还是森福利指标，它们都隐含了福利主义思想，认为福利主义国家的高度平等会给社会福利的增加带来好处，譬如，当 Gini = 0 时，收入分配的绝对平等使社会福利达到最大值 y，这时社会福利与实际国民收入相等。

因此，如果假定总人口中所有 n 个成员都具有严格凹的社会福利函数，则最大化社会经济福利要求任意社会人员收入的完全均等化，即 $y_i = \frac{1}{n}\sum_{k=1}^{n} y_k$。在这种情况下，最终推动再分配的因素与其说是对效用均等化的关注，不如说是边际效用递减规律在起作用。如此看来，对于给定的具有基数效用的社会福利函数，如果设定一套能够完全详细描述经济的运作方式，那么原则上可以很容易地计算出最优的收入分配状态。

经济福利既要考虑“蛋糕”的大小，也要考虑“蛋糕”如何分配。在社会收入分配一定的情况下，个人可支配收入越大，经济福利越大。从图 2-1可以看出可支配收入与收入分配之间的权衡关系。假定经济福利的初始分配在 D 点，从图中可以看出 D 点的收入分配不平等，根据对称性可找出代表同样经济福利水平的 D′。由于收入分配影响社会经济福利，因此DCD′代表同一经济福利水平的凸向原点的无差异曲线，很明显，C 点分配均等，且平均收入低于 DED′直线上点的平均收入的 E 点。因此，代表同一条经济福利水平的无差异曲线上有不同的平均可支配收入与不平等组合，如图 2-1 所示。

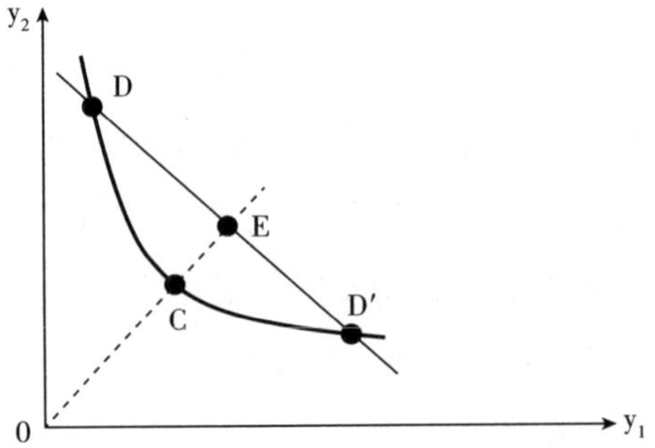

图 2-1　个人可支配收入与收入分配之间的权衡

从相关学者的研究观点中以及森福利指标公式中存在的问题已大致了解收入不平等程度对经济福利的影响并非如此简单，收入分配对经济福利的影响可能是非线性的倒“U”形，收入不平等程度处于绝对公平与绝对不公平两种极端情况下的经济福利最少，存在一个社会最优的收入不平等程度使经济福利达到最大，即在这样的一个收入分配下社会的效率与公平之间的权衡（Trade-off）达到平衡。本书将在下一章的微观实证检验中进一步检验收入不平等程度影响经济福利的恰当形式。

2.5 本章小结

本章从经济理论中寻找证据以支持基数效用的存在性以及 GDP 的福利含义，从而在 SNA 体系下为经济福利核算奠定理论基础。在对这两个重要的理论问题进行论述后，又分析了经济福利评价的依据。在指出经济福利核算为可能的福利评价手段后，分析了影响经济福利的关键因素，为下一章中影响经济福利因素的实证检验准备好了逻辑前提。

❸ 影响经济福利因素的实证检验

从第2.3节中我们已知道国民收入与收入不平等程度是影响经济福利的关键因素，并分析了它们作为影响经济福利关键因素的理论依据，当然，福利经济学方面的经典著作与文献功不可没。本章将使用居民家庭调查数据实证检验影响经济福利的经济因素，考察收入或消费与其不平等程度对经济福利的影响，为本书拟重点研究的中国经济福利指标构建提供微观证据支持。当然，为使计量结果更可靠与稳健，所构建的计量模型增添了非经济因素方面的控制变量，以及运用了多种计量方法进行估计。

3.1 数据说明与实证分析的理论基础

本章使用的数据来源于北京大学中国社会科学调查中心收集和发布的两年一期的跟踪调查数据——中国家庭动态跟踪调查（Chinese Family Panel Studies，CFPS）[①]，该数据重点关注中国居民经济与非经济福利等诸多研究主题，基本覆盖了对“居民生活满意度”及影响它的经济因素与非经济因素的调查。值得一提的是，该数据于2010年正式开展访问，在本章

① 该数据来自北京大学“985”项目资助、北京大学中国社会科学调查中心执行的中国家庭动态跟踪调查，在此感谢该机构所提供的数据支持。

完成之初，该数据中心尚未发布2010年与2012年数据，因此，本章最初使用的是CFPS于2008年、2009年在北京、上海、广东三地分别开展初访与追访的测试调查数据。由于目前所更新数据为覆盖了全国25个省160多个县600多个村庄（社区）的约16000户，33000个成人的全国性、大规模、多学科社会跟踪调查数据，应该具有全国代表性（详情见北京大学中国社会科学调查研究中心主页：http：//opendata. pku. edu. cn/dataverse/CFPS）。

3.1.1 用“居民满意度”数据检验经济福利因素的说明

到目前为止，仍未发现有关居民对自身经济福利评价的调查。根据第2.1.2节对福祉与福利的内涵辨析可知，用居民“幸福感”或“生活满意度”调查数据（“福祉”数据）代替居民对自身经济福利的评价是一个理想选择，虽然居民幸福感数据只是有限的几个序数，但可以将其看成是基数数据序数化处理后的结果。尽管对“生活满意度”的评价中包括了自身特性、环境、主观心理等方面因素对“生活满意度”的影响，但是通过增添这些控制变量仍可以可靠地检验出收入、消费与收入差异等经济因素对经济福利的影响。下面将阐述使用“居民生活满意度”数据去检验经济福利因素的理由。

从周伟博士学位论文2.1.2节内容可知，福祉是一个比福利内容更丰富的范畴，如果说福利是可客观测量的部分，称为经济福利的话，那么福祉集合Ω中包含影响福利的各项开支或有关物质利益的经济福利集合E与非经济福利集合F，其中非经济福利F由个体自然特征（譬如，安全、健康、教育、婚姻、地位等）决定的内容与主观或随机因素（譬如，心情、天气以及其他的偶然因素）决定的内容构成。因此，“福祉”是个体对影响经济福利因素与非经济福利因素的综合评价。其实，本章也可借鉴马斯洛的需求层次理论去理解福利与福祉的关系。根据马斯洛的需求层次理论，可以将生理需求与安全需求所对应的载体归入物质性的经济福利，对应着需求层次中的低级需要；而将爱的需求、自尊的需求、自我实现的需求归入精神性的非经济福利，对应着需求层次中的高级需要。但不管如何，如果马斯洛不同需求层次的满足代表不同程度的生活满意度（福祉）的话，那么福祉中既包括客观的可测算的经济福利，也包括主观的不易衡量的非经济福利。

从计量理论上可以证明被解释变量“生活满意度”（即“福祉”）对影响经济福利的因素与影响非经济福利的因素回归，等价于“生活满意度”对影响非经济因素回归后所得到的残差再对影响经济福利因素的回归。而“生活满意度”对非经济因素回归后所得到的残差意味着在“生活满意度”（即“福祉”）中消除了非经济因素影响的非经济福利后剩余下来的经济福利，因此残差再对影响经济福利因素回归的结果就是经济因素影响经济福利的结果。当然，如果影响经济福利的因素是显著的，就可说明“生活满意度”即“福祉”中包含了经济福利。同理，如果影响福祉的经济因素与非经济因素都是显著的，就说明了福祉中既包括经济福利也包括非经济福利，从而通过本章的检验可以提供第 2 章对“福祉”定义是否科学的依据。

当然，衡量福祉的措施并不十分理想，特别是时序意义上对居民幸福感或生活满意度的调查数据，相对意义上的回答就好比间隔几年后询问不同阶段人群（特别是儿童、少年、青年）的自评身高偏高还是偏低，那样会掩盖事实上身高绝对意义上的增长。而且这里隐含福祉中的经济因素与非经济因素正交，经济因素影响经济福利与非经济因素影响非经济福利且经济福利与非经济福利可以清楚地区分开，以及模型已正确设定等假定。虽然不可能严格满足上述假定，但是我们可通过恰当的计量分析技术消除或缓解数据中所出现的非系统性误差。当然，经济学研究也并不苛求调查数据纯粹意义上的精确，具有良好代表性的抽样调查结果和足够大量的数据就能基本满足经济学调查研究的要求，因此我们有理由使用代表“福祉”的“居民幸福感”或“居民生活满意度”数据去大致检验影响经济福利因素的符号与显著性。因此，本章将反映收入、消费及其差异的解释变量的符号与显著性将代表它们对经济福利的影响。当然，由于所应满足的假定较为苛刻，因而这些变量的参数估计值是有偏的，但是计量模型中待估参数的符号与显著性具有一定的参考性。

3.1.2 实证分析中部分过程的理论依据

根据第 2.1.2 节对福祉的定义，我们可以得出式（3-1）：

$$y=y_1+y_2 \tag{3-1}$$

其中 y、y_1 与 y_2 分别代表福祉、经济福利与非经济福利。假定经济因素仅影响个人的经济福利，非经济因素仅影响个人的非经济福利，且有个人的相关经济福利与非经济福利调查数据，那么在分析感兴趣的经济因素与非经济因素如何影响个人的经济福利与非经济福利时，可将计量模型构建为式（3-2）、式（3-3）。

$$y_1=X\alpha_1+\varepsilon_1 \tag{3-2}$$

其中，向量 $X=(x_1, x_2, \cdots, x_k)$。

$$y_2=Z\beta_1+\varepsilon_2 \tag{3-3}$$

其中，向量 $Z=(x_{k+1}, x_{k+2}, \cdots, x_K)$。

由于调查问题的专业性而难以被理解，因此很难找到有关个人经济福利与非经济福利的微观数据，然而构建经济或非经济福利指标的现实需要又迫使我们不得不另辟蹊径。所幸的是有大量的调查机构提供个人福祉（譬如幸福感、生活满意度等）的相关调查数据。因此在现实数据的约束下，我们可以将计量模型构建为式（3-4）。

$$y=X\alpha+Z\beta+\varepsilon \tag{3-4}$$

计量经济理论已证明，如果满足零条件均值假设，即 $E(\varepsilon_1 \mid X)=E(\varepsilon_2 \mid Z)=E(\varepsilon \mid X, Z)=0$ 且经济因素与非经济因素无关（即 $cov(X, Z)=0$，向量 X 与向量 Z 正交），则有 $\alpha=\alpha_1$，$\beta=\beta_1$，$\frac{dy}{dX}=\alpha'$，因此在

分析我们感兴趣的经济因素或非经济因素如何影响个人经济福利或非经济福利时，我们在式（3-4）中考察所关注变量待估参数的符号与显著性也能达到目的。但是大多情况下，向量 X 与向量 Z 很难满足正交条件，即 $cov(X, Z)\neq 0$，那么我们在式（3-4）中所估计的参数不会与式（3-2）、式（3-3）中相应变量的估计参数相等，即 $\alpha\neq\alpha_1$，$\beta\neq\beta_1$。实际上，经济因素与非经济因素之间大多存在相互影响，那么我们在式（3-4）中如何获取真实的回归参数 α 呢？

现在，我们试图找出影响经济福利的重要因素以构建经济福利指标，因此可假设所关注的变量仅是经济因素 X，所构建的计量模型均满足零条件均值等经典假设，但违反了假设 $cov(X, Z)=0$，因此很自然的思路是对向量 Z 做线性变换以满足向量 X 与向量 Z 正交的假设。取 Z 中任意向量 x_{k+i} 对向量 X 做回归，即

$$x_{k+i}=X\gamma+\varepsilon_{k+i} \tag{3-5}$$

根据 OLS 定义的残差向量 $e_{k+i}=x_{k+i}-X\hat{\gamma}=x_{k+i}-X(X'X)^{-1}X'x_{k+i}=M_1x_{k+i}$，其中 M_1 为幂等矩阵，且 $M_1=I-X(X'X)^{-1}X'$。因此，$e=M_1Z$ 中任一列都是向量 Z 相应列对向量 X 中各变量回归的残差向量，且 K-k 列残差向量均为向量 Z 的线性组合，对向量 Z 左乘 $M_1=I-X(X'X)^{-1}X'$ 的线性变换，当然，残差向量 e 与向量 Z 也完全共线。由于式（3-5）中残差是 X 对 Z 不能解释的部分，因此有 $cov(X, e)=0$。事实上，根据 $X'(M_1x_{k+i})=(M_1X)'x_{k+i}=0$ 可知残差向量 e_{k+i} 与 X 正交。因此，可将计量回归模型构建为

$$y=X\alpha_2+e\beta_2+\varepsilon \tag{3-6}$$

其中，$e=e_{k+1}, e_{k+2}, \cdots, e_K$，由于 $e=M_1Z$，因此，式（3-6）又可改写为

$$y=X\alpha_2+M_1Z\beta_2+\varepsilon \tag{3-7}$$

由于 $cov(X, M_1Z)=0$，所以 $\frac{dy}{dX}=\alpha'_2=\alpha'$。

计量经济理论告诉我们，在多元回归中，当我们的兴趣实际上只集中于一个变量或变量全集的一个子集时，采用分块回归可从一个多元回归模型中单独获取一个子集变量的估计参数。根据式（3-4）$y=X\alpha+Z\beta+\varepsilon$，我们可得正规方程组

$$\begin{pmatrix} X'X & X'Z \\ Z'X & Z'Z \end{pmatrix}\begin{pmatrix} \hat{\alpha} \\ \hat{\beta} \end{pmatrix}=\begin{pmatrix} X'y \\ Z'y \end{pmatrix} \tag{3-8}$$

$$\Rightarrow\hat{\beta}=(Z'Z)^{-1}Z'(y-X\hat{\alpha}),\hat{\alpha}=(X'MX)^{-1}X'My \tag{3-9}$$

其中，$M=I-Z(Z'Z)^{-1}Z'$为幂等矩阵，My可解释为被解释变量 y 单独对 Z 回归所得的残差，MX 是 X 的每一列分别对 Z 回归所得的残差的集合，因此这个多元回归过程中$\hat{\alpha}$是排除或筛掉 Z 的影响，而$\hat{\beta}$是 y 对 Z 回归后的估计参数减去一个修正向量$(Z'Z)^{-1}Z'X\hat{\alpha}$。在满足零条件均值假设，即$E(\varepsilon_1 | X)=E(\varepsilon_2 | Z)=E(\varepsilon | X, Z)=0$和$cov(X, Z)=0$条件下，$X'Z=Z'X=0$，则

$$X'MX=X'[I-Z(Z'Z)^{-1}Z']X=X'X-X'Z(Z'Z)^{-1}Z'X=X'X$$

$$X'My=X'[I-Z(Z'Z)^{-1}Z']y=X'y-X'Z(Z'Z)^{-1}Z'y=X'y$$

$$\hat{\alpha}=(X'MX)^{-1}X'My=(X'X)^{-1}X'y \tag{3-10}$$

$$\hat{\beta}=(Z'Z)^{-1}Z'(y-X\hat{\alpha})=(Z'Z)^{-1}Z'y-(Z'Z)^{-1}Z'X\hat{\alpha}=(Z'Z)^{-1}Z'y \tag{3-11}$$

由于分块回归的参数估计结果式（3-9）与式（3-10）、式（3-11）等价，因此分块回归式（3-4）与不分块回归式（3-2）、式（3-3）的参数估计结果是一致的。

如果解释变量向量 X 与 Z 不正交，即$cov(X, Z)\neq0$，为了正确考察 X 对 y 的直接影响，根据$cov(X, M_1Z)=0$的结果，我们可以对$y=X\alpha_2+M_1Z\beta_2+\varepsilon$进行分块回归，此时，正规方程组为

$$\begin{pmatrix} X'X & X'M_1Z \\ Z'M_1X & Z'M_1Z \end{pmatrix}\begin{pmatrix} \hat{\alpha} \\ \hat{\beta} \end{pmatrix}=\begin{pmatrix} X'y \\ Z'M_1y \end{pmatrix} \tag{3-12}$$

$$\Rightarrow\hat{\beta}=(Z'M_1Z)^{-1}Z'M_1(y-X\hat{\alpha}),\hat{\alpha}=(X'M_2X)^{-1}X'M_2y \qquad (3-13)$$

其中，$M_1=I-X(X'X)^{-1}X'$，$M_2=I-M_1Z(Z'M_1Z)^{-1}Z'M_1$，该结果表明在这个多元回归过程中估计参数 $\hat{\alpha}$ 的结果排除了 M_1Z 的影响，即估计参数 $\hat{\alpha}$ 为残差 M_2y（y 对 M_1Z 回归后的残差）对 M_2X（X 的每一列分别对 M_1Z 回归所得的残差的集合）回归后的估计结果。在 $E(\varepsilon_1 | X)=E(\varepsilon_2 | Z)=E(\varepsilon | X, Z)=0$ 和 $cov(X, M_1Z)=0$ 条件下，$X'M_1Z=Z'M_1X=0$，则

$$X'M_2X=X'[I-M_1Z(Z'M_1Z)^{-1}Z'M_1]X=X'X-X'M_1Z(Z'M_1Z)^{-1}Z'M_1X=X'X$$

$$X'M_2y=X'[I-M_1Z(Z'M_1Z)^{-1}Z'M_1]y=X'y-X'M_1Z(Z'M_1Z)^{-1}Z'M_1y=X'y$$

$$\hat{\alpha}=(X'M_2X)^{-1}X'M_2y=(X'X)^{-1}X'y \qquad (3-14)$$

$$\hat{\beta}=(Z'M_1Z)^{-1}Z'M_1(y-X\hat{\alpha})=(Z'M_1Z)^{-1}Z'M_1y-(Z'M_1Z)^{-1}Z'M_1X\hat{\alpha}$$
$$=(Z'M_1Z)^{-1}Z'M_1y$$

(3-15)

由于分块回归的参数估计结果式（3-13）与式（3-14）、式（3-15）等价，因此分块回归式（3-7）中向量 X 的估计参数 $\hat{\alpha}_2$ 与不分块回归式（3-2）的参数估计结果 $\hat{\alpha}$ 一样，但分块回归式（3-7）中向量 Z 的估计参数 $\hat{\beta}_2$ 不与不分块回归式（3-2）的参数估计结果 $\hat{\beta}$ 一致。

以上论述证明了即使解释变量向量 X 与 Z 不正交，即 $cov(X, Z)\neq 0$，将原多元回归模型变换为 $y=X\alpha_2+M_1Z\beta_2+\varepsilon$ 进行分块回归后，也可正确考察出 X 对 y 的直接影响。根据上面结果可知，经济因素变量前的估计参数 $\hat{\alpha}$ 得到了完全一样的结果，当然，非经济因素变量前的估计参数 $\hat{\beta}_2$ 为原参数 $\hat{\beta}$ 的线性变换。事实上，式（3-7）与式（3-4）的不同点仅在于向量 Z 做了类似测度单位发生改变的线性变换，因此，根据 Wooldridge（2009）

的结果①，式（3-7）与式（3-4）两式的拟合优度相同，且两式中式向量 X 的估计参数、标准误、置信区间、t 统计量和 F 统计量结果均相同，但是向量 Z 前的估计参数变化为$(Z'M_1Z)^{-1}Z'M_1y$。由于变换前后的计量回归模型仍满足经典假设，因此，变换后的回归模型所估计的参数均能满足无偏性、有效性与一致性等要求，证明略。

3.2 教育、医疗对居民福利的工具性检验②

从近年来国内外众多讨论幸福感的研究文献中可看出，大部分学者将教育作为实证模型中的控制变量看待，尽管 Lucas（1988）、Mankiw 等（1992）等认为，教育对宏观经济增长以及微观个体的生活有显著影响。在那些比较有影响的经验文献中，Blanchflower、Oswald（1994）、Albert 和 Davia（2005）等认为教育通过有助于个体升职、找到更感兴趣的工作等不同渠道提升个体幸福、Berger 和 Leigh（1989）、Hartog 和 Oosterbeek（1998）、Alesina 等（2004）、Blanchflower 和 Oswald（2008）等认为，教育对个体健康产生积极影响。

专门研究教育与幸福关系的经济文献较少，Frey 和 Stutzer（2002）发现，个体的教育水平越高，其收入水平也相对较高，也越感觉幸福；Castriota（2006）认为，教育积极影响幸福是因为受到良好教育的个体一般有更有趣的工作以及更丰富的文化生活，Juncal 和 Gracia1（2012）认为，教育影响个体幸福主要通过两条渠道，其直接渠道为通过教育获得知识从而积极影响个体的自信、自尊与快乐；间接渠道考虑了更高教育更可能获得个体职位提升的机会、更好的工作、更高的期望薪酬。国内文献方

① 伍德里奇．计量经济学导论：现代观点（第一版）［M］．北京：中国人民大学出版社，2015：150.

② 本节主要内容已在《教育与经济》2016 年第 1 期刊出。

面，金江和何立华（2012）基于武汉市城镇居民数据得出了教育使人幸福的结论，并认为无论以学历还是受教育年限衡量的教育，教育对主观幸福感均有显著的正影响。罗楚亮（2006）研究发现，受教育程度不同的个体幸福感存在差异，并受收入控制变量的影响。

但也有许多实证研究为教育与幸福间关系提供了多种可能结果。Diener（1999）认为，如果与个体性格特征、收入水平等因素相比，教育对个体幸福的影响不显著，并进一步指出个体幸福感水平主要由他们在生活中的成功程度、欲望得以实现的程度等因素决定；Inglehart 和 Klingemann（2000）、Flouri（2004）、官皓（2010）、袁正等（2013）同样发现教育对自评的生活满意度没有显著影响；尽管 Di Tella 等（2001）、Becchetti 等（2006）、Florida 等（2010）等发现两者之间存在正的影响，但也有 Clark（2003）、Knight 和 Gunatilaka（2007）等研究表明，教育对幸福有显著负影响，学者认为有两个主要因素可解释教育对幸福的消极影响：一个是受到更高教育的个体更可能被迫完成他们难以完成的工作，另一个是随着教育程度的提高，个体间的收入差异程度更高。

总之，从已有文献中大致可得出以下结论：首先，已有学者对教育是否显著影响幸福存在分歧；其次，即使教育显著影响幸福也存在正反两方面的观点；最后，教育对幸福的影响可能通过收入、地位、自尊、自信等因素正向显著传导，也可能由于存在更高的期望与压力而负向显著影响，但大多数学者在肯定教育对幸福的间接影响后，鲜有文献再进一步澄清教育对幸福的直接影响。因此，针对不同学者迥然各异的研究结果，本节认为，已有学者的研究尽管根据自身偏好探讨了教育与幸福的某种关系，但是研究并不深入，本节希望在已有文献的基础上，理顺和改进已有学者的研究思路，尽可能得出更综合可信的研究结果。

由于幸福是个人或人类一切活动和一切发展所追求的终极目标，而受教育过程（本书中的教育均指传统的学校教育）却是个人成长过程中不可或缺的重要阶段，因此很自然会使人想到教育对个人幸福负有不可推卸的使命和不可替代的责任。尽管“教育使人幸福”已成为教育学界的普遍共识。但在经济学界，关于两者之间关系的经验证据仍没有定论，因此，尽管教育作为参与人类发展和提升个人能力的重要活动，其幸福的终极意义并未得到学者一致的认同。

在 Nordhaus 与 Tobin 看来，教育与健康等方面的投资成果已体现在劳动生产率上，因此它们属于人力资本投资范畴，应将教育与维持个人健康的医疗看作通往幸福途中的“工具”。实际上，如果将正常的身体健康看作个体的起点，那么医疗支出只是帮助了人们恢复了健康，因此，也可将公共医疗支出当作维持人们健康的“中间投入”，由于起点与终点均是健康的身体，最终并不能给居民带来更高的福利。当然，如果将人们初始的身体状况看作是不健康的或者是随时都有可能面临“健康风险”的情况，那么医疗支出应该能显著提高居民的幸福感或生活满意度。本节的目的是基于已有微观数据去实证分析教育与幸福之间的关系，试图统计分析教育对幸福的影响及其影响幸福的传导机制，澄清教育的“收入回报”与“幸福回报”，支持教育与医疗可能仅仅充当影响个体幸福的“工具”。

3.2.1　数据、变量特征与描述性统计

（1）数据来源。本节所使用数据来源于 2012 年中国家庭动态跟踪调查数据集（Chinese Family Panel Studies，CFPS），其中成人数据集有 35719 个观测值，该数据集与 2010 年数据集的显著区别在于 2012 年数据集没有对居民的幸福感时间进行调查，因此，使用被访者对自身生活的满意程度（变量定义为 swb）来评价居民幸福感，其问卷中对应问题是“请您根据对自己生活的满意程度打分”，回答记录为“很不满意”到“非常满意”等 5 个不同层次，分别对应着从 1~5 五个数值。此外，2012 年数据集没有对显著影响居民幸福感的闲暇时间进行调查。考虑到本节旨在考察学校教育与医疗支出是否对居民存在显著的幸福回报，因而在全样本中剔除了仍在学校接受教育的学生群体。

实际上，Hoorn（2007）认为，利用 Diener 等（1985）设计的“生活满意度量表”（Satisfaction With Life Scale，SWLS）可以获得更稳定、更可靠的幸福感数据。英国智库新经济基金会（New Economics Foundation，NEF，2006）所开发出的幸福星球指数 HPI 的计算公式中也包含对个体生活满意度的调查，即 HPI = 生活满意度×预期寿命/人均生态足迹 = 幸福生活年限/人均生态足迹。因此，根据 Frey 等（2004）认为，幸福、生活满足度以及主观福利是可交替使用的观点，在针对缺乏幸福感调查数据的情况下，用“居民生活满意度”调查数据代替居民对自身幸福感的评价应该是个不错的选择。

（2）指标选取。为了深入检验教育与医疗支出是否为 Nordhaus 和 Tobin（1972）所提出的工具性的观点，本节将居民收入（inc）拆分为自付医疗费用（exh）与扣除自付医疗费用后的收入（i_ h），试图在稳健性的检验中考察自付医疗费用变量 exh 的显著性，或者拆分前后居民收入 inc 显著性的变化。由于将教育区分为按教育年限衡量（eduyear）与按学历衡量（Dedui）两种方式，分别考察教育对幸福的总体影响与各阶段教育对幸福的回报，其中被访者的教育程度根据学历分为从未上过学、小学、初中、高中（中专）、大学、研究生 6 类，分别对应个体 0、6、9、12、15~16、18~21 等“受教育年限”。除此之外，依据马斯洛需求层次理论本书在模型中引入了部分控制变量，并分为以下三类：①反映人口统计学特征的变量：性别、年龄和健康状况；②反映个体社会特征的变量：婚姻状况、就业状况、闲暇、是否受到歧视和社会地位；③其他变量，包括绝对收入、收入地位、对工作的满意度评价和对未来的信心等。值得说明的是，本书借鉴 Graham 和 Pettinato（2001）的思路，选取“收入地位”来衡量个体间收入差距。另外，本节计量模型中的居民收入（i_ h）为扣除自付医疗费用后的收入，这样做的理由是认为扣除自付医疗费用后的收入才为个体所真正关心的收入，应将医疗费用当作个体的防御性支出（Nordhaus 和 Tobin，1972）看待。变量定义如表 3-1 所示。

（3）变量描述性统计。

表 3-1　主要变量定义及其统计特征

变量名称	定义	样本数	均值	标准差	最小值	最大值
swb	对生活的满意程度（数字 1~5 定义从“很不满意”到“非常满意”五个程度）	17303	3. 24	1. 08	1	5
inc	居民收入（单位：万元）	19763	2. 06	3. 83	0	303. 60
exh	自付的医疗费用（单位：万元）	17351	0. 06	0. 41	0	12. 4
gen	性别（0—女性，1—男性）	19828	0. 55	0. 49	0	1
age	年龄	19828	43. 87	16. 12	16	93
hth	健康状况（数字 1~5 分别定义从“很好”到“很不好”的五个程度）	19799	3. 10	1. 18	1	5
reg	目前户籍（0—农业户口，1—非农户口）	19644	0. 35	0. 48	0	1
nat	民族（0—少数民族，1—汉族）	19676	0. 93	0. 25	0	1
edu	教育水平（数字 1~6 分别定义从“文盲/半文盲”到“研究生”的 6 个程度）	19806	2. 73	1. 27	1	6
mar	婚姻状况（1—未婚，2—在婚，3—同居，4—离婚，5—丧偶）	19825	2. 05	0. 79	1	5
chl	是否有小孩（0—没有，1—有）	19828	0. 81	0. 39	0	1
work	目前是否有工作（0—否，1—是）	19826	0. 61	0. 49	0	1
s_ i	收入在当地所处水平（数字 1~5 分别定义从“很低”到“很高”的五个程度）	17162	2. 07	0. 98	1	5
s_ s	在当地的社会地位（数字 1~5 分别定义从“很低”到“很高”的五个程度）	17210	2. 56	1. 03	1	5
dis	是否因贫富差距而受到歧视（0—否，1—是）	17112	0. 12	0. 33	0	1
cnf	从“很没信心”到“很有信心”五个程度	17202	3. 66	1. 12	1	5

资料来源：CFPS2012 成人调查数据集中的有效样本。与 CFPS2008 不同的是，CFPS2012 数据集没有对“闲暇”进行调查。

表 3-2　计量模型中主要变量的相关系数

	swb	edu	gen	age	hth	reg	chd	nat	mar	wor	dis	cnf	s_ s	li_ h	s_ i
swb	1														
edu	0. 04	1													

续表

	swb	edu	gen	age	hth	reg	chd	nat	mar	wor	dis	cnf	s_ s	li_ h	s_ i
gen	-0. 03	0. 07	1												
age	0. 09	-0. 34	0. 02	1											
hth	-0. 16	-0. 18	-0. 11	0. 36	1										
reg	0. 09	0. 40	-0. 04	0. 20	0. 07	1									
chd	0. 04	-0. 24	-0. 04	0. 47	0. 19	0. 03	1								
nat	0. 03	0. 08	0. 01	0. 02	0. 01	0. 09	-0. 01	1							
mar	0. 01	-0. 21	-0. 12	0. 42	0. 17	0. 05	0. 36	-0. 02	1						
wor	0. 01	0. 25	0. 18	-0. 40	-0. 22	-0. 07	-0. 12	0. 05	-0. 21	1					
dis	-0. 14	-0. 06	0. 05	-0. 05	0. 08	-0. 07	-0. 01	-0. 03	0. 00	0. 01	1				
cnf	0. 43	0. 13	0. 03	-0. 19	-0. 26	0. 01	-0. 07	0. 00	-0. 12	0. 12	-0. 05	1			
s_ s	0. 34	0. 05	0. 03	0. 07	-0. 10	0. 03	0. 05	-0. 01	-0. 01	0. 06	-0. 09	0. 23	1		
inc	0. 07	0. 32	0. 17	-0. 08	-0. 10	0. 27	-0. 09	0. 07	-0. 04	0. 08	-0. 04	0. 06	0. 05	1	
s_ i	0. 25	0. 22	0. 16	-0. 10	-0. 19	0. 11	-0. 05	0. 02	-0. 11	0. 30	-0. 08	0. 20	0. 42	0. 19	1

另外，本节拟采用 Juncal 和 Gracia1（2012）的思路，并在其基础上进一步讨论教育对幸福的直接影响。从表 3-3 给出的关于幸福与教育的描述性统计中可以看出，除了“文盲/半文盲”与“小学”这两阶段的教育与幸福倒挂之外，教育水平越高的被访者平均后的幸福感也越高，“文盲/半文盲”的被访者的平均幸福感是 3. 23，但是学历为“研究生”的被访者的平均幸福感最高，为 3. 47，虽然差距并不是很大。此外，基于方差检验结果，尽管我们暂时不能区分教育是直接影响还是通过其他变量间接影响个体幸福，但我们有理由拒绝幸福与教育之间没有关系的原假设。

表 3-3　幸福与教育关系的描述性统计

edu	样本数	均值	标准差	最小值	最大值
文盲/半文盲	3999	3. 2263	1. 1723	1	5
小学	3635	3. 1904	1. 1224	1	5

续表

edu	样本数	均值	标准差	最小值	最大值
初中	5009	3.2360	1.0441	1	5
高中	2729	3.2554	1.0111	1	5
大学	1884	3.3763	0.9384	1	5
研究生	44	3.4773	0.7310	1	5
总计	17300	3.2431	1.0766	1	5
ANOVA F test for equal means = 8.26 (0.00)***					

资料来源：CFPS2012 成人调查数据集中的有效样本。*** 表示在 0.01 的显著性水平上显著。

已有文献表明，教育可能还通过提高居民收入、社会地位等方面来间接影响居民幸福，因此，我们认为有必要统计描述这些变量与教育之间的关系。鉴于绝对收入为连续变量且已有大量文献肯定了绝对收入与教育之间关系，在此仅列出相对收入地位、社会地位与教育之间关系的统计性描述。

从相关系数表中可看出，教育与绝对收入、相对收入地位之间的相关系数相对较大，为了进一步了解教育可能通过个体收入、地位、工作、自信等变量影响幸福，即教育的收入回报等，我们仅用表 3-4、表 3-5 列出教育与收入地位、社会地位的描述性统计。根据卡方独立性检验，我们有理由拒绝表 3-4 与表 3-5 中教育与收入地位、社会地位两者之间没有关系的原假设。因为随着被访者教育程度的提高，被访者收入地位、社会地位的人数比例也呈上升趋势，因此，教育与收入地位、社会地位的高相关关系结果可能暗示了教育对幸福存在间接影响，与 Juncal 和 Gracia1（2012）等的研究结果存在类似之处。

表 3-4　教育与对收入地位关系的描述性统计

edu	很低	低	一般	高	很高	总计
文盲/半文盲	2197 (55.24)	757 (19.03)	816 (20.52)	126 (3.17)	81 (2.04)	3977

续表

edu	很低	低	一般	高	很高	总计
小学	1403 (38.84)	1017 (28.16)	1020 (28.24)	114 (3.16)	58 (1.61)	3612
初中	1622 (32.72)	1490 (30.06)	1626 (32.80)	168 (3.39)	51 (1.03)	4957
高中	740 (27.37)	879 (32.51)	946 (34.99)	100 (3.70)	39 (1.44)	2704
大学	269 (14.42)	503 (26.96)	936 (50.16)	134 (7.18)	24 (1.29)	1866
研究生	1 (2.33)	5 (11.63)	31 (72.09)	5 (11.63)	1 (2.33)	43
总计	6232 (36.32)	4651 (27.11)	5375 (31.32)	647 (3.77)	254 (1.48)	17159

Chi-square test of independence = 1400.00 (0.00)***

表 3-5 教育与社会地位关系的描述性统计

edu	很低	低	一般	高	很高	总计
文盲/半文盲	965 (24.49)	890 (22.58)	1437 (36.46)	374 (9.49)	275 (6.98)	3941
小学	799 (22.03)	807 (22.25)	1537 (42.38)	315 (8.68)	169 (4.66)	3627
初中	975 (19.52)	1127 (22.57)	2314 (46.34)	435 (8.71)	143 (2.86)	4994
高中	456 (16.76)	638 (23.46)	1283 (47.17)	257 (9.45)	86 (3.16)	2720
大学	186 (9.89)	406 (21.58)	1066 (56.67)	189 (10.05)	34 (1.81)	1881
研究生	1 (2.27)	3 (6.82)	33 (75.00)	7 (15.91)	0 (0.00)	44

续表

edu	很低	低	一般	高	很高	总计
总计	3382 (19.65)	3871 (22.50)	7670 (44.57)	1577 (9.16)	707 (4.11)	17207
Chi-square test of independence = 453.17 (0.00) ***						

注：表中每个学历所对应的信心程度中第一行数字为频数，第二行括号中数字为频率，*** 表明在 0.01 的显著性水平上显著。与周伟和戴丽华（2016）不同的是，由于 CFPS2012 数据集没有工作满意度的相关数据，我们无法做出教育与工作满意度评价关系的描述性统计。值得说明的是，由于 CFPS2009 数据集中的许多被调查者（其中包括所有处于失业状态的被调查者）没有对其工作满意度做出评价，因此缺失数据较多。

资料来源：CFPS2012 成人调查数据集中的有效样本。

3.2.2 计量结果及分析

首先讨论教育影响幸福的可能传导机制。现在我们估计包括可能影响个体幸福的社会经济变量与教育的幸福方程式（3-16）。尽管萨缪尔森的幸福方程（幸福=效用/欲望）有其理论上的合理性，但由于现实数据的约束而难以在实践中得到检验，因此，大部分学者（譬如本书中所涉及相关文献的作者）在解释变量的选择方面主要依据主观意愿来判断添加影响幸福的因素，当然，其解释变量还是大致可分为体现个体的自然特征、社会特征与外部环境。本书的幸福检验方程仍沿袭目前主流的研究思路，但隐含以马斯洛的需求层次理论作为其理论依据①。因此，结合 CFPS 的数据特征，本书拟采用的基本分析模型如下。

$$swb_i = \alpha + \gamma edu_i + \beta' X_i + \mu_i (i = 1, \cdots, I) \tag{3-16}$$

其中，swb 代表居民的幸福评价；i 代表被访者人数；edu 为本书拟考察的核心变量——教育，将采用学历虚拟变量（$Dedu_i$）与教育年限（edu-year）两种形式；X 代表马斯洛需求层次理论中的部分社会经济解释变量；μ 代表随机误差项。与 Peiro（2006）、Cunado 和 Gracia（2010）不一样的

① 有兴趣的读者可根据 Lasso 变量选择模型来确定模型的解释变量。

是，本节的计量分析采用的是区县层面标准误的 Ordered Probit 模型估计，结果如表 3-6 所示。

表 3-6　不同情形下模型的估计结果（被解释变量为 swb；区县层面聚类标准误）

变量	模型 1	模型 2	模型 3	模型 4	模型 5	模型 6
$Dedu_1$	0.0078	-0.0459	-0.0020	0.0021	-0.0204	-0.0608*
（小学）	(0.23)	-(1.38)	-(0.06)	(0.06)	-(0.62)	-(1.91)
$Dedu_2$	0.0300	-0.0460	0.0126	0.0189	-0.0090	-0.0722**
（初中）	(0.88)	-(1.36)	(0.39)	(0.55)	-(0.27)	-(2.17)
$Dedu_3$	0.0065	-0.0528	-0.0336	-0.0111	-0.0403	-0.1037***
（高中）	(0.17)	-(1.42)	-(0.93)	-(0.28)	-(1.05)	-(2.87)
$Dedu_4$	0.1061**	0.0600	0.0182	0.0758	0.0064	-0.0567
（大学）	(2.21)	(1.29)	(0.40)	(1.57)	(0.13)	-(1.23)
$Dedu_5$	0.2350	0.1734	0.0364	0.1664	0.0164	-0.1067
（研究生）	(1.61)	(1.40)	(0.28)	(1.18)	(0.11)	-(0.92)
gen	-0.1169***	-0.1225***	-0.1209***	-0.1330***	-0.1688***	-0.1628***
（性别）	-(6.46)	-(6.65)	-(6.83)	-(7.23)	-(9.29)	-(8.77)
age	-0.0205***	-0.0113***	-0.0191***	-0.0186***	-0.0162***	-0.0074*
（年龄）	-(5.02)	-(2.64)	-(4.60)	-(4.55)	-(3.94)	-(1.68)
age^2	0.0003***	0.0003***	0.0003***	0.0003***	0.0003***	0.0002***
（年龄平方）	(7.92)	(6.65)	(6.74)	(7.52)	(6.72)	(5.00)
health	-0.1905***	-0.1189***	-0.1655***	-0.1896***	-0.1697***	-0.0992***
（健康）	-(18.97)	-(12.74)	-(17.02)	-(18.83)	-(17.49)	-(10.89)
reg	0.1182***	0.0874***	0.1421***	0.1008***	0.0816**	0.0774***
（户籍）	(3.45)	(2.66)	(4.58)	(2.93)	(2.53)	(2.65)
chd	-0.0019	-0.0050	-0.0287	-0.0043	-0.0026	-0.0228
（小孩）	-(0.05)	-(0.13)	-(0.76)	-(0.11)	-(0.07)	-(0.56)
nat	0.0675	0.0895*	0.1003*	0.0587	0.0761	0.1063**
（民族）	(1.19)	(1.65)	(1.83)	(1.03)	(1.33)	(2.04)
$Dmar_1$	0.2115***	0.1351***	0.1962***	0.2080***	0.1875***	0.1108**

续表

变量	模型 1	模型 2	模型 3	模型 4	模型 5	模型 6
(初婚)	(4.81)	(2.82)	(4.49)	(4.69)	(4.15)	(2.25)
$Dmar_2$	-0.1390	-0.1757*	-0.1223	-0.1441	-0.1243	-0.1587
(同居)	-(1.13)	-(1.72)	-(0.94)	-(1.16)	-(1.00)	-(1.43)
$Dmar_3$	-0.1495**	-0.1010	-0.1173	-0.1569**	-0.1227	-0.0870
(离婚)	-(1.97)	-(1.24)	-(1.57)	-(2.07)	-(1.59)	-(1.05)
$Dmar_4$	0.0467	0.0748	0.1097*	0.0392	0.0807	0.1174*
(丧偶)	(0.78)	(1.17)	(1.84)	(0.65)	(1.28)	(1.77)
work	0.1056***	0.0803***	0.0543**	0.1059***	-0.0316	-0.0167
(工作)	(4.21)	(3.13)	(2.24)	(4.20)	-(1.16)	-(0.62)
dis	-0.3489***	-0.3371***	-0.2936***	-0.3445***	-0.3032***	-0.2787***
(歧视)	-(11.93)	-(11.51)	-(10.16)	-(11.84)	-(10.38)	-(9.52)
cnf		0.4763***				0.4333***
(自信程度)		(35.11)				(30.98)
s_ s			0.3388***			0.2270***
(社会地位)			(28.17)			(18.58)
li_ h				0.0419***		0.0284***
(收入对数)				(4.46)		(3.28)
s_ i					0.2702***	0.1312***
(收入地位)					(24.39)	(12.97)
Wald Chi^2	892.07	2188.32	1881.60	905.69	1673.41	3076.19
Pseudo R^2	0.0286	0.1002	0.0624	0.0291	0.0462	0.1241
样本数	16907	16816	16815	16882	16761	16597

注：括号中数字为 Z 值。*、**、*** 分别表示 p 值小于 0.10、0.05 和 0.01。

分析表 3-6 中的估计结果：整体来说，性别、年龄、年龄平方、健康、户籍、是否受歧视在所有模型中显著。而年龄显著为负与年龄的平方显著为正揭示在其他因素一定的情况下，幸福与年龄之间可能存在显著的“U”形曲线关系，说明随着年龄增长，中国成年人的幸福感一般会出现先下降后上升的特征，极小值大概在35岁附近，也即中国成年人存在的最不幸福年龄。值得注意的是，居民幸福感体现了女性幸福感总体高于男性的性别差别，“户籍”变量reg显著为正，显示了农村户籍居民不如城镇户籍居民幸福的结果。被访者自评的健康状况从低到高表示健康状况的降低，因此结果中符号虽为负但其实是显著正向影响幸福。不管如何，以上结果均与Castriota（2006）、Caporale等（2009）发现的结果相似。婚姻状态对个体幸福的影响除了初婚显著为正外，其他婚姻状态均不太显著，与Alesina等（2004）、Brereton等（2008）、Caporale等（2009）的结果存在差异。

教育对居民幸福感的影响从符号与显著性上来说显得杂乱无章，同一变量参数在不同模型中的符号有正有负，除了少数变量偶尔显著，大多数居民教育阶段均不显著，呈现出一定的规律性的是，高中阶段及以下的教育对幸福感虽不显著但大多符号为负，而大学及以上阶段符号为正。这与金江和何立华（2012）中得出的“教育对主观幸福感均有显著的正影响”的结论不符。不管谁的结果更有说服力，可以肯定的一点是表3-6中的结果不稳健。因为与模型1进行对比后可知，模型2、模型3、模型4、模型5、模型6符号与显著性不稳定的结果是由于在模型1的基础上引入了居民可能通过教育的回报进而影响居民幸福感的变量，因此模型2、模型3、模型4、模型5、模型6的估计结果为个体可能通过教育提高自信、地位、收入等方面提供了证据。

而在模型2、模型3、模型4、模型5、模型6中，个体的自信程度、收入或社会地位、绝对收入等解释变量均在0.01的显著性水平上显著，能否就此表明表3-6中结果能在表3-3的基础上进一步检验了教育可能通过提高收入、地位、自信等传导机制影响个体幸福呢？本书认为仍需进一步检验教育对居民幸福感的直接效应。此外，居民的医疗支出是否满足Nordhaus和Tobin（1972）所提出的“工具性”性质仍需检验。

实际上，尽管我们已从描述性统计与推断性统计两方面检验了教育可能影响个体幸福，但我们从已有的结果中仍难以得出教育对幸福的直接影响。因此，为了得到更为稳健的估计结果，以及进一步检验教育对个体幸福的直接影响，并寄希望于改善其模型的估计过程以达到上述目的。至于教育对幸福感的直接效应考察则可首先通过削除教育带来的收入、地位等回报(也即打断教育通过提升收入、地位等再影响居民幸福感的传导机制)，再看教育变量的符号与显著性（此过程的理论依据可参见 3.1.2 节的证明)。

由于解释变量中教育与收入、地位、自信等变量之间存在依赖关系，表 3-6 中的结果并不能为我们判断教育是否直接影响幸福提供证据①。因此，有必要在实证检验幸福方程式（3-16）前先消除或降低解释变量之间的依赖关系，即教育变量与其他几个变量正交，方法可采用首先用被解释变量绝对收入对教育、性别、年龄、户籍、是否有小孩、民族、婚姻、是否失业等变量进行 OLS 线性回归，记录其残差序列 V_1，如式（3-17）所示。

$$inc_i = \alpha_0 + \alpha_1 edu_i + \beta_i \sum X_i + V_{1i} \tag{3-17}$$

其中，X_i 代表变量性别、年龄、户籍、是否有小孩、民族、婚姻（虚拟变量)、是否失业等变量。由于影响居民绝对收入的因素有很多，特别是还有些很关键的解释变量（譬如能力）未包括在模型中，因此代表教育与 X 的解释变量仅解释了居民绝对收入很小的一部分，在实证检验结果中也能看到变量 inc 与 V_1 两者存在高度多重共线性而显示删掉其中一个变量，从而我们有理由使用 V_1 来代表居民的绝对收入。但不管如何，这样的做法能使代表居民绝对收入的 V_1 与教育变量 edu 之间的协方差为 0，从而切断了绝对收入与教育两者之间的相关关系。

其次用收入地位、社会地位等变量分别作为被解释变量依次对教育、绝对收入、性别、年龄、户籍、是否有小孩、民族、婚姻（虚拟变量)、

① 李子奈．计量经济学模型方法论［M］．北京：清华大学出版社，2011.

是否失业等①等变量线性回归，分别记录其残差序列 V_2、V_3。由于“自信程度”更多地来自经济主体的性格，在此并不打算将反映个体“自信程度”的变量 cnf 做类似数据处理。因此，将居民收入地位与社会地位中剔除教育、绝对收入对其影响可采用式（3-18）、式（3-19）②。

$$s\_i_i=\alpha_0+\alpha_1 edu_i+\alpha_2 inc_i+\beta_i\sum X_i+V_{2i} \tag{3-18}$$

$$s\_s_i=\alpha_0+\alpha_1 edu+\alpha_2 inc_i+\beta_i\sum X_i+V_{3i} \tag{3-19}$$

最后用 V_1、V_2、V_3 分别替代个体幸福感方程式（3-16）中的绝对收入、收入地位、社会地位等变量（理由在式（3-17）下已做解释），从而消除教育等变量对绝对收入、收入地位、社会地位等变量之间的依赖关系，以及绝对收入对居民收入地位、社会地位之间的影响，如式（3-20）所示。

$$swb_i=\alpha+\gamma edu_i+\beta' X_i+\gamma_1 V_{1i}+\gamma_2 V_{2i}+\gamma_3 V_{3i}+\mu_i \tag{3-20}$$

由于遵循上述思路处理后的模型，消除了解释变量中教育与绝对收入、收入地位、社会地位等变量之间依赖性，从而模型（3-20）中教育变量前的符号与显著性更能反映出它们对居民幸福的直接影响。表 3-7 所示为采用区县层面聚类标准误的 Ordered Probit 模型估计结果。

表 3-7　消除间接影响下模型的估计结果（被解释变量为 swb；区县层面聚类标准误）

变量	模型 7	模型 8	模型 9（urban=0）	模型 10（urban=0）	模型 11（urban=1）	模型 12（urban=1）
eduyear	0.0022		0.0022		0.0019	
（教育年限）	（0.81）		（0.55）		（0.51）	
$Dedu_1$		-0.0344		-0.0137		-0.0467
（小学）		-（1.08）		-（0.35）		-（1.05）

① 残差 V_1=绝对收入-［教育、性别、年龄（代表“工作经验”）、健康状况、就业状况］等变量对绝对收入的解释，因此在得到残差序列 V_2、V_3、V_4 的过程中，用绝对收入与 V_1 的作用相同。

② 式（3-18）、式（3-19）、式（3-20）中 X 与式（3-17）相同。

续表

变量	模型 7	模型 8	模型 9 (urban=0)	模型 10 (urban=0)	模型 11 (urban=1)	模型 12 (urban=1)
$Dedu_2$		-0.0248		0.0067		-0.0526
（初中）		-（0.75）		（0.15）		-（1.09）
$Dedu_3$		-0.0320		-0.0178		-0.0524
（高中）		-（0.89）		-（0.37）		-（0.99）
$Dedu_4$		0.0923*		0.1427*		0.0477
（大学）		（1.83）		（1.80）		（0.80）
$Dedu_6$		0.1889		0.0073		0.2454*
（研究生）		（1.62）		（0.04）		（1.95）
gen	-0.1308***	-0.1253***	-0.1234***	-0.1182***	-0.1315***	-0.1273***
	-（7.18）	-（6.89）	-（4.39）	-（4.19）	-（5.22）	-（5.09）
age	-0.0064	-0.0060	-0.0039	-0.0039	-0.0096	-0.0085
	-（1.46）	-（1.37）	-（0.63）	-（0.64）	-（1.54）	-（1.35）
age^2	0.0002***	0.0002***	0.0002***	0.0002***	0.0003***	0.0003***
	（5.34）	（5.22）	（3.20）	（3.19）	（4.58）	（4.31）
health	-0.0992***	-0.0998***	-0.0939***	-0.0939***	-0.1005***	-0.1012***
	-（10.89）	-（10.94）	-（8.27）	-（8.25）	-（7.47）	-（7.50）
reg	0.1079***	0.0956***	0.1013**	0.0837	0.0833**	0.0761*
	（3.73）	（3.26）	（2.05）	（1.61）	（2.09）	（1.89）
chd	-0.0308	-0.0195	-0.0087	-0.0003	-0.0475	-0.0378
	-（0.76）	-（0.48）	-（0.14）	（0.00）	-（0.81）	-（0.65）
nat	0.0816	0.0880*	0.0783	0.0806	0.0840	0.0909
	（1.54）	（1.68）	（1.27）	（1.31）	（1.03）	（1.10）
$Dmar_1$	0.1234**	0.1269***	0.1165*	0.1244*	0.1225	0.1250*
（初婚）	（2.50）	（2.58）	（1.73）	（1.84）	（1.61）	（1.65）
$Dmar_2$	-0.1933*	-0.1832*	-0.2213	-0.2099	-0.1464	-0.1390
（同居）	-（1.76）	-（1.66）	-（1.55）	-（1.46）	-（0.81）	-（0.77）
$Dmar_3$	-0.1734**	-0.1623*	-0.1699	-0.1583	-0.1641	-0.1540

续表

变量	模型 7	模型 8	模型 9 (urban=0)	模型 10 (urban=0)	模型 11 (urban=1)	模型 12 (urban=1)
(离婚)	-（2.08）	-（1.95）	-（1.17）	-（1.09）	-（1.50）	-（1.41）
$Dmar_4$	0.0722	0.0694	0.0879	0.0916	0.0514	0.0461
(丧偶)	(1.08)	(1.05)	(0.92)	(0.96)	(0.53)	(0.48)
work	0.0999***	0.0909***	0.0426	0.0401	0.1601***	0.1478***
	(3.76)	(3.44)	(1.07)	(1.00)	(4.33)	(3.98)
dis	-0.2817***	-0.2802***	-0.3074***	-0.3064***	-0.2456***	-0.2451***
	-（9.54）	-（9.54）	-（8.04）	-（8.02）	-（5.58）	-（5.64）
cnf	0.4319***	0.4330***	0.3881***	0.3886***	0.4788***	0.4796***
	(30.86)	(30.89)	(21.78)	(21.85)	(26.81)	(26.89)
V_1	0.0097***	0.0097***	0.0221***	0.0234***	0.0077***	0.0075***
(inc)	(5.34)	(5.27)	(3.02)	(3.05)	(4.04)	(3.96)
V_2	0.1329***	0.1330***	0.1482***	0.1484***	0.1213***	0.1206***
(s_ i)	(12.98)	(12.95)	(9.65)	(9.67)	(8.24)	(8.16)
V_3	0.2266***	0.2265***	0.2346***	0.2346***	0.2194***	0.2198***
(s_ s)	(18.51)	(18.57)	(14.03)	(14.03)	(13.44)	(13.48)
Wald Chi^2	3061.54	3085.46	1219.48	1277.14	2909.09	2992.30
Pseudo R^2	0.1235	0.1239	0.1123	0.1125	0.1347	0.1351
样本数	16597	16597	7692	7692	8846	8846

注：括号中数字为 Z 值。*、**、*** 分别表示 p 值小于 0.10、0.05 和 0.01。

表 3-7 显示了消除教育通过收入等变量间接影响幸福后的估计结果。总的来说，教育变量前待估参数的符号与显著性没有出现积极的预期结果。对比表 3-6，切断教育通过收入与地位等因素的传导机制后，教育变量的估计结果更为稳健，同一待估参数的符号在各模型中基本一致，模型 7、模型 9、模型 11 中的教育年限 eduyear 变量不显著，说明了从整体上看，切断了传导机制后的教育本身并不能直接给经济主体带来幸福感，从而体现了 Nordhaus 和 Tobin（1972）所述的教育“工具性”性质。而在模

型 8、模型 10、模型 12 中，以学历虚拟变量的 Dedu 不论城乡大多显示不显著，且大学阶段以前的教育阶段符号为负更说明了对经济主体而言，初等教育的工具性在难以发挥作用的同时，更使受教育者难以感受到受教育过程中的快乐，而大学阶段后的教育尽管依然不太显著，但正的符号在一定程度上仍能反映教育本质的回归，尽管仍难以拒绝可能通过以教育为手段去改变自身状况的教育“工具性”。此外，对比大学阶段前后教育变量的符号，也折射出目前中国初等教育方式有待转变的迫切需求。

不管如何，此处稳健的估计结果既与金江和何立华（2012）得出的“教育对主观幸福感均有显著的正影响”的结论不同，也与 Knight 和 Gunatilaka（2007）等得出的教育对幸福有显著负影响结论不符。而对比此处消除教育对收入、地位等变量影响前后的估计结果，更有力地支持了 Juncal 和 Gracia1（2012）所认为的教育通过提高个体收入、地位等传导机制间接影响幸福的结论。因此，根据消除依赖关系后教育变量的不显著结果，进一步支持了教育表现出 Nordhaus 和 Tobin（1972）所述的教育“工具性”性质。

表 3-7 中性别、年龄平方、健康、婚姻、是否有小孩与是否为汉族等社会经济变量估计结果与表 3-6 基本一致。年龄变量 age 不显著，并将最不幸福年龄降为正在中学阶段的 15 岁上下，“户籍”变量 reg 显著性降低，但为正的符号显示了城镇居民比农村居民更幸福，与 Knight 和 Gunatilaka（2007）的结果不一致，也与中国社会科学院发布的《2005 年社会蓝皮书》中“农村居民幸福感强于城镇居民”的结论不符，但是本书认为户籍本身并不能给居民的幸福感带来提升，户籍符号为正的可能原因在于农村户籍居民在社会保障以及教育医疗等公共设施的获得方面远远不及城镇户籍居民，也就是城镇居民户籍包含了农村居民户籍丰富得多的内容所致，因此，如果出现户籍变量显著性地降低或将暗示城乡各方面差异的逐渐消除。

为了进一步考察教育通过收入回报影响居民幸福的机制，在原有实证分析的基础上，在计量模型中引入收入与教育年限的交叉项变量（i_edu）。值得注意的是，尽管从上述的检验中知道了居民绝对收入显著正向影响幸福（在幸福感的影响因素中，有关绝对收入的讨论将在3.3节中专门讨论），但笔者认为，居民可支配收入中并不是所有的支出都能提高自身效用，本节试图考察用于医疗的费用支出对幸福感的影响，因此，我们有必要将自付医疗费用从居民的绝对收入中分离出来，事实上，考察从居民绝对收入中分离出来的自付医疗费用变量的符号与显著性即可检验医疗支出是否满足 Nordhaus 和 Tobin（1972）所提出的“工具性”性质。因此，将居民收入分解为扣除自付医疗费用后的净收入与自付医疗费用两部分，即可通过观测居民自付医疗费用变量 exh 的显著性以检验居民医疗支出是否支持 Nordhaus 和 Tobin（1972）所提出的“工具性”观点，因此模型在式（3-20）的基础上有所变化，如式（3-21）所示。

$$swb_i=\alpha+\gamma_1 edu_i+\gamma_2 i\_edu_i+\gamma_3 i\_h_i+\gamma_4 exh_i+\beta' X_i+\gamma_5 V_{2i}+\gamma_6 V_{3i}+\mu_i \tag{3-21}$$

式（3-21）中X仍与式（3-20）相同。结果如表3-8所示。

表3-8　教育的收入传导性估计结果（被解释变量为swb；区县层面聚类标准误）

变量	模型13	模型14	模型15	模型16 (urban=0)	模型17 (urban=1)
eduyear	-0.0007	-0.0007	-0.0010	-0.0007	-0.0014
(教育年限)	-(0.25)	-(0.26)	-(0.37)	-(0.15)	-(0.38)
i_ edu	0.0006***	0.0006***	0.0006***	0.0006***	0.0005***
(收入*教育年限)	(8.60)	(8.57)	(8.47)	(8.80)	(7.45)
i_ h	0.0331***	0.0330***	0.0323***	0.0336***	0.0262**
(净收入)	(3.73)	(3.71)	(3.60)	(2.63)	(2.01)
exh	0.0065	0.0037	0.0035	-0.0337	0.0471
(自付医疗)	(0.24)	(0.13)	(0.13)	-(1.07)	(1.11)
gen	-0.1478***	-0.1462***	-0.1459***	-0.1412***	-0.1439***
	-(8.23)	-(7.81)	-(7.83)	-(4.82)	-(5.76)
age	-0.0005	-0.0057	-0.0051	-0.0024	-0.0089
	-(0.15)	-(1.37)	-(1.18)	-(0.40)	-(1.43)

续表

变量	模型 13	模型 14	模型 15	模型 16 (urban = 0)	模型 17 (urban = 1)
age^2	0.0002***	0.0002***	0.0002***	0.0002***	0.0003***
	(4.86)	(5.41)	(5.13)	(3.02)	(4.45)
health	−0.0990***	−0.0989***	−0.0991***	−0.0925***	−0.1026***
	−(11.06)	−(11.00)	−(11.03)	−(8.26)	−(7.70)
reg	0.0838***	0.0892***	0.0869***	0.0714	0.0704*
	(2.88)	(3.07)	(3.02)	(1.43)	(1.75)
chd			−0.0289	−0.0042	−0.0432
			−(0.71)	−(0.07)	−(0.74)
nat			0.0761	0.0700	0.0818
			(1.44)	(1.13)	(1.01)
$Dmar_1$		0.0973***	0.1205**	0.1151*	0.1181
(在婚)		(2.73)	(2.44)	(1.70)	(1.56)
$Dmar_2$		−0.2184**	−0.2010*	−0.2369*	−0.1560
(同居)		−(2.06)	−(1.82)	−(1.66)	−(0.86)
$Dmar_3$		−0.1961**	−0.1757**	−0.1743	−0.1641
(离婚)		−(2.47)	−(2.12)	−(1.20)	−(1.51)
$Dmar_4$		0.0376	0.0630	0.0773	0.0443
(丧偶)		(0.67)	(0.95)	(0.81)	(0.45)
work	0.0966***	0.0957***	0.0938***	0.0387	0.1505***
	(3.62)	(3.58)	(3.53)	(0.96)	(4.09)
dis	−0.2829***	−0.2814***	−0.2802***	−0.3061***	−0.2455***
	−(9.66)	−(9.62)	−(9.55)	−(7.98)	−(5.61)
cnf	0.4352***	0.4324***	0.4326***	0.3893***	0.4791***
	(31.26)	(31.03)	(31.00)	(22.01)	(26.87)
V_2	0.1326***	0.1326***	0.1327***	0.1529***	0.1195***
(s_ i)	(13.00)	(12.98)	(13.02)	(9.86)	(8.20)
V_3	0.2261***	0.2269***	0.2269***	0.2348***	0.2200***

续表

变量	模型 13	模型 14	模型 15	模型 16 (urban=0)	模型 17 (urban=1)
(s_ s)	(18.46)	(18.51)	(18.55)	(14.06)	(13.46)
Wald Chi^2	3054.03	3232.92	3238.42	1242.83	3015.67
Pseudo R^2	0.1230	0.1238	0.1239	0.1125	0.1351
样本数	16597	16597	16597	7692	8846

注：括号中数字为 Z 值。*、**、*** 分别表示 p 值小于 0.10、0.05 和 0.01。

实证结果表明，教育年限变量（eduyear）依然不显著，且不论城乡，估计参数符号均为负。而交叉项（i_ edu）均在 0.01 的显著性水平上显著，而农村样本更显著。根据被解释变量 swb 对教育年限变量 eduyear 求偏导，交叉项 i_ edu（收入*教育年限）偏导后的结果可定性推断，教育对居民幸福感的影响随着居民收入的增加而提升，从而支持了教育能通过增加自身收入进而提升居民幸福的传导机制。相比城市居民，农村居民通过教育提升收入的意愿可能更强烈。当然，代表扣除自付医疗费用后的绝对收入变量的 i_ h 依然显著为正，而自付医疗费用变量 exh 不显著，结果符合预期。进一步的检验显示教育与自付医疗满足 Nordhaus 和 Tobin（1972）所提出的“工具性”性质，并且教育对幸福的影响可能通过其他变量间接传导。

本节所显示的计量结果不能支持教育能直接给人幸福这一假设。教育对幸福的影响更可能通过提高受教育者的收入、地位等方面回报而间接影响个体幸福，从而澄清了教育在功能上的“收入回报”而非“幸福回报”，更有力地支持了教育是影响个体幸福的“工具”的观点。实际上，“书中自有黄金屋，书中自有颜如玉”正是教育工具性的真实写照。总之，教育与医疗支出变量的不显著性暗示我们在构建影响居民幸福感的实证模型时，可以遵循 Diener（1999）的思路将教育与医疗排除在幸福方程之外。另外，在我们构建经济福利指标进行福利核算时，应遵循 Nordhaus 和 Tobin（1972）的福利核算范式将教育医疗支出作为“工具性支出”而给予扣除。显然，深入研究教育、医疗与居民幸福之间的关系对指导我们经济学的理论与实证建模、福利指标构建以及反思我们当前的教育模式、城乡医疗保障体系等方面有重要意义。如果居民在教育、医疗方面的支出不能直接给人幸福，而仅作为人力资本提升社会生产率与个体收入水平的中间投入的话，则我们可以考虑将教育与医疗看作通往幸福途中的“工具”，从而居民的教育医疗支出应当作为一种“工具性”的投资支出对待，而政府为了提升民生福利则应主动承担居民在教育医疗等方面的负担，完善城乡义务教育与医疗保障体系。

3.3 居民收入、工具性支出对经济福利的影响

微观经济理论告诉我们，在价格不变的情况下，收入增加会使经济主体的预算线向外平移，从而经济主体的最大化效用也随着预算线与无差异曲线的切点外移而提高，当然这也意味着收入增加将使经济主体的经济福利提高。通过间接效用函数也可得知，在价格 P 既定时，收入 m 决定效用水平高低，而随着收入水平的不断增加，在边际效用递减规律作用下收入增加对经济主体经济福利的边际贡献逐渐减弱，即

$$U=\bar{u}(p,m)\ ,\quad \frac{\partial \bar{u}\ (p,\ m)}{\partial m}>0,\ \frac{\partial \bar{u}^{2}\ (p,\ m)}{\partial m^{2}}<=0 \qquad (3-22)$$

当然，心理学上的依据也是非常充足的，依据马斯洛（1943）的需求层次理论，居民对绝对收入水平的追求可以概括为对物质需求的满足与对精神需求提升两个层次。基于需求层次理论，本节提出居民收入影响其幸福感的两种渠道，并以其作为实证分析的理论根据：一是居民收入增加直接有助于生理和安全等物质需要的满足，因此绝对收入通过对其物质需求满足影响其幸福感；二是居民收入增加有利于居民在爱、尊重和自我实现

等方面的需要得到满足，从而通过对其精神需求的满足间接影响其幸福感。此外，依据马斯洛（1987）反复强调更高层次的需求通常在相邻低层次需求得到满足后出现，且得到满足后的低层次需求一旦得到满足，就不再起积极决定作用或者组织作用的结论，意味着已经满足的需求在对经济主体的幸福评价中扮演一个配角。维赛尔（1982）认为，连续不断的满足使其欲望不断减弱并最终消灭[①]。依此逻辑，承载马斯洛物质基本需求载体的等价物——货币（对经济主体来说为收入）的边际效用一定递减，经济福利将变得不重要，从而也逻辑证明收入与幸福的"伊斯特林"悖论，这实际上也意味着经济主体的幸福感存在收入"门槛"，门槛点设定在基本物质需求层次完全满足的地方。

巫强和周波（2017）利用 CGSS 数据检验了中国收入与幸福感之间的关系，并发现绝对收入和相对收入均对幸福感有显著正向影响。当然，本书也将在居民家庭微观数据中尝试使用消除变量间关系、面板数据估计等多种技术手段以得到居民收入对经济福利的稳健的总体影响和直接影响，其直接影响将采用相关机制加以验证，并将具体检验居民的防御性支出（譬如医疗费用支出）不能增加居民的经济福利等重要观点。

3.3.1 数据来源、指标选取及描述性统计

（1）数据来源。截至目前，没有发现有对经济主体经济福利进行直接调查的调查数据，因此如想对居民经济福利进行考察，需要通过其他包含经济福利内涵的变量间接了解。本节所使用的是有 33600 个观测值的 CF-PS2010 成人数据集中的"您觉得自己有多幸福"以对居民福祉的度量，并用变量 hap 来表示，与 CFPS 2012 成人数据集不同的是，本数据集包含有对被访者生活满意度的调查，因此，本章也将同时利用 2010 年成人数据集中的"对自己生活的满意程度"（变量为 swb）进行稳健性检验（检验结果见附

① 弗·冯·维赛尔．自然价值［M］．陈国庆，译．北京：商务印书馆，1982.

录），其对应的回答均为“很不满意”到“非常满意”5个排序，分别对应数值1、2、3、4、5。由于全日制学生没有收入来源，且在学校读书的学生与在社会人员的行为及关注的重点有较大区别，因此，为了能更可靠考察影响经济福利的因素，选择的样本中不包括在校学生。

（2）指标选取。在影响幸福感的可能个体特征方面，我们定义了性别（gen）、年龄（age）、健康状况（hth）、户籍（reg）、民族（nat）、教育水平（edu）、婚姻状况（mar）、小孩（chi）、工作状况（wor）、闲暇（lei）、社会地位（s_ s）等。影响幸福感的主观、随机因素，我们定义了对未来的信心（con）、是否受到贫困歧视（dis）等变量。关于变量的详细情况见变量描述性统计表。已有大量文献研究关于收入对幸福感的影响，但是结果分歧较大。绝对收入影响幸福感的理论基础来源于需求层次理论：一方面，收入增加有利于生理和安全需要的满足，所以绝对收入越高幸福感越强；另一方面，收入增加到已能满足物质需求但新的更高层次需求尚未出现的时候，绝对收入的提高在边际效用递减规律下不一定会显著提升经济主体的幸福感，此时的绝对收入达到提升幸福感的阈值，从而出现“伊斯特林”悖论。当然，适应理论（Diener et al.，1999）也认为绝对收入增加并不是总能提高幸福感。尽管如此，在影响经济福利的经济因素方面，我们定义变量inc为居民绝对收入，是居民当年的所有收入，linc为收入的对数，因而都是绝对量指标。由于数据集中有部分被调查失业居民收入数值为0（笔者将有工作但收入为0的观测值视为无效样本），因而对有效样本观测值中的收入做了加1的处理。变量exh为自付医疗费用，是居民当年自付的医疗总费用，变量i_ h为扣除了自付医疗费用的居民绝对收入。强调“自付”的原因是有些居民可以单位报销或有医疗保险，所以没有选择医疗总费用这个指标。

也有部分学者在幸福感研究方面更为关注相对收入变量。其理论基础来源于欲望理论（Rojas，2007）、社会比较理论（Wood，1996），并认为个人欲望中已满足的部分占总欲望的比例等相对值、个人与社会中其他人相关情形的比较结果会影响幸福感。大量研究表明，除了绝对收入水平，相对收入水平对于经济主体的幸福感发挥着更为重要的作用（Ferrer-i-Carbonell，2005；Ball and Chernova，2008）。一般来说，经济个体会不自觉地与他们所关注的对象进行比较，参照对象收入水平的高低直接影响个体对其自身福利的评价，Clark 和 Oswald（1996）、Ferrer-i-Carbinell（2005）在考察居民幸福感与参照组收入水平之间关系时曾发现它们之间呈现负相关。Clark 和 Senik（2010）发现欧洲大部分居民（约 3/4）认为收入间比较非常重要，并且收入比较会降低居民的幸福感。因此，在经济福利与收入差异关系研究中，参照组收入的选取直接关系到是否能真实检验出收入差异与经济福利之间的关系。

巫强和周波（2017）依据相对收入指标的特性（从主观到客观、模糊到准确）将度量收入差异的指标分为四类。由于自我评价的相对收入指标（Graham 和 Pettinato，2001；朱建芳和杨晓兰，2009；官皓，2010；张学志和才国伟，2011；闰丙金，2012）在 CFPS2010 数据集中所对应的问题是“您的收入在当地处于什么水平？”数字 1～5 分别代表相对收入水平“很低”到“很高”5 个层次。因此该问题所对应的相对收入变量（用符号 s_ i 表示）主观性最强、准确性最低，为了更准确地揭示问题真相与方便进行稳健性检验，笔者构建了一个与参照组（所在区县的中位数或平均数收入）进行比较的、更为客观[①]的相对收入指标以反映被调查者间收入差异。

理论上，社会中的任意个人都可以作为参照系。官皓（2010）认为，理想的参照系应该是受访者在生活中自行真实比较的群体，但是由于受访者参照群体经常变化，因此，对于大型的社会调查找到准确的参照系在实践中不太可行。如果为受访者指定统一的参照系，却可能难以同时准确反映受访者对自身收入差异的主观感受。实际上，本书也是遵循度量微观个体收入差异的一般方法，首先通过选择诸如地域或城乡等因素为标准，其

① 当然“客观”建立在数据集中各观测值无偏的假定基础上。

次依此标准确定参照组（Reference Group），最后就个体收入与定义的参照系选择离差形式或比率形式来比较其差异。

鉴于参照系选取的困难，当然在尽可能选择更真实的参照组的情况下，依据Persky 和Tam（1990）认为对比组（或参照组）为同一区域的人们更为可靠，因为经济主体一般以附近的居民作比较，并产生羡慕、忌恨与攀比等心理来影响居民幸福感的经验，本书认为以受访者所生活的区县（按 CFPS2010 的区县编码）中位数收入作为其居民收入的参照组是可行的，因为居民更有可能以该区域的中间收入为参照。当然为什么取中位数收入而不是平均数收入是由于实际收入分布严重右偏（CFPS2010 数据集亦是如此），即中位数收入比平均值收入低而更符合实际（对两者实证结果的比较也表明了中位数收入作为参照标准更为合理）。因此，将各观察值收入除以各个区县中位数收入以构建的相对收入指标用变量 rincu 与 rincc 分别表示城市与农村的个体收入差异。当然，该相对指标也剔除掉了有工作但汇报收入为 0 的无效样本。

另外，根据已有学者的研究发现与中国改革实践，考察收入差异与经济福利是否存在倒“U”形关系，即是否存在经济福利随收入差异程度先上升再下降关系，考虑了收入差异程度的平方项。鉴于样本观察值较多，本书此处亦对参照组的城乡差异加以区分。

（3）变量描述性统计。

表 3-9　主要变量定义及其统计特征

变量名称	定义	样本数	均值	标准差	最小值	最大值
hap	幸福感（数字 1～5 定义从“非常不幸福”到“非常幸福”五个程度）	31866	3.83	1.02	1	5
swb	对生活的满意程度（数字 1～5 定义从“很不满意”到“非常满意”五个程度）	33523	3.48	1.04	1	5
inc	居民收入（单位：万元）	31735	0.93	1.87	0	80
i_ h	扣除自付医疗费用的收入（单位：万元）	31735	0.88	1.93	−15	80
exh	自付的医疗费用（单位：万元）	33600	0.045	0.39	0	15

续表

变量名称	定义	样本数	均值	标准差	最小值	最大值
s_ i	收入在当地所处水平（数字 1~5 分别定义从“很低”到“很高”五个程度）	30471	2. 20	0. 98	1	5
gen	性别（1—男，0—女）	33600	0. 48	0. 50	0	1
age	年龄	33600	45. 5	16. 4	16	110
hth	健康状况（数字 1~5 分别定义从“健康”到“非常不健康”五个程度）	33587	1. 82	1. 02	1	5
reg	目前户籍（1—农业户口，2—非农户口，3—没有户口）	33575	1. 30	0. 46	1	3
nat	民族（1—汉族，0—少数民族）	33519	0. 92	0. 27	0	1
urb	城乡（1—城市，0—乡村）	33600	0. 46	0. 50	0	1
edu	教育水平（数字 1~8 分别定义从“文盲/半文盲”到“博士”八个程度）	33575	2. 50	1. 31	1	8
mar	婚姻状况（1—未婚，2—在婚，3—同居，4—离婚，5—丧偶）	33583	2. 08	0. 84	1	5
chd	是否有小孩（1—有，0—没有）	33600	0. 84	0. 37	0	1
nchd	小孩的数量	33600	2. 73	2. 11	0	15
nboy	儿子的数量	33600	1. 89	1. 93	0	15
ngirl	女儿的数量	33600	0. 84	0. 37	0	1
wor	目前是否工作（1—是，0—否）	32335	0. 50	0. 50	0	1
wors	对工作的满意程度（数字 1~5 分别定义从“不好”到“很好”五个程度）	8305	3. 27	0. 79	1	5
lei	工作日闲暇时间	33600	3. 59	2. 65	0	20
s_ s	在当地的社会地位（数字 1~5 分别定义从“很低”到“很高”五个程度）	33349	2. 75	0. 97	1	5
dis	因贫富差距受到不公正对待（1—有，0—没有）	27887	0. 24	0. 42	0	1
cnf	数字 1~5 分别定义从“很没信心”到“很有信心”五个程度	33432	3. 67	1. 10	1	5
fam	工作性质（0—无业，1—农业，2—自营，3—单位）	32307	0. 96	1. 16	0	3

资料来源：CFPS2010 成人调查数据集中的有效样本。数据集 CFPS2012 的主要变量定义及其统计特征与 CFPS2010 类似，故略去对数据集 CFPS2012 数据的统计描述。

遵从《中国统计年鉴》（2014）按收入5等份分组标准，将有效样本集中的观测值按分位数P20以下、P20~P40、P40~P60、P60~P80、P80以上依次对应为低收入组、中等偏下收入组、中等收入组、中等偏上收入组与高收入组。根据按收入分组的幸福频数分布表初步考察居民幸福感与收入间的关系。从表3-10给出关于幸福与收入的描述性统计中可以看出，收入水平越高的被访者汇报的幸福感也越高，"低收入组"的被访者的平均幸福感是3.6438，高收入组的被访者的平均幸福感为4.0760。

表3-10　按收入分组的幸福频数分布

收入分组	1	2	3	4	5	幸福感均值
低收入组	157 （3.28）	243 （5.08）	1197 （25.02）	1553 （32.46）	1635 （34.17）	3.6438
中等偏下收入组	166 （3.85）	384 （8.90）	1295 （30.01）	1446 （33.51）	1024 （23.73）	3.7168
中等收入组	149 （3.51）	355 （8.36）	1204 （28.34）	1382 （32.53）	1158 （27.26）	3.8915
中等偏上收入组	106 （2.29）	220 （4.75）	1194 （25.79）	1655 （35.75）	1454 （31.41）	3.8924
高收入组	45 （1.11）	114 （2.80）	824 （20.27）	1587 （39.03）	1496 （36.79）	4.0760
总计	623 （2.83）	1316 （5.97）	5714 （25.92）	7623 （34.58）	6767 （30.7）	3.8436
Chi-square test of independence = 542.7806（0.00）***						

资料来源：CFPS2010家庭调查数据集中的有效样本。

根据卡方独立性检验，我们有理由拒绝表3-10中收入与幸福感两者之间没有关系的原假设。当然，基于方差检验结果（见附录1在幸福与收入关系的描述性统计中ANOVA Ftest for equal means = 118.96（0.00）***），尽管我们暂时还不能区分收入是直接还是间接影响个体幸福，但我们仍有理由拒绝收入与幸福感之间没有关系的原假设。为了进一步了解收入可能还通过提高经济主体的社会地位、健康水平、自信程度等因素影响被访者幸福感，我们将分别在表3-11、表3-12与表3-13中统计描述分组收入与这些变量之间的关系。

表3-11　按收入分组的社会地位频数分布

收入分组	1	2	3	4	5	社会地位均值
低收入组	907 (18.96)	834 (17.43)	2317 (48.42)	505 (10.55)	222 (4.64)	2.6449
中等偏下收入组	640 (14.83)	874 (20.25)	2060 (47.74)	559 (12.95)	182 (4.22)	2.7140
中等收入组	618 (14.55)	761 (17.91)	2213 (52.10)	530 (12.48)	126 (2.97)	2.7147
中等偏上收入组	625 (13.50)	858 (18.54)	2481 (53.60)	541 (11.69)	124 (2.68)	2.7151
高收入组	281 (6.91)	675 (16.60)	2367 (58.21)	622 (15.30)	121 (2.98)	2.9083
总计	3071 (13.93)	4002 (18.16)	11438 (51.89)	2757 (12.51)	775 (3.52)	2.7352
Chi-square test of independence = 394.5440 (0.00)***						

表3-12　按收入分组的健康水平频数分布

收入分组	1	2	3	4	5	健康水平均值
低收入组	1798 (37.58)	1759 (36.76)	412 (36.76)	644 (13.46)	172 (3.59)	2.0874
中等偏下收入组	1777 (41.18)	1499 (34.74)	361 (8.37)	565 (13.09)	113 (2.62)	2.0123
中等收入组	2103 (49.51)	1575 (37.08)	228 (5.37)	280 (6.59)	62 (1.46)	1.7342

续表

收入分组	1	2	3	4	5	健康水平均值
中等偏上收入组	2472 (53.40)	1707 (36.88)	198 (4.28)	215 (4.64)	37 (0.80)	1.6256
高收入组	2315 (56.94)	1504 (36.99)	141 (3.47)	86 (2.12)	20 (0.49)	1.5224
总计	10465 (47.48)	8044 (36.49)	1340 (6.08)	1790 (8.12)	404 (1.83)	1.8034
Chi-square test of independence = 1100.00 (0.00) ***						

表 3-13　按收入分组的自信程度频数分布

收入分组	1	2	3	4	5	自信程度均值
低收入组	347 (7.25)	492 (10.28)	1412 (29.51)	1329 (27.77)	1205 (25.18)	3.4335
中等偏下收入组	249 (5.77)	520 (12.05)	1362 (31.56)	1271 (29.46)	913 (21.16)	3.4818
中等收入组	188 (4.43)	405 (9.53)	1190 (28.01)	1367 (32.18)	1098 (25.85)	3.6549
中等偏上收入组	186 (4.02)	322 (6.96)	1323 (28.58)	1480 (31.97)	1318 (28.47)	3.7393
高收入组	77 (1.89)	212 (5.21)	1064 (26.17)	1466 (36.06)	1247 (30.67)	3.8839
总计	1047 (4.75)	1951 (8.85)	6351 (28.81)	6913 (31.36)	5781 (26.23)	3.6546
Chi-square test of independence = 452.9653 (0.00) ***						

根据卡方独立性检验，我们有理由拒绝表3-11、表3-12与表3-13中分组收入分别与其社会地位、健康和对未来自信程度等因素两者之间没有关系的原假设。随着被访者绝对收入的提高，被访者社会地位、健康与自

信程度等因素的均值逐渐上升，因此，分组收入与社会地位、健康、对未来自信程度的高相关关系结果可能暗示了收入还可能通过这些因素对幸福存在间接影响。

3.3.2 计量结果及分析

CFPS2010 数据集中对幸福感相关的调查有“对自己的生活满意程度”与“您觉得自己有多幸福”两个问题的有序选择变量，均为 1~5 五个程度的排序，因此本章也依据有序因变量实证分析文献中通常采用的 Ordered Probit 方法（Ferrer-i-Carbonell and Frijters，2004；Lohmann，2015；et al.）分析居民收入等相关因素对居民主观幸福感的影响。值得一提的是，针对有序选择变量模型，Ferrer I Carbonell 和 Frijters（2004）注意到不同学科的人有不同的处理办法：心理学家和社会学家常常将有序的离散选择因变量当作基数来处理，并使用普通最小二乘法（OLS）对模型进行估计，而经济学家常常使用有序潜变量响应模型（Ordered Latent Response Models），即 Odered Probit 或 Ordered Logit 模型进行回归分析。Ferrer I Carbonell 和 Frijters（2004）的研究最后发现 Odered Probit/ Logit 估计法和普通最小二乘（OLS）估计法在待估参数的符号和显著性上几乎没有差异。由于 OLS 更加直观并方便解释，因此，本节的估计结果中可能同时汇报 Ordered Probit 估计和 OLS 估计的结果（OLS 估计结果见附录 2），有兴趣的读者可以考察两种计量方法所得结果在符号与显著性上的一致性，同时还将比较差分有序 Probit 估计与面板差分模型（FD）估计结果。值得注意的是，由于在模型中添加了相对收入等需要参照标准的相对指标，所以在实证分析中使用了区县（cid）层面聚类标准误以控制区县特征。

针对计量模型中解释变量不可观测与遗漏问题，本节将考虑利用 CFPS2010 年与 2012 年两年数据先进行差分处理，由于被解释变量差分后仍为有序选择变量，仍可采用有序 Probit 方法消除不易随时间变化的解释变量对福利变化的影响，也同时消除了性质稳定且难以观测因素的影响（譬如短期内的个人能力），从而可以一定程度上减轻变量间的内生性与多重共线性等问题，达到更为可靠稳健的估计结果。表 3-14 到表 3-16 为实证检验结果，所有计量分析结果均由 Stata 13.0 得出。

表 3-14　2010 年 CFPS 数据集下的有序 Probit 估计结果（因变量为 hap）

变量	模型 1	模型 2	模型 3	模型 4 urban = 1	模型 5 urban = 1	模型 6 urban = 0	模型 7 urban = 0
inc		0.0163*** (3.59)		0.0166*** (3.07)		0.0209* (1.79)	
linc	0.0359*** (4.89)						
i_ h			0.0163*** (3.59)		0.0166*** (3.07)		0.0209* (1.79)
exh			0.0055 (0.24)		0.0227 (0.66)		-0.0142 (-0.54)
s_ i	0.0368*** (3.07)	0.0372*** (3.11)	0.0372*** (3.11)	0.0324** (2.04)	0.0324** (2.04)	0.0449*** (2.77)	0.0448*** (2.76)
gen	-0.1646*** (-10.70)	-0.1615*** (-10.62)	-0.1614*** (-10.59)	-0.1544*** (-6.93)	-0.1545*** (-6.92)	-0.1767*** (-9.14)	-0.1763*** (-9.12)
age	-0.0336*** (-8.05)	-0.0336*** (-7.98)	-0.0336*** (-7.98)	-0.0440*** (-8.48)	-0.0440*** (-8.46)	-0.0260*** (-4.18)	-0.0260*** (-4.18)
age^2	0.0004*** (10.15)	0.0004*** (10.01)	0.0004*** (10.00)	0.0005*** (9.75)	0.0005*** (9.72)	0.0003*** (5.61)	0.0003*** (5.61)
reg	0.1907*** (5.80)	0.1991*** (6.03)	0.1993*** (6.04)	0.1933*** (5.24)	0.1933*** (5.24)	0.0646 (1.34)	0.0661 (1.37)
chd	-0.0844* (-1.93)	-0.0796* (-1.81)	-0.0796* (-1.81)	-0.0279 (-0.52)	-0.0279 (-0.52)	-0.1019 (-1.33)	-0.1019 (-1.33)
nat	0.0523 (0.92)	0.0575 (0.98)	0.0576 (0.99)	0.0642 (0.51)	0.0642 (0.51)	0.0375 (0.56)	0.0379 (0.57)

续表

变量	模型 1	模型 2	模型 3	模型 4 urban = 1	模型 5 urban = 1	模型 6 urban = 0	模型 7 urban = 0
mar_1	0.3760*** (7.35)	0.3776*** (7.28)	0.3779*** (7.28)	0.4633** (6.66)	0.4631** (6.64)	0.2820*** (3.56)	0.2821*** (3.56)
mar_2	0.1435 (0.91)	0.1519 (0.95)	0.1528 (0.96)	−0.0131 (−0.06)	−0.0140 (−0.07)	0.3413 (1.58)	0.3406 (1.58)
mar_3	−0.3163*** (−4.08)	−0.3133*** (−4.01)	−0.3132*** (−4.01)	−0.3032*** (−2.89)	−0.3033*** (−2.89)	−0.3196*** (−2.64)	−0.3193*** (−2.65)
mar_4	0.1383** (2.31)	0.1389** (2.31)	0.1391** (2.31)	0.2127** (2.44)	0.2123** (2.43)	−0.0662 (0.79)	−0.0654 (0.78)
wor	0.0111 (0.38)	0.0085 (0.28)	0.0083 (0.28)	−0.0078 (−0.21)	−0.0077 (−0.20)	0.0272 (0.66)	0.0265 (0.64)
lei	0.0281*** (6.44)	0.0284*** (6.42)	0.0284*** (6.43)	0.0199*** (3.76)	0.0199*** (3.76)	0.0358*** (5.04)	0.0359*** (5.06)
hth	−0.1274*** (−12.67)	−0.1275*** (−12.61)	−0.1270*** (−12.51)	−0.1366*** (−7.75)	−0.1369*** (−7.65)	−0.1133*** (−9.97)	−0.1121*** (−9.86)
cnf	0.3617*** (31.49)	0.3627*** (31.36)	0.3627*** (31.36)	0.3716*** (25.17)	0.3716*** (25.18)	0.3544*** (21.73)	0.3543*** (21.73)
s_ s	0.1003*** (7.91)	0.0996*** (7.80)	0.0996*** (7.79)	0.0671*** (4.07)	0.0672*** (4.08)	0.1351*** (8.22)	0.1354*** (8.21)
dis	−0.2877*** (−14.95)	−0.2885*** (−15.00)	−0.2885*** (−15.00)	−0.2839*** (−10.70)	−0.2839*** (−10.70)	−0.2904*** (−10.68)	−0.2906*** (−10.69)
cid	0.0009** (2.37)	0.0010** (2.35)	0.0010** (2.35)	0.0015*** (2.86)	0.0015*** (2.86)	0.0007 (1.48)	0.0007 (1.48)
Wald 统计量	2900.05	2912.12	2933.21	1727.05	1728.26	1462.31	1472.15
Pseudo R^2	0.0925	0.0921	0.0921	0.0950	0.0950	0.0873	0.0874
样本数	23834	23834	23834	11388	11388	12436	12436

注：括号中数字为以变量 cid 做的聚类标准误。* 表示 p 值小于 0.10，** 表示 p 值小于 0.05，*** 表示 p 值小于 0.01。

在考察居民收入对经济福利影响的1、2、3模型中，居民收入变量（不管对绝对收入inc取对数linc还是是否扣除自付医疗费用exh后的i_h）的参数估计结果都显著为正（在1%的显著性水平上）。这与官皓（2010）认为绝对收入对幸福感不存在显著影响，而相对收入地位则对幸福感具有显著的正向影响，相对收入越高，幸福感越强的研究结果存在较大差异。比较有意思的是，当被解释变量选择“您觉得自己有多幸福”的变量hap时，尽管相对收入变量s_ i显著为正，但与绝对收入比较起来，相对收入变量s_ i括号中的Z值均相应比绝对收入变量中的Z值小，亦即相对收入变量没有绝对收入变量显著。而官皓（2010）的结果更加显示了随着模型控制变量的增加，居民收入变量的系数逐渐不显著，而加入相对收入变量后，绝对收入变量系数的显著程度下降十分明显，符号甚至变为负数①。此外，本节也用“对生活的满意程度”做了稳健性检验，其结果稍有差异，但仍不改变绝对收入在1%显著性水平上的显著性（见附录2）。

如此看来，横截面数据上的居民收入水平仍是影响居民经济福利的重要因素（均在1%的显著性水平上显著）。考虑到中国的城乡特点，个体间的绝对收入与相对收入地位可能也对其经济福利存在不同影响，表3-3中模型4~模型7为2010年样本按城乡urb区分为城市与乡村两个子样本后的估计结果。从模型4~模型7显示的结果看，居民收入对居民经济福利的影响存在较大的城乡差异，反映乡村样本的模型6与模型7中的居民收入变量尽管在10%的显著性水平上显著，但均没有反映城市样本的模型4与模型5显著，其原因还有待进一步的研究。值得一提的是，将自付医疗费用从居民收入中扣除之后，我们可以看到扣除自付医疗费用后的居民收入变量i_ h的显著性与居民收入变量inc没变化，而自付医疗费用变量exh

① 需要注意的是，官皓（2010）所用数据为CFPS（2008）与本节所用数据CFPS（2010）不同。此外，本节回归所用被解释变量为“您觉得自己有多幸福”hap，与官皓（2010）所用的“对自己生活的满意程度”swb不同。当然，与官皓（2010）将婚姻状况分为“是否结过婚”2种情况不同的是，本节对问卷中的6种婚姻状况采用虚拟变量处理。

不显著，检验了可将医疗费用视为 Nordhaus 和 Tobin（1972）所描述的“防御性支出”与“工具性支出”的特点。

尽管我们已从描述性统计与推断性统计两方面检验了收入对个体幸福的显著影响，但由于影响幸福的因素中很多变量又相互影响，进一步检验收入对个体幸福的直接影响还需通过改善其模型的估计过程以达到上述目的。事实上，由于解释变量中收入地位、社会地位、自信程度、健康水平、是否受收入歧视等变量与个体绝对收入之间存在依赖关系，因此表 3-14中的结果并不能为我们判断绝对收入是否直接影响幸福提供证据①。因此，有必要在实证检验幸福方程式（3-2）前先消除或降低解释变量之间的依赖关系（此过程的理论依据可参见 3.1.2 节的证明），即首先用收入地位、社会地位、自信程度、健康水平、是否受收入歧视等作为被解释变量各自对绝对收入、性别、年龄、户籍、是否有小孩、民族、婚姻、教育、是否失业、闲暇等变量进行 OLS 线性回归，分别记录其残差序列 V_1、V_2、V_3、V_4、V_5，其次用 V_1、V_2、V_3、V_4、V_5 代替个体幸福感方程式（3-2）中的收入地位、社会地位、自信程度、健康水平、是否受收入歧视等变量，从而消除绝对收入对收入地位、社会地位、自信程度、健康水平、是否受收入歧视等变量的影响，达到检验绝对收入对幸福感直接影响的目的，具体思路如下。

$$s\_i_i=\alpha_0+\alpha_1 inc_i+\beta_i\sum X_i+V_{1i} \tag{3-23}$$

$$s\_s_i=\alpha_0+\alpha_1 inc_i+\beta_i\sum X_i+V_{2i} \tag{3-24}$$

$$conf_i=\alpha_0+\alpha_1 inc_i+\beta_i\sum X_i+V_{3i} \tag{3-25}$$

$$hth_i=\alpha_0+\alpha_1 inc_i+\beta_i\sum X_i+V_{4i} \tag{3-26}$$

$$dis_i=\alpha_0+\alpha_1 inc_i+\beta_i\sum X_i+V_{5i} \tag{3-27}$$

$$hap_i=\alpha inc_i+\beta_i\sum X_i+\gamma_1 V_{1i}+\gamma_2 V_{2i}+\gamma_3 V_{3i}+\gamma_4 V_{4i}+\gamma_5 V_{5i}+\mu_i \tag{3-28}$$

① 参见李子奈．计量经济学模型方法论［M］．北京：清华大学出版社，2011.

其中，X_i 代表变量性别、年龄、户籍、是否有小孩、民族、婚姻（虚拟变量）、教育、是否失业、闲暇等变量，消除间接效应后的结果如表3-15所示。

表 3-15　CFPS 数据集下的有序 Probit 估计结果（因变量为 hap，消除间接效应）

变量	模型 1	模型 2	urban=1	urban=1	urban=0	urban=0
inc	0.0361*** (7.82)		0.0356*** (6.69)		0.0419*** (3.73)	
i_h		0.0361*** (7.81)		0.0356*** (6.69)		0.0419*** (3.73)
exh		0.0247 (1.08)		0.0374 (1.07)		0.0107 (0.42)
gen	-0.1427*** (-9.29)	-0.1426*** (-9.28)	-0.1330*** (-5.74)	-0.1330*** (-5.74)	-0.1574*** (-8.14)	-0.1573*** (-8.14)
age	-0.0393*** (-9.49)	-0.0393*** (-9.48)	-0.0502*** (-9.71)	-0.0502*** (-9.69)	-0.0316*** (-5.05)	-0.0315*** (-5.05)
age^2	0.0004*** (10.11)	0.0004*** (10.10)	0.0005*** (9.79)	0.0005*** (9.76)	0.0003*** (5.69)	0.0003*** (5.69)
reg	0.1253*** (3.82)	0.1254*** (3.83)	0.1373*** (3.77)	0.1373*** (3.76)	-0.0256 (-0.52)	-0.0244 (-0.50)
chd	-0.0637 (-1.47)	-0.0638 (-1.47)	-0.0409 (-0.80)	-0.0409 (-0.80)	-0.0922 (-1.20)	-0.0922 (-1.20)
nat	0.0768 (1.26)	0.0769 (1.26)	0.0732 (0.54)	0.0732 (0.54)	0.0529 (0.76)	0.0532 (0.77)
mar_1	0.4362*** (8.40)	0.4364*** (8.40)	0.5445*** (7.96)	0.5444*** (7.94)	0.3484*** (4.37)	0.3485*** (4.37)
mar_2	0.1229 (0.80)	0.1237 (0.80)	-0.0036 (-0.02)	-0.0039 (-0.02)	0.3211 (1.47)	0.3203 (1.47)
mar_3	-0.4371*** (-5.65)	-0.4370*** (-5.65)	-0.3837*** (-3.77)	-0.3837*** (-3.77)	-0.4630*** (-3.79)	-0.4628*** (-3.80)

续表

变量	模型 1	模型 2	urban=1	urban=1	urban=0	urban=0
mar_4	0.1312 ** (2.19)	0.1314 ** (2.19)	0.2175 ** (2.52)	0.2174 ** (2.52)	0.0576 (0.67)	0.0568 (0.67)
wor	0.0472 (1.58)	0.0470 (1.57)	0.0229 (0.60)	0.0230 (0.60)	0.0695 * (1.74)	0.0687 * (1.73)
lei	0.0394 *** (8.99)	0.0394 *** (8.99)	0.0302 *** (5.49)	0.0302 *** (5.49)	0.0464 *** (6.61)	0.0465 *** (6.62)
V_1（收入地位）	0.0362 *** (2.99)	0.0362 *** (3.00)	0.0317 ** (2.01)	0.0317 ** (2.01)	0.0471 *** (2.79)	0.0470 *** (2.79)
V_2（社会地位）	0.0991 *** (7.71)	0.0991 *** (7.71)	0.0633 *** (3.87)	0.0633 *** (3.87)	0.1363 *** (8.19)	0.1365 *** (8.18)
V_3（自信程度）	0.3639 *** (31.02)	0.3639 *** (31.02)	0.3733 *** (25.09)	0.3733 *** (25.10)	0.3570 *** (21.76)	0.3570 *** (21.76)
V_4（健康）	-0.1271 *** (-12.42)	-0.1266 *** (-12.32)	-0.1393 *** (-7.85)	-0.1394 *** (-7.75)	-0.1125 *** (-9.70)	-0.1115 *** (-9.60)
V_5（歧视）	-0.2920 *** (-15.10)	-0.2921 *** (-15.10)	-0.2888 *** (-10.69)	-0.2889 *** (-10.69)	-0.3017 *** (-11.29)	-0.3018 *** (-11.30)
Wald 统计量	2905.25	2928.81	1724.09	1725.83	1409.71	1415.15
Pseudo R^2	0.0916	0.0916	0.0944	0.0944	0.0879	0.0879
样本数	23801	23801	11380	11380	12421	12421

注：括号中的值为 Z 值，* 表示 p 值小于 0.10，** 表示 p 值小于 0.05，*** 表示 p 值小于 0.01。

对比表 3-14 与表 3-15，可发现绝对收入变量对个体幸福感的影响明显增强，消除依赖关系后的绝对收入系数相应为未消除前的两倍多，Z 值也同步增大，均在 0.01 的显著性水平上显著，通过消除前后的参数与显著性对比说明了绝对收入对居民幸福感的直接效应更强，而且将样本按城乡分组后，参数估计的大小结果反映了绝对收入更可能影响农村居民的幸福感。由于农村居民的收入平均来说比城市居民低，从而模型估计结果与边际收入幸福感递减规律相符（根据计算收入的边际幸福感结果），当然，在表 3-15 中，除绝对收入变量外的其他变量估计结果与表 3-14 大同小异，但是更为合理，从而也反映了消除依赖关系后的计量结果更为可靠与稳健。此外，类比官皓（2010）的结果，表 3-15 中代表相对收入变量的 V_1 并不比绝对收入显著，但与周广肃和孙浦阳（2017）结果类似。

因此无论收入是绝对意义还是相对意义，其都是提升经济福利的重要因素。对于收入 s_ i 来说，绝对收入变量（inc，linc，i_ h）更显著，这应该跟大多数居民的收入仍较低，仍处于马斯洛需求层次的物质需求有关，因此，有理由相信，如果将低估的收入真实反映出来，譬如城镇居民隐瞒的大量的隐性收入与灰色收入，农村居民没有处于市场经济之外（即自给自足）的收入成分反映出来，绝对收入变量可能更为显著，当然，这与数据质量有关。不管如何，绝对收入的显著反映了物质需求的满足仍是居民获得幸福的基石，是居民经济福利的重要组成部分。而相对收入变量显著地检验了收入差异效应（即羡慕、嫉妒、恨）的存在。

由于本节主要关注收入对经济福利的影响，因此，此处不解释计量模型中的其他控制变量，关于 OLS 下的结果见附录 3 与附录 4，从 OLS 估计与有序 Probit 估计结果看，几乎没什么差异，从而进一步为 Ferrer I Carbonell 和 Frijters（2004）所得出的研究结果提供了有力证据。由于 CFPS 是追踪调查数据集，因此，可将 CFPS2010 与 CFPS2012 数据整理成面板数据。表 3-16 为消除了间接效应后的面板数据 Oprobit 回归结果。

表 3-16　面板数据 Oprobit 回归结果（消除间接效应）

变量	模型 1	模型 2	urban = 0	urban = 0	urban = 1	urban = 1
inc	0.0644***		0.0670***		0.0580***	
（收入）	(15.97)		(4.84)		(14.63)	
i_ h		0.0644***		0.0673***		0.0580***
（净收入）		(15.97)		(4.87)		(14.61)
exh		0.0249		0.0100		0.0323

续表

变量	模型 1	模型 2	urban=0	urban=0	urban=1	urban=1
（医疗）		（1.02）		（0.31）		（0.82）
reg	0.0795 ***	0.0798 ***	0.1120 **	0.1132 **	0.0493 *	0.0497 *
（户口）	（4.15）	（4.17）	（2.51）	（2.53）	（1.87）	（1.89）
chd	0.0048	0.0049	−0.0062	−0.0054	0.0134	0.0129
（孩子）	（0.10）	（0.10）	−（0.09）	−（0.07）	（0.22）	（0.21）
mar_1	0.1800 ***	0.1809 ***	0.1077	0.1080	0.2513 ***	0.2525 ***
（在婚）	（3.22）	（3.24）	（1.27）	（1.27）	（3.35）	（3.37）
mar_2	−0.4329 ***	−0.4323 ***	−0.3556	−0.3559	−0.4843 **	−0.4831 **
（同居）	−（2.83）	−（2.83）	−（1.45）	−（1.45）	−（2.45）	−（2.44）
mar_3	−0.6761 ***	−0.6761 ***	−0.6659 ***	−0.6655 ***	−0.6670 ***	−0.6668 ***
（离婚）	−（8.02）	−（8.02）	−（4.71）	−（4.70）	−（6.20）	−（6.20）
mar_4	0.0564	0.0579	0.0514	0.0509	0.0684	0.0711
（丧偶）	（0.79）	（0.81）	（0.47）	（0.47）	（0.71）	（0.74）
wor	0.0366 *	0.0349 *	0.0535 *	0.0517 *	0.0333	0.0318
（工作）	（1.94）	（1.84）	（1.92）	（1.85）	（1.28）	（1.21）
V_1	0.1537 ***	0.1538 ***	0.1534 ***	0.1532 ***	0.1601 ***	0.1603 ***
（收入地位）	（14.23）	（14.23）	（9.85）	（9.84）	（10.54）	（10.55）
V_2	0.2917 ***	0.2920 ***	0.3008 ***	0.3013 ***	0.2814 ***	0.2815 ***
（社会地位）	（29.05）	（29.06）	（20.87）	（20.89）	（19.93）	（19.93）
V_3	0.4801 ***	0.4803 ***	0.4219 ***	0.4223 ***	0.5357 ***	0.5357 ***
（自信）	（52.60）	（52.60）	（32.21）	（32.22）	（41.70）	（41.70）
V_4	−0.0881 ***	−0.0870 ***	−0.0850 ***	−0.0838 ***	−0.0901 ***	−0.0894 ***
（健康）	−（12.68）	−（12.48）	−（8.39）	−（8.23）	−（9.42）	−（9.30）
V_5	−0.2886 ***	−0.2884 ***	−0.3136 ***	−0.3138 ***	−0.2609 ***	−0.2603 ***
（歧视）	−（12.91）	−（12.90）	−（9.70）	−（9.71）	−（8.42）	−（8.40）
Wald 统计量	5232.11	5230.24	2165.21	2164.19	3051.24	3050.39
样本数	19836	19836	8684	8684	11152	11152

注：括号中数字为 Z 值。* 表示 p 值小于 0.10，** 表示 p 值小于 0.05，*** 表示 p 值小于 0.01。

从表 3-16 中可以看出，绝对收入变量 inc 在面板数据的 Oprobit 回归中显著性得到更进一步增强（括号中 Z 值更大），扣除自付医疗费用后的居民净收入 i_ h 显著性几乎与绝收收入变量 inc 相同，支持了绝对收入显著影响居民幸福感（根据本章第一节的内容，这里也可理解为绝对收入显著影响居民经济福利）。而自付医疗费用变量 exh 仍然不显著，从而没有理由拒绝居民收入中用于支付医疗费用的收入对幸福感不起作用的“原假设”，面板数据结果进一步支持了自付医疗费用具有 Nordhaus 和 Tobin（1972）所描述的“工具性支出”特点。由于面板数据能减轻模型固有的内生性问题，从而表 3-16 中的结果更为可信。

差分有序 Probit 估计的结果如附录 5 所示。附录 5 使用了 CFPS 数据集中 2012 年与 2010 年两年的数据进行差分，然后再做有序 Probit 估计的结果，由于差分处理能消除不易随时间变化的解释变量（譬如，性别、年龄、教育、户籍）对因变量变化的影响，从而通过减轻内生性与多重共线性等问题，达到更为可靠稳健的估计结果。从差分有序 Probit 估计的结果看，居民收入变化也显著影响居民经济福利，进一步说明了上述计量结果是稳健可靠的。同时也检验了居民收入，从纵向看，不可拒绝对经济福利有正的显著影响。总之，上述统计分析结果表明，扣除了自付医疗费用的居民收入可以为居民带来幸福，暗示了居民收入是构建经济福利指标不可或缺的因素，并且在构建经济福利指标时暗示了需将自付医疗费用从居民收入中扣除。

3.4 家庭消费、消费差异对经济福利的影响

经济理论告诉我们，收入通过间接效用函数给经济主体带来效用，而消费则通过直接效用函数给经济主体带来效用，且直接效用函数可以转化成间接效用函数。因此，理论上可以推断居民消费也应该显著影响居民的

幸福感，从而也可借鉴考察收入与经济福利的相似逻辑来考察消费与经济福利之间的逻辑。但是中国居民的消费率近年来持续低位运行，以致消费与收入之间的关系减弱，由于居民储蓄是一种潜在的消费，可把居民的储蓄看作延期的消费对比分析消费对居民幸福感的影响有利于考察中国居民收入与即期消费之间的关系，也有利于考察居民消费指标替代居民福利指标合理性①。此外，即使不考察消费与收入之间的关系，由于考察消费与居民幸福感的家庭数据集与前面考察收入的成人数据集不一样，从而可通过从消费角度考察来进一步检验收入与经济福利之间计量结果的稳健性，以及考察数据的可靠性，尽管该数据发布前已做过数据的效度与信度分析。

也许读者会有疑问，为什么不在同一计量模型中同时讨论收入与消费呢？由于消费理论告诉我们，收入与消费间存在高度的共线性很大程度上会影响解释变量的符号与显著性，而本节在检验过程中即使对这两者的数据进行了诸如数据对数化等多种减弱多重共线性的处理方法后结果仍不理想。此外，将收入与消费变量合并意味着需要将以个体为单位的居民收入转化成以家庭为单位的家庭收入，这样将减少大量的观测值。基于这两点考虑，故分别讨论它们。

3.4.1 消费、消费差异与福利关系的理论预备

基数效用论者认为消费商品带来的效用是可以计量的，提升居民效用或福利的商品消费可表达为

$$\max U_i = u(x_1, x_2, \cdots, x_l) \tag{3-29}$$

$$s.t.\ P_1x_1 + P_2x_2 + \cdots + P_lx_l \leqslant y_i \tag{3-30}$$

其中，x_1，x_2，…，x_l 是能给经济主体带来效用的商品数量，y_i 为居

① 亚洲开发银行运用“家庭实际最终消费”作为民生福利指标，中国大陆在亚洲 22 个经济体中排名第 15 位。排名前五位的经济体分别是中国香港（人均 125303 港元）、中国台湾（109108 港元）、新加坡（99706 港元）、文莱（81744 港元）和中国澳门（67639 港元）。中国大陆的人均年消费支出仅 11502 港元（详细资料见亚洲开发银行：www. adb. org/economics/working paper series No. 145）。

民可支配收入。作为一个理性人，经济主体的个人偏好在其中起重要作用，他一般不会消费带来负效应（或致使福利损失）的物品，即不良品，如果不得不消费的话（譬如污染的环境服务），也往往会同时要求消费更多良品才能使效用前后无差异，这也就不奇怪在一个经济增长与环境污染同时增长的世界里，人们感觉不到福利的增加甚至下降，经济主体由于需要采取相应措施进行防范，因而防范性消费（譬如防污染口罩、医疗保健等）除了抵消非良品带来的效用损失外，不会增加他的效用。

此外，Veblen（1899）、Duesenberry（1949）、Leibenstein（1950），Kapteyn（1980）、Frank（2011）等发现人们之间更可能存在消费上的攀比，消费间存在的差异在某种程度上会激励人们进行良性追逐，但是差异的扩大也会导致相互攀比更为激烈，从而对人们的经济福利产生负面影响。因此，经济主体的福利不仅取决于自身的消费水平，与此同时，还受到他人消费水平的影响，消费间的差异由于消费差异效应而影响着人们的经济福利。

3.4.2 数据来源及描述性统计

本节数据来源为 CFPS 数据集中 2010 年家庭问卷数据（14798 个家庭观测值）与 CFPS 数据集中 2010 年成人问卷数据（33600 个居民观测值）合并而成，即对成人问卷中的数据以家户编号进行处理后再与家庭问卷中的数据进行合并。因为是家庭层面的数据，所以变量是平均量或者是总量，实际使用的数据为它们四舍五入后的结果。主要变量定义及其统计特征可以看出所使用数据集的大致情况，如表 3-17 所示。

表 3-17 主要变量定义及其统计特征

变量名称	定义	样本数	均值	标准差	最小值	最大值
asw	家庭生活满意度（从“很不满意”到“非常满意”五个程度）	14504	3.45	0.87	1	5
cnm	家庭总消费类支出（单位：万元）	12811	2.54	2.91	0	80.56

续表

变量名称	定义	样本数	均值	标准差	最小值	最大值
yw	家庭年工资收入（单位：万元）	14491	2.26	3.45	0	80
iqc	家庭总收入与县市中位数收入比值	13727	1.37	2.03	0.00	113.93
e_ h	家庭总医疗保健支出（单位：万元）	14331	0.35	1.01	0	43
exh	家庭自付的医疗费用（单位：万元）	14545	0.10	0.59	0	15
s_ e	家庭经济状况（从“很穷”到“很富”七个水平）	13412	2.20	0.82	1	5
age	家庭平均年龄	14545	46.93	13.00	16	110
hth	家庭平均健康状况（数字1~5分别表示从“健康”到“非常不健康”五个程度）	14540	1.87	0.83	1	5
frm	是否为农村家庭（0—否，1—是）	14545	0.48	0.50	0	1
edu	家庭平均教育水平（数字1~8分别表示从“未上过学”到“博士”八个程度）	14533	2.49	1.15	1	8
s_ s	家庭整体社会地位（从“很低”到“很高”五个程度）	14406	2.74	0.81	1	5
car	家庭是否拥有小汽车	14544	0.12	0.32	0	1
cars	家庭小汽车数量	1744	1.09	0.35	1	6
bst	家离公共汽车站的距离（单位：公里）	10995	1.14	2.85	0.001	125
evg	家庭成员对政府工作平均评价（从“有很大成绩”到“比之前更糟了”五种程度）	13364	2.33	0.76	1	5
gl	家庭成员间关系（从“陌生”到“很亲密”七个等级）	13011	5.11	1.19	1	7
cnf	家庭对未来的信心（数字1~5分别表示从“很没信心”到“很有信心”五个程度）	14455	3.62	0.93	1	5

资料来源：CFPS2010家庭与成人调查数据集中的有效样本。

由于CFPS家庭问卷中没有对家庭进行生活满意度、所处社会地位等变量的调查，因此这些变量用CFPS成人问卷中相应变量的平均值来代替，即用“家庭成员的平均生活满意度”代表“家庭的生活满意度”（asw），平均年龄、平均健康水平、平均教育水平、平均社会地位、对未来的平均信心程度、对政府工作的平均评价分别代表家庭年龄、家庭健康水平、家庭教育水平、家庭社会地位、家庭对未来的信心程度与家庭对政府工作的评价。用家庭消费除以该家庭所在县市家庭的中位数消费作为衡量居民间的消费不平等变量，用其平方项考察家庭福利与消费不平等间是否存在倒“U”形关系。表 3-18 是实证分析中主要变量之间的相关关系。

表 3-18　主要变量之间的相关关系

	asw	c_ h	iqc	s_ s	hth	edu	age	car	evg	gl	cnf	bst	yw
asw	1												
c_ h	0. 06	1											
iqc	0. 12	0. 48	1										
s_ s	0. 44	0. 05	0. 10	1									
hth	-0. 20	-0. 12	-0. 10	-0. 13	1								
edu	-0. 01	0. 36	0. 15	-0. 01	-0. 20	1							
age	0. 10	-0. 17	-0. 08	0. 08	0. 30	-0. 31	1						
car	0. 11	0. 30	0. 18	0. 10	-0. 08	0. 13	-0. 13	1					
evg	-0. 18	-0. 01	0. 00	-0. 11	0. 05	0. 00	-0. 08	-0. 02	1				
gl	0. 14	0. 19	0. 10	0. 06	-0. 07	0. 25	-0. 10	0. 09	0. 00	1			
cnf	0. 53	0. 07	0. 09	0. 31	-0. 24	0. 07	-0. 18	0. 11	-0. 14	0. 13	1		
bst	0. 00	-0. 07	-0. 02	0. 06	0. 00	-0. 20	-0. 05	-0. 03	0. 01	-0. 08	-0. 01	1	
yw	0. 09	0. 55	0. 42	0. 07	-0. 15	0. 41	-0. 17	0. 27	-0. 02	0. 18	0. 07	-0. 11	1

资料来源：CFPS2010 家庭与成人调查数据集中的有效样本。

从表 3-18 中可以看到几个比较有价值的关系：就微观数据而言，家庭消费变量（c_ h）与消费不平等变量（iqc）相关性比较强（相关系数为 0. 48），据此我们将考虑在有些模型中将它们分开分析。根据消费理论以及消费与收入之间的强相关关系（0. 55），将年工资收入（yw）放入检验家庭福利与家庭消费（c_ h）的回归模型中可能会出现夸大某些变量的显著性与错误的符号。总之，仔细分析表 3-18 中揭示的各变量相关关系后，可建立更加合理的回归分析模型，并能方便地分析计量检验的结果。

3.4.3 计量结果及分析

基于消费变量与消费差异之间的高度相关，考虑在计量模型1~模型5单独考虑消费对福利的影响，模型6单独考虑消费差异对福利的影响，模型7综合考虑消费及消费差异对福利的影响。此外，使用社会地位变量作为经济地位的代理变量，结果如表3-19所示。

表3-19 2010年家庭样本的OLS估计结果（因变量为asw）

变量	模型1	模型2	模型3	模型4	模型5	模型6	模型7
lc_ h	0.1194***	0.0547***	0.0501**	0.0348***	0.0359***		0.0182
（消费对数）	(8.78)	(5.10)	(2.49)	(3.05)	(3.23)		(1.56)
hth	-0.2484***	-0.1174***	-0.1640***	-0.1218***	-0.1182***	-0.2466***	-0.1156***
（健康）	-(17.71)	-(11.95)	-(4.55)	-(9.24)	-(8.98)	-(18.00)	-(8.80)
edu	-0.0223*	-0.0150*	-0.0188	-0.0232**	-0.0255***	-0.0050	-0.0279***
（教育）	-(1.78)	-(1.89)	-(0.92)	-(2.57)	-(2.86)	-(0.43)	-(3.12)
age	0.0121***	0.0134***	0.0181***	0.0135***	0.0130***	0.0110***	0.0128***
（年龄）	(14.30)	(20.57)	(9.42)	(17.50)	(16.72)	(13.11)	(16.44)
s_ s		0.2780***	0.2248***	0.2791***	0.2715***		0.2661***
（社会地位）		(26.98)	(7.87)	(22.25)	(22.07)		(21.49)
cnf		0.4238***	0.4241***	0.4151***	0.4143***		0.4121***
（自信）		(31.29)	(12.50)	(30.09)	(30.97)		(31.00)
car				0.1220***	0.1089***		0.0869***
（汽车）				(5.47)	(4.90)		(3.89)
cars			0.0499				
（汽车数量）			(1.11)				
bst			-0.0176	-0.0014	0.0000		-0.0004
（公交距离）			-(1.16)	-(0.35)	(0.00)		-(0.12)
gl			0.0233	0.0488***	0.0520***		0.0516***
（关系）			(1.19)	(5.43)	(5.52)		(5.51)

续表

变量	模型 1	模型 2	模型 3	模型 4	模型 5	模型 6	模型 7
evg					-0.0802 ***		-0.0816 ***
（政府评价）					-（7.01）		-（7.19）
iqc						0.0924 ***	0.0354 ***
（相对收入）						（12.26）	（6.52）
iqc^2						-0.0009 ***	-0.0003 ***
						-（5.00）	-（5.38）
常数项	3.3615 ***	0.7568 ***	0.7539 ***	0.5605 ***	0.7728 ***	3.2873 ***	0.7759 ***
	（49.67）	（11.51）	（3.35）	（7.18）	（8.79）	（49.12）	（8.78）
R^2	0.0744	0.3933	0.3694	0.3987	0.4090	0.0834	0.4118
Adjst R^2	0.0742	0.3930	0.3645	0.3980	0.4083	0.0831	0.4109
样本数	12768	12661	1156	8714	8252	13684	8252

注：括号中为 t 值。* 表示 p 值小于 0.10，** 表示 p 值小于 0.05，*** 表示 p 值小于 0.01。

在对消费与家庭福利的关系检验过程中再次发现，相比没有扣除医疗保健后的消费支出模型，使用扣除医疗保健后的消费支出基本不会改变模型中待估参数的符号与显著性，再次检验和支持了医疗费用支出具有 Nordhaus 和 Tobin（1972）所描述的“工具性支出”的观点，由于与考察收入时的结果一致，没有在表 3 19 中列出。模型 1 模型 5 显示了逐步添加控制变量后的结果。这 5 个模型的计量结果均显示了扣除医疗保健后的消费支出对家庭福利有显著的正向提升作用。

由于消费与消费差异之间存在高度相关关系，故在模型 6 中没有考虑消费支出变量，从消费差异的一次项与二次项的显著性与符号看，显示了福利与消费差异之间的倒“U”形关系，与考察收入差异的结果一致。

从综合考虑消费与消费差异对福利影响的模型 7 中可以看出，消费支出（lc_ h）、消费差异的一次项（iqc）及消费差异的二次项（iqc^2）3 个我们重点关注的变量中消费支出不显著，其中原因可能与消费、消费差异之间较高的相关关系有关（模型 7 与模型 5 的差别仅在于模型 7 中加入消费差异的一次项与二次项）。当然，它们的符号与预期一致，仍显示了福利与消费不平等之间可能存在的倒“U”形关系。

接着再来考察城乡差异。由于农村家庭的生活消费中自给自足比重较大，家庭消费支出在中国城乡之间存在较大差异，我们区别农村和城市子样本分别进行估计。考虑到消费支出与消费差异之间较强的相关关系，下面的6个计量模型均只单独考虑消费支出或消费差异。表3-20是分别对农村和城市子样本在区县层面聚类标准误进行估计的结果，其中模型的因变量为asw，消费支出取对数。

表3-20　农村与城镇家庭OLS估计结果（因变量为asw）

变量	农村 模型1	城市 模型2	农村 模型3	城市 模型4	农村 模型5	城市 模型6
lc_ h	0.1198*** （7.78）	0.1493*** （6.86）	0.0199 （1.24）	0.0537*** （3.17）		
hth	-0.2236*** -（12.06）	-0.2901*** -（13.40）	-0.1282*** -（6.86）	-0.1102*** -（6.36）	-0.1261*** -（7.00）	-0.1109*** -（6.67）
edu	0.0540*** （2.78）	-0.0226* -（1.66）	-0.0292* -（1.67）	-0.0236** -（2.11）	-0.0360* -（1.94）	-0.0231** -（2.05）
age	0.0122*** （9.71）	0.0144*** （13.17）	0.0129*** （10.78）	0.0132*** （13.35）	0.0128*** （10.81）	0.0130*** （13.18）
s_ s			0.2675*** （14.83）	0.2695*** （15.62）	0.2583*** （15.03）	0.2640*** （15.89）
cnf			0.4023*** （18.50）	0.4248*** （25.58）	0.4036*** （19.24）	0.4176*** （26.53）
car			0.0726** （2.21）	0.1245*** （4.40）	0.0753** （2.47）	0.0958*** （3.43）
bst			-0.0006 -（0.19）	-0.0173 -（1.30）	-0.0011 -（0.35）	-0.0228* -（1.66）
gl			0.0481*** （3.68）	0.0550*** （4.23）	0.0494*** （3.96）	0.0550*** （4.28）

续表

变量	农村 模型 1	城市 模型 2	农村 模型 3	城市 模型 4	农村 模型 5	城市 模型 6
evg			-0.1118*** -(6.73)	-0.0563*** -(3.90)	-0.1123*** -(6.89)	-0.0569*** -(3.93)
iqc					0.0312*** (3.81)	0.0512*** (6.59)
iqc^2					-0.0003*** -(3.57)	-0.0008*** -(4.50)
常数项	3.2115*** (33.63)	3.2442*** (38.07)	0.9786*** (7.30)	0.6238*** (5.57)	0.9757*** (7.39)	0.6570*** (5.71)
R^2	0.0765	0.0892	0.4101	0.4085	0.4104	0.4080
Adjust R^2	0.0759	0.0886	0.4084	0.4073	0.4086	0.4067
样本数	6657	6111	3370	4882	3578	5158

注：括号中为t值。* 表示p值小于0.10，** 表示p值小于0.05，*** 表示p值小于0.01。

从表3-20中分别对农村与城市样本的实证结果比较中可以看出，农村家庭的消费支出在模型3中不显著，本节认为可能跟解释变量之间的依赖关系比较强有关。另外，由于农村家庭生活的自给自足成分较高，因而通过市场交易的消费支出所占比重不高。不论城乡，家庭消费支出的差异对居民幸福感影响显著（模型5、模型6），农村家庭消费支出的不显著与消费差异的显著也许检验了农村家庭的自给自足成分以及农村家庭之间消费差异大的特点。对比农村家庭，城市家庭的消费支出对家庭福利影响显著，正面支持了对需要通过市场来完成的城市生活来说消费仍然是影响家庭福利的重要因素，而模型1、模型3、模型5与模型2、模型4、模型6之间的显著性差异也许支持了城乡生活及其消费方式上的差异。但根据表3-19与表3-20中教育变量edu不断变换的符号与显著性可知，模型估计的结果不稳健，因此，想要得到消费支出、消费差异对居民幸福感影响的稳健结果，可采用3.2节中消除模型中解释变量依赖关系的方法。

具体来说，尽管我们从已有实证分析中看出消费对居民家庭幸福的显著影响，但由于影响家庭幸福的因素中很多变量又相互影响，因此，如果想进一步检验消费支出对家庭幸福的直接影响，仍需通过改善原有估计模型与估计过程。事实上，由于解释变量中收入地位、社会地位、健康水平、自信程度、对政府的评价等变量与家庭消费之间存在相关关系，因此表 3-3 中的结果并不能为我们判断家庭消费直接影响家庭幸福提供更准确的直接证据①。因此，有必要在实证检验幸福方程式（3-2）前先消除或降低解释变量之间的依赖关系（此过程的理论依据可参见 3.1.2 节的证明），即首先用收入地位、社会地位、健康水平、自信程度、对政府的评价等作为被解释变量各自对家庭人均消费 c_ h、家庭人均教育 edu、家庭人均年龄 age、家庭是否拥有小车 car、家庭居住地离公共汽车站的距离 bst、家庭成员间关系 gx 等变量进行 OLS 线性回归，分别记录其残差序列 V_1、V_2、V_3、V_4、V_5，其次用 V_1、V_2、V_3、V_4、V_5 代替个体幸福感方程式（3-2）中的收入地位、社会地位、健康水平、自信程度、对政府的评价等变量，从而消除家庭消费对收入地位、社会地位、健康水平、自信程度、对政府的评价等变量的影响，达到检验家庭消费对家庭幸福感直接影响的目的，具体思路如下。

$$s\_i_i=\alpha_0+\alpha_1 inc_i+\beta_i\sum X_i+V_{1i} \tag{3-31}$$

$$s\_s_i=\alpha_0+\alpha_1 inc_i+\beta_i\sum X_i+V_{2i} \tag{3-32}$$

$$hth_i=\alpha_0+\alpha_1 inc_i+\beta_i\sum X_i+V_{3i} \tag{3-33}$$

$$conf_i=\alpha_0+\alpha_1 inc_i+\beta_i\sum X_i+V_{4i} \tag{3-34}$$

$$evg_i=\alpha_0+\alpha_1 inc_i+\beta_i\sum X_i+V_{5i} \tag{3-35}$$

$$hap_i=\alpha inc_i+\beta_i\sum X_i+\gamma_1 V_{1i}+\gamma_2 V_{2i}+\gamma_3 V_{3i}+\gamma_4 V_{4i}+\gamma_5 V_{5i}+\mu_i \tag{3-36}$$

其中，X 包含解释变量：家庭人均消费 c_ h、家庭人均教育 edu、家

① 参见李子奈．计量经济学模型方法论［M］．北京：清华大学出版社，2011.

庭人均年龄 age、家庭是否拥有小车 car、家庭居住地离公共汽车站的距离 bst、家庭成员间关系 gx。表 3-21 结果采用区县层面聚类标准误，因变量为 asw，家庭消费支出取对数形式。

表 3-21 2010 年消费对幸福的直接影响 OLS 估计结果

变量	全样本 模型 1	全样本 模型 2	农村 模型 3	城市 模型 4	农村 模型 5	城市 模型 4
lcnm	0.0967***		0.0892***	0.1021***		
（消费）	（10.66）		（7.18）	（7.30）		
lc_ h		0.1058***			0.1040***	0.1068***
（净消费）		（12.13）			（8.74）	（7.83）
e_ h		-0.0043			-0.0037	-0.0047
（医疗支出）		-（0.68）			-（0.42）	-（0.51）
edu	-0.0071	-0.0121	0.0001	-0.0149	-0.0044	-0.0138*
（教育）	-（1.13）	-（1.61）	（0.01）	-（1.63）	-（0.38）	-（1.67）
age	0.0081***	0.0086***	0.0081***	0.0079***	0.0087***	0.0083***
（年龄）	（15.13）	（15.90）	（10.00）	（10.56）	（10.70）	（11.04）
car	0.2081***	0.2043***	0.1734***	0.2380***	0.1690***	0.2345***
（汽车）	（10.26）	（10.09）	（5.97）	（8.34）	（5.83）	（8.21）
bst	0.0007	0.0006	0.0017	-0.0061	0.0016	-0.0060
（公交距离）	（0.52）	（0.41）	（1.10）	-（1.56）	（1.01）	-（1.54）
gl	0.0257***	0.0256***	0.0274***	0.0247***	0.0274***	0.0246***
（关系）	（12.02）	（12.04）	（8.93）	（8.29）	（8.97）	（8.27）
iqc	0.0296***	0.0270***	0.0266***	0.0355***	0.0217***	0.0341***
（收入差异）	（5.90）	（5.37）	（3.57）	（4.12）	（2.90）	（3.95）
iqc^2	-0.0003***	-0.0002***	-0.0002***	-0.0005**	-0.0002**	-0.0005**
	-（3.65）	-（3.29）	-（2.57）	-（2.05）	-（2.08）	-（1.99）
V_1	0.1091***	0.1078***	0.0849***	0.1388***	0.0838***	0.1371***
（收入地位）	（11.89）	（11.77）	（6.83）	（10.10）	（6.77）	（9.99）
V_2	0.2156***	0.2172***	0.2311***	0.1986***	0.2333***	0.1986***

续表

变量	全样本 模型 1	全样本 模型 2	农村 模型 3	城市 模型 4	农村 模型 5	城市 模型 4
（社会地位）	（23.27）	（23.48）	（17.71）	（14.84）	（17.92）	（14.85）
V_3	-0.1089***	-0.1006***	-0.1077***	-0.1098***	-0.1003***	-0.1014***
（健康）	-（12.64）	-（11.69）	-（9.55）	-（8.12）	-（8.95）	-（7.49）
V_4	0.4188***	0.4190***	0.4017***	0.4358***	0.4016***	0.4360***
（自信）	（54.74）	（54.85）	（36.86）	（40.17）	（36.93）	（40.22）
V_5	-0.0696***	-0.0693***	-0.0750***	-0.0627***	-0.0750***	-0.0625***
（政府评价）	-（8.19）	-（8.16）	-（6.39）	-（5.07）	-（6.40）	-（5.05）
常数项	2.8629***	2.8713***	2.8525***	2.8918***	2.8549***	2.8955***
	（82.56）	（82.87）	（54.39）	（55.85）	（54.59）	（55.91）
Adjst R^2	0.4160	0.4177	0.3963	0.4357	0.3988	0.4364
样本数	11059	11059	5628	5431	5628	5431

注：括号中为 t 值。* 表示 p 值小于 0.10，** 表示 p 值小于 0.05，*** 表示 p 值小于 0.01。

依据表 3-21 中教育变量 edu 的符号与显著性可知，表 3-21 计量检验结果相较于表 3-19 与表 3-20 而言有了很大改善，消除了变量间关系后的 edu 基本不显著，与 3.2.2 节中表 3-7 一致，体现出教育“工具性”的特点。当然，从其他变量显示的结果也可看出表 3-21 中的计量分析结果更稳健可靠。具体来看，无论全样本下的模型 1 与模型 2，还是分城乡的模型 3、模型 4、模型 5、模型 6，变量消费支出 lcnm 的符号显著性是一致的，并且对于可对比的模型，其显著性变化不大，且均在 0.01 的显著性水平上显著。此外，表 3-21 中结果对是否应该在消费支出扣除自付医疗支出也有非常有力的证据，因为所有模型中，自付的医疗支出 e_ h 不显著，而扣除自付医疗支出的净消费的 lc_ h 更能显著影响居民生活满意度，全样本与分城乡样本结果取得了惊人的一致。

有意思的是，家庭是否拥有小汽车的 car 变量对于所有模型均在 0.01 显著性水平上显著，但是城乡间区别还是比较明显的，城市家庭拥有小汽车对居民生活满意度显著高于农村家庭的原因可能是，农村家庭拥有的小汽车很大程度上仍然当作为家庭赚取收入的工具，而城市居民更可能将小汽车当作一种炫耀性的消费品，也支持了城市家庭相比农村家庭而言消费更容易受其可参照群体消费的“示范”影响，城市家庭的“攀比效应”可能更强，因此，对于耐用消费品的营销策略而言，其广告效应应更有针对性地针对城市居民。

意外的是，家庭离汽车站最近距离的 bst 变量对所有家庭均不显著，体现出政府基本让全体居民家庭在道路基础设施建设方面享有均等性。由于城市的蔓延，尽管目前城市交通完善，但离家庭住宅附近的公共汽车站仍有远近之分，因此，在回归中发现该变量对城市家庭生活满意度不显著但为负的结果体现出家庭住宅区位优势的存在，为不同区位小区的房地产定价提供依据。bst 变量不显著的结果对居民福利指标构建的意义却是深远的，暗示我们应该在 GDP 中扣除政府在道路交通方面的支出，当然，也暗示我们在以后的幸福方程中可以删去该控制变量。

与我们预期结果一致的是，消费差异 iqc 与其平方 iqc^2 不仅显著，而且平方项符号为负，揭示了家庭生活满意度与消费差异间关系呈倒“U”形的特点。由于微观家庭的消费差异在宏观上能体现出家庭消费支出的不平等程度，因此，消费差异平方项的显著也暗示我们在构建居民经济福利指标时应考虑不平等程度指标的二次项形式。

3.5 本章小结

本章使用中国家庭动态调查（CFPS）数据分别实证检验了教育、绝对收入、消费、工具性支出及其收入差异、消费差异（宏观上反映不平等程度）对经济福利的影响，从估计的结果看，增加居民收入与居民消费都有利于经济福利的提高。针对消费差异程度对经济福利的影响，本章检验出了经济福利随消费不平等程度变化而变化的倒“U”形关系的结论，而已有研究仅仅得出收入差异对经济福利显著为负或者显著为正的单一结论，从而本书的结果更能反映我国转轨时期不平等程度对经济福利影响更为复杂的新特点。

从本章一致的实证结果看，所构建的估计方程参数结果是可靠和稳健的，但是，由于被访者就相关问题的回答，特别是对自身福利的评价，以及本章就不平等变量的主观构造（譬如，参照系的选取）、待估模型变量的选取都源于被访者和笔者的主观判断，很可能遗漏其他可测或不可观测的变量，从而不可避免计量模型的内生性问题。因为影响经济福利的因素只能在本调查问卷中寻找，所以寻找合适的工具变量较为困难。

由于本数据集为每隔两年进行跟踪的微观调查数据，可以使用面板数据消除不随时间变化且不可观察的变量对被解释变量的影响，从而一定程度减弱了不可避免的内生性问题，从使用面板数据与消除关键解释变量间依赖关系的回归结果看，本章所估计的回归结果比较稳健，从而也支持了本书所提出的观点和结论。

❹ 经济福利指标构建与核算

本章在已有相关福利指标文献的基础上，结合微观实证检验结果，吸收 Nordhaus 和 Tobin（1972）的“防御性支出”“工具性支出”（Instrument Expenditure）概念，尝试构建与森福利指标 Sen（1976）类似的中国经济福利核算指标 CMEW，并依据中国改革开放以来的宏观经济数据对中国经济福利指标 CMEW 进行核算，通过历年来中国实际人均 GDP 与人均 CMEW 的变化趋势，观察中国目前是否出现 Max-Neef（1995）所提出的“门槛假说”现象。

4.1 对已有福利指标的回顾与评价

4.1.1 SNA 体系下的 GDP

GDP（国内生产总值）作为一个经济指标，具有综合反映一个国家或地区经济发展规模的功能，因此，GDP 自诞生以来就一直是社会各界关注的焦点[①]。目前，GDP 作为经济核心指标已广泛用于度量一国或地区的经

① 至于 GNP，宋小川（2007）解释了目前所有的国家都采用 GDP 而不是 GNP 作为测量总体经济主要指标的原因。

济社会发展情况，并成为反映一国经济及其景气周期、提供宏观经济运行是否健康的依据。Samuelson 和 Nordhaus 在其风靡全球的经济学教科书中将 GDP 称为 20 世纪最伟大的发明之一。

然而，尽管 Samuelson 和 Nordhaus 在其书中给予了 GDP 在显示一国的经济全貌功能上类比于卫星能探知整个大陆天气情况一般的高度评价，但 GDP 也并非毫无瑕疵。宋小川（2007）认为，GDP 忽略了非市场经济活动的核算，也忽略了“地下经济”，而且五花八门的非法经济活动所创造的商品和劳务价值没有计算在 GDP 中。尽管蒋萍（2008）认为，这是持有这些观点的学者对 GDP 的误解，并一一对这些观点进行了辩驳与澄清，但 GDP 完全忽略收入分配、不能反映经济增长的质量等方面的缺陷则是不容置疑的。当然，GDP 的有些缺陷或瑕疵是在人们的盲目崇拜中产生的副产品，李金早（2011）系统总结了 GDP 核算所带来的问题，并指出地区、国家的 GDP 数据之间差距不断扩大的原因。

由于 GDP 作用被夸大，不可避免地出现并在一定程度上引发经济发展短期行为，而“就经济论经济”不可避免导致我国大多数地区长期片面追求经济增长，忽视经济增长过程中所付出环境生态恶化的代价，甚至出现“唯 GDP 论”。Xu（2011）认为，在中国地方分权的威权主义制度下（Regionally Decentralized Authoritarian，RDA），GDP 崇拜的发展指导思想和评价标准不可避免地引起攀比。因此，简单的经济发展方式必然忽视对环境生态的破坏与可耗竭资源的过度开采行为，在有悖于促进经济发展的初衷的同时，也与发展方式的转变存在冲突。

基于 GDP 所遭受的广泛批评，实际上人们已在 GDP 的原始功能上赋予了额外的福利内涵。当然，GDP 作为福利指标至少可追溯到 Pigou（1920）认为，一国经济福利与“国民所得”对等，并指出可用一国国民收入来表示全社会经济福利的思想。基于可能影响福利的原因的复杂性且难以实行，庇古将福利研究的范围限制在“能够直接或间接与货币这一测量尺度有关的那部分社会福利”上，并将其定义为经济福利。但是用 GDP

指标衡量当前福利或提供未来可持续发展能力是有缺陷的[①]，GDP 作为福利指标的缺陷主要有：①没有考虑非市场活动的价值；②没有考虑收入不平等对福利的影响；③环境恶化的福利损失增加了 GDP；④考虑了防御性支出对福利的贡献等。

看来正如 Daly（1996）所说，我们正在试图最大化一些不值得最大化的东西，如果我们仍局限于 GDP，那么它可能将我们导向一个无法让国家实现社会目标的发展方向。当然，尽管学者对 GDP 提出非常尖锐的批评，但他们的改进方案仍然离不开国民核算体系 SNA。因此，在郑之杰（2015）建议相关部门和研究机构就 GDP 内涵问题开展深入研究并提出改进措施的背景下，本书认为应将提高居民经济福利以增强人民的幸福感作为 GDP 发展和指标改进的奋斗目标。因此，在现有的 SNA 体系下增加福利核算的内容仍是未来努力的方向。实际上，在以改善民生为重点的社会建设已成为我国现阶段的主要任务这一背景下，在 SNA 体系中构建一个适合转轨中经济且具有坚实理论基础并易于客观衡量居民福利状况的指标具有一定的理论意义，而依据所构建的福利指标核算中国近 40 多年来的居民经济福利状况，并研究中国经济增长与居民经济福利状况的变化趋势，考察中国目前是否出现 Max-Neef（1995）所提出的“门槛假说”现象则具有重要的现实意义。

4.1.2 MEW、ISEW、GPI、SNBI 与绿色 GDP 指标

目前度量福利的方式有多种，其中福利经济学的先驱 Pigou 认为，产出增加将同等程度增加国民经济福利。直到 20 世纪 70 年代以前，这种福利度量方式一直为经济学家所推崇，并常常使用国民生产总值（GNP）以反映国民经济福利状况。但是，Nordhaus 和 Tobin（1972）对 Pigou 的“经济福利等于国民收入”的命题提出了质疑，认为国民收入与国民福利是两

① Frank & Bernanke（2007）指出实际 GDP 是衡量经济福利的一个重要指标，但与一国的经济福利并不等价。

个不同的概念范畴，并开创性地提出应对 GNP 进行修正，即在 GNP 中扣除“防御性”“工具性”等支出以得到政府应关心的经济福利指标 MEW（Measure of Economic Welfare），期望通过对国民收入的调整来准确反映社会的经济福利。他们认为福利是与消费而非与生产相关联，应扣除经济增长带来的污染、城市化带来的精神压力等因素，同时应增加休闲、家庭劳动等未被 GNP 纳入的因素，即 MEW＝GNP－私人工具性支出－耐用品支出－私人健康和教育支出－城市生活中的不愉快（如堵车、污染）＋耐用品资本服务＋闲暇＋非市场活动（如志愿服务）＋政府消费和政府资本服务。当代研究国民福利核算理论和方法的学者，基本上仍在 Nordhaus 和 Tobin（1972）的研究框架下进行，但大多只是关注外部性因素的调整，而对内部性因素调整的研究较少。

Daly 和 Cobb（1989）在前人的理论基础上，提出了经济福利指标 ISEW（Index of Sustainable Economic Welfare），认为社会的经济福利应该以私人消费支出为起点，从收入不均等、非预防性公共支出、资本增长和国际头寸的净变化、对福利的非货币化贡献（如不付酬的家务劳动）、私人预防性支出、环境降级的成本和环境资本存量折旧等 7 组、18 个方面对 GDP 进行调整。对比 ISEW 和 MEW 的指标构成可以看到它们的异同，不同地方是它们研究的起点以及考虑的因素存在差异，譬如，MEW 以国民收入为起点，而 ISEW 以私人消费为起点且比 MEW 多考虑了收入分配与更多的可持续因素，但没有考虑 MEW 指标中的“扣除工具性支出”。当然，它们都是在 SNA 体系下对国民经济指标进行福利上修正。由于 ISEW 体现了经济福利的可持续性而作为 GDP 的替代指标已经引起了广泛的关注。

但是，也有学者批评 ISEW 没有区分当前指标和可持续性指标而遭到质疑，Cobb、Halstead 和 Rowe 或 Redefining Progress（1995）于是在 ISEW 基础上开发了真实发展指标 GPI（Genuine Progress Indicator），用以从福利账户的短期波动中反映福利的可持续发展状况。但是 Neumayer（2000）指出 GPI 在衡量方法上存在逻辑不一致问题，他认为 GPI 不可能既衡量当期的经济福利，同时又衡量未来的可持续性；由于GPI指标体中各种资本之间存在完全替代关系，并不是一个强可持续性指标，当然他也认为GPI与ISEW几乎没有区别。

针对以上经济福利核算指标所选取核算内容缺乏理论基础的缺陷，Lawn和Sanders（1999）提出了可持续净福利指标（Sustainable Net Benefit Index，SNBI），该指标的研究者意图在新古典假设条件下对国民经济活动进行福利意义上货币核算，因此，针对GDP中的调整项，SNBI在其逻辑解释与理论基础性有所加强。但由于其仍沿袭萨缪尔森净福利的理论思路，调整项目与ISEW和GPI相似，Lawn（2003）承认SNBI非常类似于ISEW和GPI。

除了以上国民福利核算指标之外，英国智库新经济基金会（New Economics Foundation，NEF）于2005年提出国内发展指数（Measure of Domestic Progress，MDP），但其以私人消费为起点进行调整的思路仍沿袭了ISEW指标，创建该指标的Jackson承认他考虑了ISEW指标中的理论基础，通过以私人消费为起点综合考虑收入不平等程度、防御性支出、可耗竭资源的损耗、环境退化的长期损害、家庭劳动的价值等调整项目来反映这些经济、社会与可持续发展因素对福利所产生的净影响。

联合国统计署（UNSD）出于对污染和环境问题的重视以及对传统国民经济核算体系中的某些缺陷，对SNA体系进行了修订并于1993年提出综合环境经济核算体系（System of Integrated Environmental and Economic Accounting，SEEA），将其作为附属框架纳入SNA系统，以期能够更全面地核算各国的环境与经济变动，并报告“绿色GDP”（Green Gross Domestic Product）的结果。Hamilton（1994）也提出应对绿色国民经济核算做适当处理，即在国民净产出（NNP）指标中适当考虑可耗竭资源、环境服务、居民防护支出等方面的问题。因此，绿色GDP实质上是国民经济账户体系（SNA）在环境资源领域的拓展，旨在进行经济与环境资源的综合核算和分析。由于SEEA指标体系与SNA核算方法一致，于2003年后在世界范围内得到了较好的推广。

朱启贵（2005）基于绿色 GDP 与 GDP 的关系将其表达为绿色 GDP = 国内生产净值-固定资本消耗-非生产自然资产的使用（即环境资源损耗）= 国内生产净值-环境资源损耗，并认为目前所开展的绿色 GDP 核算最后得到的仅仅是一个“经环境污染调整后的 GDP”。由于仅考虑环境污染，其与完整的绿色 GDP 概念还有相当的距离。绿色 GDP 在唤醒和强化人们的环保意识、资源节约意识方面可以看作一个进步。但是由于绿色 GDP 同样不能克服 GDP 固有的缺陷，以及绿色 GDP 核算本身存在的明显局限性和难以操作性，绿色 GDP 仍然难以替代 GDP。Xu（2011）认为，中国难以在地方政府推广绿色 GDP 的原因并不在于增长目标和其他目标之间的利益冲突以及跟核算有关的技术问题的分歧上，而在于信息采集的可行性上，而其原因可追溯到兰格（Lange）与哈耶克（Hayek）针对集中信息采集是否可行的辩论。由于 GDP 核算以市场为基础，相当多的激励和信息问题可以通过市场交易解决，而非市场经济活动（也就是 GDP 核算之外的部分）的核算会由于激励和技术问题而变得非常困难。

由于本书关注的重点是经济福利指标构建及其核算，对于综合测度人类福利的社会福利指数很少涉及。实际上，20 世纪七八十年代以来，经济学家已开始了社会福利指数方面的相关研究①。总之，Cobb 和 Daly（1989）与 Cobb，Halstead 和 Rowe（1995）在 Nordhaus 和 Tobin（1972）提出的国民经济福利核算基本范式下构建了目前具有广泛影响的经济福利

① 相关文献可参考 Morris（1982）提出了物质生活质量指数 PQLI（Physical Quality of Life Index）、Estes（1984，1988）提出了社会进步指数 ISP（Index of Social Progress）与加权社会进步指数 WISP（Weighted Index of Social Progress）、联合国开发计划署（United Nations Development Programme，1990）推出人类发展指数 HDI（Human Development Index）、心理学家 Diener（1995）提出了生活质量指数 QLI（Quality of Life Index）、Osberg 和 Sharpe（1998）开发的经济福利指数 IEWB（The index of economic well-being）、英国新经济基金会（New Economics Foundation，NEF，2006）开发的幸福星球指数 HPI（Happy Planet Index）等。此外，Ng（2008）认为，幸福星球指数 HPI 没有考虑到环境破坏的负外部性，为此，他提出的指数—环境友好型幸福国家指数 ERHNI（Environmentally responsible happy nation index）等相关文献也可参考。

指标 ISEW（Index of Sustainable Economic Welfare）与 GPI（Genuine Progress Indicator），这两个指标虽较 MEW 福利指标有较大改进，也从很多方面修正和完善了 GDP 中的某些缺陷，但仍存在选取指标的主观性，不能用货币衡量，缺乏坚实理论基础等问题。而 Sen（1976）所提出 Sen 指数（Sen Index）尽管克服了上述缺陷，但是仅考虑了收入分配对国民经济福利的影响而忽略对国民收入的修正，并且该指数不能很好地应用于中国实践①。

国内机构和学者对经济福利指标的研究起步较晚。尽管近年来也出现了深圳等地方政府、中国人民大学等研究机构与学者刘长生等（2008）、杨缅昆（2009）等构建的经济福利指标，但由于这些指标大多只是在已有福利指标基础上进行简单修改与综合，所构建的福利指标可能既存在已有指标的缺陷，又增加了权数选取主观性等其他方面的不足，当然他们所构建的指标都是探索中国福利指标的有益尝试。

GDP 走向何处，构建什么样的福利指标可以超越或替代 GDP 呢？本书认为，在中国经济发展的内外环境正在发生巨大变化的情况下，仍需要在现有 SNA 体系下重新定义发展的内涵，在所构建指标中增加原 GDP 没有预料到的工业文明给经济社会造成的破坏等内容，譬如不平等的加剧，资源、生态、环境的破坏等。当然，最好是能在现有的 SNA 体系下遵循 Nordhaus 和 Tobbin（1972）提出的国民福利核算范式，通过设定假定条件，逻辑构建出形式类似 Sen 公理化指数但更有解释力的经济福利指标。因此，基于国内外研究现状与存在的问题，结合中国转轨经济事实，本书将尝试构建一个诸如上述所说的既有理论意义，又能应用于转轨中国家经济福利评价的指标 CMEW（China Measure of Economic Welfare）②，并同时通过考察中国居民经济福利状况以检验该指标的科学性。

---

① 根据 Sen 指数，当收入分配公平时，国民福利最大。在中国人民公社时期，收入分配非常公平，但是人们生活水平极低，居民经济福利极差，显然 Sen 指数与中国这一实际情况不符。

② CMEW 的基本形式已由学者武康平、张国胜和周伟（2012）提出。

4.2 经济福利指标 CMEW 的构建

目前，尽管已有许多研究者在前人的基础上提出了许多衡量经济福利水平的指标，并从很多方面修正和完善了 GDP 中的不少缺陷，但是本书认为这些福利指标仍存在选取指标的主观性、不能用货币衡量、缺乏坚实的理论基础等问题。因此，本书试图在微观实证的基础上，反思庇古的两个福利基本命题，汲取 Nordhaus 和 Tobin（1972）的“工具性支出”（Instrument Expenditure）概念，根据已提出的森福利指数形式，构建一个 SNA 下的中国经济福利核算指标。

4.2.1 福利指标 CMEW 的数理推导

从第 3 章实证分析中我们已大概清楚影响经济福利的主要因素。不管是从横向还是纵向看，收入增加对经济福利的提升都有显著影响，由于居民收入的提高依靠全社会的经济增长，良好的经济发展仍有利于经济福利水平的提高。但是我们又看到，收入不平等显著影响经济福利，该变量的一次项估计参数符号显著为正与其二次项显著为负的符号表明，经济福利遵循倒“U”形趋势演变，即经济福利表现出先随收入不平等程度的上升而上升，在不平等程度的某个地方，经济福利水平达到最高，随后随着不平等程度上升而下降。由于在实证检验中，绝对收入的对数与收入不平等等变量能更好地拟合回归模型，并且扣除自付医疗费用后的收入能进一步改善模型，因此，从实证分析中可以大致构建出反映现阶段中国的经济福利指标，即 $W_f=Y^*J(1-aJ)$，其中，W_f 为经济福利，Y^* 为扣除防御性、工具性支出后的收入，J 为收入不平等程度，可用基尼系数 Gini 代替。此福利指标即为学者武康平等（2012）所猜想的中国经济福利指标 CMEW（China Measure of Economic Wellfare）。以下将通过数理分析证明学者武康平等（2012）所提出的中国经济福利指标 CMEW 的合理性。

A1：假设我们考察居民福利的参照标准是一国产出（GDP）均能增进居民福利的理想社会。此假设由于与 Pigou 认为的产出增加同等程度增加国民经济福利的观点一致，因此本书将其称为“Pigou 假说”。

黄有光（2003）认为，如果将任一社会状态 y 下的经济福利写成仅仅是 y 状态下个人效用的 Bergson-Samuelson 传统做法的话，那么事实上隐含了无关性的假设。但如果将个人效用定义成基数可量且人际可比的话，那么这种做法并没有什么不对。由于本书已在第 2.2 节中阐述了基数效用的存在性及合理性，因此，

A2：假设经济福利函数可写成如式（4-1）所示的 Bergson-Samuelson 社会福利函数形式。

$$W_f = W(y_1^*, \cdots, y_n^*) \tag{4-1}$$

其中，W_f 表示经济福利，第 i 个人的效用 U_i 取决于其扣除了防御性与工具性支出后的实际收入 y_i^*。通常认为这一函数既是无名的（个人间收入排序的改变对经济福利没有影响），又是帕累托式的（对福利函数中的收入变量非递减）。我们仍遵循 LG Bellù 等（2006）对该经济福利函数所定义的一些基本性质：

（1）经济福利依赖个人扣除了防御性支出与工具性支出后的实际收入 y_i^*。

（2）具有对称性，也就是说如果社会中的两个人交换他们的收入不会改变经济福利。

（3）经济福利与个人收入正相关。在其他人情况不变的情况下，如果其中某个人的收入增加了，经济福利增加（至少不会下降），即满足帕累托标准：$\frac{\partial W_f}{\partial y_i^*} = W'_f \geqslant 0$。

（4）对不平等厌恶，不平等厌恶意味着穷人对相同数量收入转移所影响的经济福利比富人更敏感，即 $W''_f<0$，当然不平等中性意味着 $W''_f=0$。

A3：假设式（4-1）的 Bergson-Samuelson 居民经济福利函数具有一阶

齐次性质。

实际上，Sen（1976）指出，收入分配问题必须在用实际国民收入衡量的经济福利指标中体现。本书认为，由于收入不平等程度对社会不同阶层的居民均有影响，收入不平等程度应该直接在社会福利函数中体现。

A4：假设收入分配不平等程度对社会不同阶层居民的影响均相同，影响形式为 $y_i^* \times b$，即假设经济主体会支付他们实际收入的相同比例以应对由于收入分配不平等所产生的负面影响。进一步，参数 b 可以进一步分解成 $\beta \times Gini$ 的形式，即 $y_i^* \times \beta \times Gini$。其中，Gini 代表反映收入分配不平等程度的基尼系数，$Gini \in (0, 1)$，从而居民经济福利函数变化为

$$W_f = W(y_1^* \times \beta \times Gini, \cdots, y_n^* \times \beta \times Gini) \tag{4-2}$$

根据假设 A3，式（4-2）中经济福利函数具有一阶齐次性质，因此式（4-2）可等价变换为

$$W_f = \beta \times Gini \times W(y_1^*, \cdots, y_n^*) \tag{4-3}$$

当 n 足够大时，Fleurbaey（2009）利用 Sen（1976）的已有结论证明了 $W(y_1^*, \cdots, y_n^*) \approx \bar{y}^* \times (1-Gini)$，于是可将式（4-3）进一步变换为

$$W_f \approx \beta \times \bar{y}^* \times Gini \times (1-Gini) \tag{4-4}$$

其中，Gini 代表收入分配不平等程度的基尼系数，$Gini \in (0, 1)$。关于森福利指数的证明还可参考 LG Bellù 等（2006）一文。当然，为了方便与公理化的 Sen 指数进行比较，可先将式（4-4）中参数 β 略去。

实际上，由于 Sen 指数 $W_f = \bar{y} \times (1-Gini)$ 中隐含的缺陷，即 Sen 指数仅考虑了收入分配不平等对国民收入在福利意义上的负向线性影响。但是从前面的微观实证检验中可知，由于收入不平等程度在达到某个阶段以前对经济福利存在正向效应，越过那个阶段之后又对经济福利存在负向效应，因此，在对国民收入的福利意义进行校正时，需要考虑收入不平等对经济福利正反两个方面的效应（对收入不平等的喜好与厌恶），因此，经济社会中必然存在一种分配方式，其所对应的不平等程度使经济福利达到

最大，转轨中国家更可能的情形是居民经济福利与收入分配不平等程度之间存在的倒“U”形关系。此外，合理的经济福利指标表达式中应在式（4-4）括号中的基尼系数变量前引入参数 a∈（0，1/Gini）以反映不同国家、地区以及其不同时期的经济水平、社会制度、思想观念、价值取向、生活习惯、法治环境等方面的差异，从而居民经济福利指标表达式可完善为

$$W_f \approx \bar{y}^* \times Gini \times (1-\alpha \times Gini) \tag{4-5}$$

综合式（4-4）与式（4-5），完整的居民经济福利指标应表达为

$$W_f \approx \beta \times \bar{y}^* \times Gini \times (1-\alpha \times Gini) \tag{4-6}$$

其中，β 为假设 A4 中 b 分解出来的参数，其参数值可根据其对应比例关系确定，因此根据式（4-6）所核算出来的经济福利除了赋予与人均实际 GDP 等指标之间进行比较的内涵之外，也可从式（4-6）中看出居民收入与收入分配的有机结合，更好地反思了 Pigou 的两个福利基本命题，增强了 Sen 指数对现实的解释力。除非特别说明，本书所构建的经济福利指标 CMEW 为式（4-6）所表达的形式。

福利核算公式还可进一步一般化表达为

$$W_f = \gamma + \beta \times \bar{y}^* \times Gini \times (1-\alpha \times Gini) \tag{4-7}$$

由于社会制度、思想观念、价值取向、生活习惯、法治环境等方面的差异，不同国家、地区以及不同时期居民对不平等程度的态度会有所不同，从而影响式（4-6）中参数 α 的值，因此根据计量方法估计出来的 α 值（本书将对时间序列数据采取校准方法估计 α）能体现转轨中国的特点。β 可为人均实际 GDP 与人均经济福利之间相差的倍数，以便经济福利与 GDP 之间进行比较。此外，公式中 $\bar{y}^*$ 为扣除防御性、工具性支出等不能增加居民经济福利后的实际人均收入。

学者武康平等（2012）认为，可以将反映收入分配不平等程度的基尼系数 Gini 进一步扩展成综合反映社会不平等程度的 J，以反映诸如收入分配不公平、市场竞争不公平、发展机会不公平、政治地位不公平、资源调配不公平、环境条件不公平等方面的综合内容，如此一来本书所构建的中

国经济福利指标就是武康平等（2012）所提出的具有更广泛意义的经济福利核算指标 CMEW（China Measure of Economic Wellfare），当然，本书的经济福利核算的是“小福利”，与武康平等（2012）按“民本原则”核算的“大福利”有区别。此外，在对 GDP 指标的增减项上面也有一些差异。

接下来，我们讨论经济福利指标 CMEW 的性质，即考察居民经济福利指标公式 $W_f \approx \beta \times \bar{y}^* \times Gini \times (1-a \times Gini)$ 所具有的性质。

首先，根据构建经济福利指标 CMEW 的假设可知，指标 CMEW 具有匿名性（Anonymity）或前文所假设的对称性，也具备一个好的指标所需具备的齐次性，即指标值的大小不受度量单位变换的影响。此外，由于 $\partial W_f / \partial \bar{y}^* \approx \beta \times Gini \times (1-a \times Gini) \geqslant 0$，即居民经济福利与家庭平均实际有效收入 $\bar{y}^*$ 正相关，在其他情况不变的情况下，居民经济福利将随着家庭平均实际有效收入 $\bar{y}^*$ 的增加而增加（至少不会下降），因此本书所构建的经济福利指标 CMEW 也满足帕累托标准。由于家庭平均实际有效收入 $\bar{y}^*$ 的提高依赖全社会经济的“绿色”增长，因此，健康可持续的经济发展有利于居民经济福利水平的提高。

其次，由于 $\partial^2 W_f / \partial Gini^2 \approx -2\overline{\alpha\beta y}^* < 0$，即居民经济福利对收入分配不平等程度表现为倒“U”形。这一性质表明居民经济福利在其他因素一定的情况下，将先随收入分配不平等程度的上升而上升，在分配不平等程度的某个地方，经济福利水平达到最高，随后随着不平等程度上升而下降。因此，在收入分配不平等程度处于最优基尼系数的右边时，在给定的国家或区域中，如果从富人的收入中转移一部分给穷人，居民的经济福利会随着收入不平等程度的下降而上升，因此符合一个好的指标所需具备的转移性原则。

最后，从上文所构建的福利指标 CMEW 可分析出，Sen 指数所满足的性质在该指标中也基本满足，除了 CMEW 表达式中的居民经济福利对收入分配不平等程度的分段单调外。由于本书采用逻辑推理方式得出了在形式上与 Sen 指数相似，但内涵更丰富与解释力更强的居民福利指标，因此，本书所构建的经济福利指标 CMEW 是对 Sen 指数的继承和发展。由于 CMEW 指标中 $\bar{y}^*$ 的核算遵循 Nordhaus 和 Tobin（1972）所提出的福利核算范式，吸收了其"防御性支出"与"工具性支出"等概念，以及 ISEW、"绿色" GDP 等指标中的"可持续"思想，因此，CMEW 指标也继承和发扬 MEW、ISEW 等指标的优点。

4.2.2 经济福利指标 CMEW 中的指标说明

以上推导出的经济福利指标 CMEW 具有较为坚实的理论基础，其内容和形式也能得到实证检验的支持，但由于在应用 CMEW 指标进行居民福利核算时假设 A1 被违背，该指标中旨在 GDP 中扣除防御性、工具性支出等不能增加居民经济福利的 $\bar{y}^*$ 仍有待核算，因此，需要确定 GDP 中所应修正增减的项目。值得注意的是，尽管本书的福利核算仍沿袭 Nordhaus 和 Tobin（1972）所提出的国民经济福利核算基本范式，但由于 GDP 更为人们所熟悉和诟病，因此所构建指标 CMEW 中的 Y^* 针对 GDP 而非 GNP 进行调整。

在 Nordhaus 和 Tobin（1972）所提出的国民经济福利核算范式下，通勤成本、教育健康、公共安全、医疗卫生、道路维修、国家防务、固定资产折旧等均被归属为工具性与防御性支出而被称作"令人遗憾的必需品"。因此，根据 Nordhaus 与 Tobin 的思想，在不考虑它们间接提供福利的情况下应对国民收入中的许多不能直接提供居民效用的最终产品予以扣除。此外，根据 ISEW、GPI 以及"绿色" GDP 等指标中的"可持续"思想，可耗竭资源的过度开采将影响到后代子孙的福利，因此，应将可耗竭资源的损耗与环境破坏带来的损失从 GDP 中扣除。结合我国国民经济核算中已公布的各项指标，影响居民经济福利的各项项目如表 4-1 所示，家庭实际有效收入 Y^* 为对 GDP 进行修正与调整后的结果①。家庭实际有效收入 Y^* 的

① 随着统计技术的加强与损害居民经济福利相关项目数据的公布，对增减民生直接福利的 GDP 的调整项会越来越多，因而 CMEW 指标中的 Y^* 是一个可灵活变化的综合指标。由于 CMEW 中的各项内容客观可比较，因而 CMEW 也是一个可进行区域比较、国际比较的经济福利指标。

核算公式如式（4-8）所示。

$$Y^* = (GDP-D-H-F-S-E-C-W-R)/CPI \quad (4-8)$$

以上证明了经济福利评价公式 CMEW，即 $W_f = \bar{y}^* \times Gini \times (1-a \times Gini)$ 的构建以实证检验与理论推导为基础。但是公式中旨在扣除防御性、工具性支出等不能增加经济福利的实际收入 Y^* 的核算问题仍然没有解决，因此，仍需重点研究反映经济福利的收入 Y^* 的核算问题。

本书试图在 Nordhaus 和 Tobin（1972）所提出的核算国民经济福利的范式下，以吸取工具性支出（Instrument Expenditure）这一核心概念来核算福利指标 CMEW 中的 Y^*。在 Nordhaus 和 Tobin（1972）看来，对于 GDP 中的许多最终产品，如果不考虑它们间接改善福利的话并没有对消费者直接提供效用，譬如交通费用、警察服务、卫生设施、道路维修、国家防务、固定资产折旧等均被他们称作“令人遗憾的必需品”（Regrettable Necessities）。此外，本书还试图吸取 ISEW、GPI 以及绿色 GDP 等指标中的“可持续”思想。由于可耗竭资源的过度开采将影响到后代子孙的福利，尽管从短期来看能增加当代人的福利，但不利于经济福利的可持续，因此，应将可耗竭资源的损耗与环境破坏带来的损失从 GDP 中扣除。结合我国国民经济核算已公布的经济数据，对影响经济福利的实际收入 Y^* 进行调整，调整项如表 4-1 所示。

表 4-1　SNA 中影响居民经济福利的各项项目

项目	影响或是否扣除	原因
通货膨胀（CPI）	负	影响居民货币的实际购买能力
固定资产折旧（D）	扣除	影响物质资本的可持续
医疗卫生（H）	扣除	定义为工具性支出
国家防务（F）	扣除	定义为防御性支出
公共安全（S）	扣除	定义为工具性支出
教育健康（E）	扣除	定义为人力资本投资
通勤成本（C）	扣除	定义为工具性支出

续表

项目	影响或是否扣除	原因
环境污染（W）	负	损害居民健康并影响环境的可持续
可耗竭资源损耗（R）	负	影响自然资源的可持续

现详细说明表 4-1 中影响居民经济福利的各项修正与扣减项。对应经济福利中的各项内容，其实际值更能反映人们的实际经济福利状况，以衡量经济福利中的货币收入来说，高的通货膨胀率严重损害居民货币收入的购买力，因而最终反映真实经济福利状况的内容应该是消除了通货膨胀影响后的实际值。从物质资本的可持续角度来讲，固定资产折旧需要在 GDP 中扣除。另外，固定资产折旧也是带来经济产出的中间投入，为了避免重复计算而不能将其包含在最终核算的经济福利指标之内。

国家防务支出应在 GDP 中扣除的理由是，一方面防御性支出不会对居民福利产生直接影响，另一方面在一个没有战争或战争风险的和平世界里不需要这项支出，因为即使没有它，人们的境况也不会变差。考虑 Nordhaus 和 Tobin（1972）所提出的“工具性支出”概念，他们认为公共卫生、道路维护、公共安全、国家防务与通勤成本的本质一样不会对居民福利产生直接影响，因而应将政府支出中的此类项目看作“令人遗憾的必需品”而予以扣除。

需特别说明的是，关于是否应在 GDP 中扣除道路交通这类公共基础设施的支出可参考本书 3.4.2 节中的表 3-21 的微观实证结果。表 3-21 中家庭离汽车站最近距离的 bst 变量对城乡所有家庭均不显著，既体现了公共交通问题已不能显著影响居民家庭的生活满意度，当然也体现了政府基本让全体居民家庭在道路基础设施建设方面享有均等性，从而暗示我们应该在 GDP 中扣除政府在道路交通方面的支出。

在 Nordhaus 与 Tobin 看来，教育与健康等方面的投资成果已体现在劳动生产率上，因此它们属于人力资本投资范畴。周伟和戴丽华（2016）已实证检验了教育不能直接给人幸福，应将教育看作通往幸福途中的“工具”。与教育支出类似，在健康方面的投资包括公共医疗机构与私人医疗支出。因此，为了避免重复计算，这些中间投资应该扣除。尽管低估了教育与医疗保健所提供的经济福利，但是在 Nordhaus 和 Tobin （1972） 的 MEW 指标与 Cobb 和 Daly （1989） 的 ISEW 指标中，均在 GNP 或 GDP 中扣减了它们。

扣除公共医疗支出也许会有争议，在 GDP 中不应该扣除这项支出的理由是其具有正外部性。实际上，我们如果将正常的身体健康看作个体的起点，那么公共医疗只是帮助人们恢复了健康，当然，我们也可将公共医疗支出当作维持人们健康的“中间投入”，由于起点与终点均是健康的身体，最终并不能给居民带来更高的福利。当然，如果将人们初始的身体状况看作不健康的或者随时都有可能面临“健康风险”的情况，那么公共医疗支出将有很大的正效用。此外，将公共医疗支出等于防御性公共支出也隐含了公共医疗机构的非营利性质，与公共道路交通类似，其基本能让居民普遍平等享有的准公共品不会显著影响居民个人福利。

虽然以上的几项内容均是 Nordaus 和 Tobin （1972） 所认为“令人遗憾”的支出，但并不能因为这些项目支出不对民生产生直接经济福利而忽视，我们更不能由于它们的存在有损经济福利的增加而在这些项目上减少支出。实际上，如果居民在教育、医疗方面的支出不能直接给人幸福，而仅作为人力资本提升社会生产率与个体收入水平的中间投入的话，那么我们可以考虑将教育与医疗看作通往幸福途中的“工具”，从而居民的教育医疗支出应当作为一种“工具性”的投资支出对待，而政府为了提升民生福利则应主动承担居民在教育医疗等方面的负担，完善城乡义务教育与医疗保障体系。因此，尽管它们不是影响经济福利的经济产出，但是对社会“大福利”的影响不容忽视。由此，我们也可看出经济“小福利”与社会“大福利”在核算内容上的区别。

私人医疗支出的扣除理由仍然可以参考第 3 章 3.4 节中的微观实证结

果。表 3-21 中结果对是否应该在居民的消费支出中扣除自付医疗支出提供了非常有力的证据，因为所有模型中，自付的医疗支出 e_ h 均不显著，而扣除自付医疗支出的净消费的 lc_ h 更能显著影响居民生活满意度，说明了能真正提高居民家庭生活满意度的是扣除自付医疗支出的净消费。实际上，如果我们将正常的身体健康看作个体的起点，那么私人医疗支出只是帮助个体恢复了健康，从健康的起点和健康的终点来看，除了给个体带来额外的痛苦外，并没有增加个体的正效用，因而应将其在经济福利内容中扣除。当然，将人们初始的身体看作不健康的或者有随时面临“健康风险”可能的情况将是另外一回事。不论如何解释，在微观实证检验过程中，扣除了医疗费用后的居民收入与居民消费能进一步改善计量模型，说明了本书将居民自付医疗支出扣除是有理由的。

环境污染不仅给当代人带来福利上的损失，而且不容易恢复的环境还给后代人带来持续的负面影响，因此，无论从环境污染会增加居民防御性支出的角度，还是依据福利的可持续观点，在 GDP 中均应扣除环境污染所带来的损失。尽管 GDP 中没有反映环境污染所带来的损失，但考虑到我国目前“先污染，后治理”的现状，以及环境污染损失很难直接用货币衡量的现实，本书考虑使用 GDP 中用于恢复环境质量的治理投资来间接衡量。

当然，在 GDP 中减去环境治理投资会给人一种误解，为了掩盖环境污染给民生带来的福利损失，好像可以通过减少治理投资来造成更高经济福利的假象，但基于目前社会各界人士重视环境的态度、舆情网络传播的力量与对主管官员的问责制，可大大地减轻当地政府减少环境治理投资的担心。实际上，可以借鉴国际经验，通过完成 GDP 多少比例的环境治理投资就可以维持环境现状的国际经验来约束当地政府行为。总之，目前的情况是要找到一套好的方法来估计环境污染所带来的损失，而不需要讨论是否应不应该在 GDP 中扣除。

在 GDP 中扣除可耗竭资源损耗可能会有争议，经济福利中不应该扣除可耗竭资源开采价值的理由是，开采可耗竭资源能给当代人带来福利，能让今天的人们享受更加舒适的生活。但是如果考虑到可耗竭资源的不可再生性、资源代际分配的不公平性以及可能造成未来经济福利不可持续性等问题，可耗竭资源的过度开采应该在经济福利的核算内容中有所体现。当然，目前比较有影响的可持续经济福利指标 ISEW 与 GPI 均在 GDP 中扣减了这一项目。

值得说明的是，表 4-1 中仍然存在一些没有考虑的但与经济福利密切相关的因素。首先是闲暇时间，虽然发达国家居民在工业化完成后非常重视闲暇，但由于我国目前仍未有效对闲暇进行市场定价与交易，无法准确核算其价值。其次是非市场经济活动，虽然其也能创造财富，但在 GDP 中并没有包括，主要是因为家务劳动和志愿者服务等这些无偿服务既无市场价格，又无法准确量化，因而也很难准确度量其市场价值。此外，还有难以取得准确数据的灰色经济。由于以上项目在 SNA 中心框架中尚未体现，因而在经济福利指标 CMEW 中也不予考虑。

4.2.3 对福利指标 CMEW 的比较与评价

通过对已有经济福利指标的回顾与评价，以及对中国经济福利指标 CMEW 的构建与说明，我们已经比较清楚了中国经济福利指标 CMEW 的特点及其与其他福利指标的异同。

概括来说，中国经济福利指标 CMEW 是在 Nordaus 和 Tobin（1972）的 MEW 框架下构建的，吸取了他们认为应该对 GDP 调整以及扣除“工具性支出”等核心思想以真实反映经济福利。不同之处在于我们所构建的指标由于数据问题而没有将非市场交易的但影响经济福利的项目涵盖进去，因此，我们将所构建的指标称为中国的 MEW 指标，即 CMEW（China Measure of Economic Wellfare）。

在对 GDP 进行调整时，我们也继承了 ISEW、GPI 等指标中考虑收入分配不平等、资源耗损与环境破坏等影响经济福利的项目。当然，我们所构建的指标不是以消费为起点，我们认为投资只是当前消费与未来消费的权衡（Trade-off），是能给民生带来福利的。此外，中国经济福利指标CMEW指标也吸取了绿色GDP指标的优点，从而CMEW也是一个可持续的福利指标。

基于已有指标在考虑福利影响因素方面的主观性以及这些指标缺乏应有的理论基础等缺点，我们所构建的中国经济福利指标CMEW吸取了森福利指数的优点，同时扬弃了该指标中收入分配对经济福利仅线性影响的缺点。当然，中国经济福利指标CMEW同样可以得到数理逻辑的证明，同时也反思了Pigou（1920）福利思想中的两个基本福利命题。

理论上讲，如果对地方政府的所有任务及其结果能很好地测量，那么为每个任务设定一个政策权重则有可能构建一个综合指标，以评价政府官员所取得的成就。因此，Xu（2011）所认为的福利指标难以取代GDP指标的前提不复存在，因为根据这种方式，多任务问题也能简化成一个单任务问题，因此，针对综合指标（譬如经济福利指标）的区域竞争也能因此良好运转。

本书在已有研究成果的基础上，结合前文实证检验结果，吸取了Nordaus和Tobin（1972）的“工具性支出”等核心概念，证明了武康平等（2012）提出的中国经济福利核算公式。由于所选取的均为市场交易活动指标，似乎解决了许成钢（2010）所认为的经济福利指标难以实践的问题。考虑到SNA成熟的核算体系，中国经济福利指标CMEW仍在SNA体系内对GDP进行调整，譬如扣除GDP中的防御性支出、工具性支出、资源耗损、环境破坏等项目，然后对调整后的GDP进行不平等程度的纠正。

中国经济福利指标CMEW排除了难以考察的非市场活动和非经济因素，既继承了GDP核算的优点，又有利于解决地方政府盲目追求GDP数字的问题，也扬弃了其他福利指标遭人广泛质疑的缺点。当然，随着统计技术的加强与损害经济福利相关项目数据的公布，对增减民生直接福利的GDP的调整项会越来越多，因而中国经济福利指标CMEW指标中的Y^*是一个灵活变化的综合指标。由于中国经济福利指标CMEW中的各项内容客观可比较，因而 CMEW 也是一个可进行区域比较、国际比较的经济福利指标。

4.3 中国经济福利 CMEW 的核算

目前，ISEW、GPI 是两个比较流行的经济福利指标，并已在许多国家和地区进行了实践。国外经验显示经济增长同经济福利之间的差距有扩大的趋势，部分发达国家经济福利甚至已长期处于下降状态。那么中国经济福利的发展状况如何呢？当然，杜斌等（2004）利用 ISEW 指标以苏州、宁波、广州和扬州四个城市为例进行了可持续性发展研究，认为 ISEW 指标对中国的国民福利核算是适用的，并得出所选取的城市正处于可持续发展（譬如苏州）或边缘可持续发展（譬如广州）状态。以下我们将通过已构建的中国经济福利指标 CMEW，对改革开放以来经济福利情况进行深入考察。应用上文所构建的经济福利指标 CMEW 公式及所涉及指标的历年数据，即可着手核算历年来中国居民经济福利及检验其福利状况的“门槛假说”现象。但是，式（4-6）$W_f \approx \beta \times \bar{y}^* \times Gini \times (1-\alpha \times Gini)$ 中还包含一个未知参数 α 和 β，因此，核算之前我们必须先确定参数 α、β 的取值。本书拟采用参数校准（Calibration）方法估计参数 α 和 β。

4.3.1 数据说明及来源

表 4-2 数据说明及来源

一级指标	二级指标	方法	数据来源
经济	名义 GDP	国家统计局统计	SNA：统计年鉴/中经网
	固定资产折旧	各省市固定资产折旧数据加总	SNA：统计年鉴/中经网
	通货膨胀	CPI 指数	SNA：统计年鉴/中经网

续表

一级指标	二级指标	方法	数据来源
收入分配工具性支出	收入分配不平等程度	Gini 系数	官方或非官方公布
	教科文卫支出	财政支出	SNA：统计年鉴
	国防支出	财政支出	SNA：统计年鉴
	行政管理支出	财政支出	SNA：统计年鉴
	交通、仓储与邮电	交通等产出增加值	SNA：统计年鉴
可耗竭资源	矿物开采价值	资源开采的市场价值	WDI① 数据集
	石油开采价值	资源开采的市场价值	WDI 数据集
	煤炭开采价值	资源开采的市场价值	WDI 数据集
	天然气开采价值	资源开采的市场价值	WDI 数据集
环境	环境污染损失	环境治理投资	SNA：统计年鉴

从表 4-2 所列二级指标中的固定资产折旧、一级指标中的可耗竭资源和环境可看出，本书所构建的经济福利指标 CMEW 吸取了“绿色”GDP（Green Domestic Product）的核心观点，即在国内生产净值（NDP）中扣减可耗竭资源的损耗与环境污染所带来的损失。

由于地方政府需要完成中央政府的增长目标，且地方政府之间存在政绩“锦标赛”竞赛，当地政府没有改善环境质量的动力，造成环境污染损失的数据也很难准确找到。事实上，根据国外研究结果：占 GDP1%～1.5%的环境污染治理投资就基本可以控制环境污染恶化的趋势，而当该比例达到 2%～3%时则可以逐渐改善环境质量（张坤民等，1999）。因此，可以将环境治理的投资近似等于环境污染所带来的损失。在找不到完整的环境污染给经济福利带来损失的数据时，用环境污染治理投资代表环境污染损失不失为一个好的选择，尽管计算的结果会比实际低估许多②。

其实，如果将环境治理投入作为官员晋升的一项重要考核指标，那么

① WDI 为世界银行发布的世界发展指标。

② 统计年鉴显示我国近十年来环境污染治理投资一般徘徊在 GDP 1%的水平。

用环境污染治理投资代替环境污染损失，不仅可以解决非市场经济活动的激励与技术问题，而且还可激励地方政府在环境污染治理投资方面的竞赛。从而基于市场交易的环境污染治理投资不仅能解决 Xu（2011）认为的采集环境污染损失信息（或数据）所面临的困难，而且还可以解决地方政府与中央政府之间增长与发展目标的冲突。当然，随着大数据时代的来临，环境污染损失数据也将不像以前那么难以获取。

综上所述，由于经济福利指标 CMEW 中所涉及的数据都可通过市场交易来完成，避免了像“绿色 GDP”指标难以在地方政府之间全面推广的尴尬。此外，从表 4-2 中也可看出，本书福利指标所涉及的项目均影响居民生活质量，并建立在对生活最有价值的公正与和平之上，与简单地衡量经济增长和物质财富的 GDP 相比，经济福利指标 CMEW 构建了一个更加引人注目的图景。

表 4-3　CMEW 福利指标 Y^* 中涉及的主要数据

年份	教科文卫	资源开采	环境成本	行政管理	国防支出	名义 GDP	固资折旧	交通、仓储
1978	112.66	8.66	15.67	49.09	167.84	3678.7	166.06	182.0
1979	132.07	14.04	18.28	57.24	222.64	4100.5	181.02	193.7
1980	156.26	16.87	20.91	66.79	193.84	4587.6	217.76	213.4
1981	171.36	16.94	24.95	70.88	167.97	4935.8	236.54	220.7
1982	196.96	13.75	27.68	81.6	176.35	5373.4	256.61	246.9
1983	223.54	10.29	31.6	102.2	177.13	6020.9	293.83	274.9
1984	263.17	8.86	38.92	125.23	180.76	7278.5	324.3	338.5
1985	316.7	8.52	49.59	130.58	191.53	9098.9	376.23	421.7
1986	379.93	4.4	57.54	168.03	200.75	10376.2	443.05	498.8
1987	402.75	4.93	68.73	179.33	209.62	12174.6	499.82	568.3
1988	486.1	4.53	87.25	220.89	218	15180.4	589.36	685.7

续表

年份	教科文卫	资源开采	环境成本	行政管理	国防支出	名义GDP	固资折旧	交通、仓储
1989	553. 33	5. 7	100. 25	261. 86	251. 47	17179. 7	669. 74	812. 7
1990	617. 29	7. 3	112. 01	303. 1	290. 31	18872. 9	736. 91	1167. 0
1991	708	4. 42	182. 96	343. 6	330. 31	22005. 6	982. 08	1420. 3
1992	792. 96	3. 62	231. 54	424. 58	377. 86	27194. 5	1130. 01	1689. 0
1993	957. 77	2. 91	303. 87	535. 77	425. 8	35673. 2	3982. 12	2174. 3
1994	1278. 18	2. 12	327. 75	729. 43	550. 71	48637. 5	5406. 88	2788. 2
1995	1467. 06	2. 13	376. 92	872. 68	636. 72	61339. 9	7094. 15	3244. 7
1996	1704. 25	2. 05	448. 41	1040. 8	720. 06	71813. 6	8781. 42	3782. 6
1997	1903. 59	1. 62	505. 43	1137. 16	812. 57	79715	10486. 4	4149. 1
1998	2154. 38	0. 91	725. 86	1326. 77	934. 7	85195. 5	11981. 24	4661. 5
1999	2408. 06	1. 18	914. 71	1525. 68	1076. 4	90564. 4	13209. 04	5175. 9
2000	2736. 88	2. 25	1014. 9	1787. 58	1207. 54	100280. 1	14972. 42	6161. 9
2001	3361. 02	2. 28	1106. 6	2197. 52	1442. 04	110863. 1	16779. 28	6871. 3
2002	3979. 08	1. 62	1367. 2	2979. 42	1707. 78	121717. 4	18494. 04	7494. 3
2003	4505. 51	2. 15	1627. 7	3437. 68	1907. 87	137422	21551. 46	7914. 8
2004	5143. 65	4. 49	1909. 8	4059. 91	2200. 01	161840. 2	25536. 73	9306. 5
2005	6104. 18	4. 93	2388	4835. 43	2474. 96	187318. 9	29521. 99	10668. 8
2006	7425. 98	5. 38	2566	5639. 05	2979. 38	219438. 5	33641. 84	12186. 3
2007	11793. 96	6. 1	3387. 3	12215. 68	3554. 91	270232. 3	39018. 85	14605. 1
2008	14992. 2	9. 59	4937. 03	14096. 4	4178. 76	319515. 5	44194. 25	16367. 6
2009	18569. 32	3. 54	5258. 39	14159. 24	4951. 1	349081. 4	49369. 64	16522. 4
2010	22147. 08	6. 06	7612. 19	15124. 08	5333. 37	413030. 3	56227. 58	18783. 6
2011	28648. 22	7. 7	7114. 03	17601. 63	6027. 91	489300. 6	67344. 51	21842
2012	35208. 19	4. 82	8253. 46	20145. 89	6691. 92	540367. 4	74132. 87	23763. 2
2013	37910. 35	3. 87	9037. 2	21897. 67	7410. 62	595244. 4	81178. 385	26042. 7

续表

年份	教科文卫	资源开采	环境成本	行政管理	国防支出	名义GDP	固资折旧	交通、仓储
2014	41224.45	2.75	9575.5	21986.27	8289.54	643974	88223.9	28500.9
2015	47164.27	0.96	8806.3	23408.07	9087.84	689052.1	95180.59	30487.8
2016	50958.59	1.02	9219.8	26304.5	9765.84	743585.5	107001.19	33058.8
2017	55512.6	1.08	9633.3	30160.17	10432.7	827121.7	118821.79	36802.7

注：来源于中经网与《中国统计年鉴》的数据，2007年以前行政管理费中包括公检法支出和外交支出，从2007年开始行政管理费与公检法、外交等单独列出，为了与之前数据比较，将公检法、外交等支出合并入行政管理费。此外，将从2007年开始单独列出的教育与卫生支出合并。1993年以前固定资产折旧为国有企业固定资产原值与当年折旧率之积，从1994年开始固定资产折旧为各省的固定资产折旧之和。另外，表中数据除资源开采（包含矿物、石油、煤炭与天然气，数据来源于WDI）采用占GDP的比例（%）外，其余数据单位均为亿元。还有，表中4个无法获取的数据采用插值法填补，譬如2013年、2017年固定资产折旧与2017年的资源开采、环境成本（即环境治理投资）。

4.3.2 中国经济福利指标CMEW中参数的校准及其福利核算

根据“十三五”规划及党的十九大确定的精神与任务，我国经济福利核算的目的是保障和改善民生服务，为加快推进以改善民生为重点的社会建设提供数据支持。本章拟分析中国经济高速增长背景下历年的经济福利状况，在中国经济福利评价公式CMEW（China Measure of Economic Welfare）的基础上，结合国际组织对收入分配相对合理的基尼系数要求①，对中国1978~2017年来中国经济福利的变化情况进行估算，检验“门槛假说”是否在中国出现。

估计式（4-6）中参数α、β的困难在于经济福利W_f是个未知量，但根据校准参数的一致性内涵，可以选取实际经济中与福利度量相一致的指

① 国际上常用基尼系数定量测定社会居民收入分配的不平等程度，按照联合国对基尼系数在0.3~0.4是收入相对合理分配的经验规定，因此，在中国经济福利指标评价公式中使经济福利达到最大时基尼系数Gini取在0.3~0.4的某个值是合适的，图4-2与表4-4即取α=1.67，即当Gini=0.3；取α=1.25，即当Gini=0.4时CMEW的结果。

标变量来校准相应的参数值。因此，问题的关键在于在现实经济中找到合适的能近似衡量居民经济福利的指标作为福利标准。根据线性的消费效用函数①，以及亚洲开发银行所运用的经济福利指标对其成员国进行福利研究的实践，本书拟借鉴“家庭实际人均最终消费”作为校准参数 α、β 的福利标准。由于基尼系数有学者计算的非官方数据与国家统计局公布的官方数据，以下将对非官方基尼数据采取较为主观的方式与对官方基尼数据采取较为科学的方式校准估计式（4-6）中参数 α、β 以核算居民经济福利。

（1）非官方基尼系数下的参数校准及其福利核算。

由于 $\bar{y}^*$ 与 Gini 的历年数据已知，现用历年来的“家庭实际人均最终消费”数据近似代表式（4-6）左边 W_f 的历年数据，即可以校准出参数 β 及不同时期参数 a 的值。实际上，由于以“家庭实际人均最终消费”衡量的经济福利与 CMEW 指标中的 $\bar{y}^*$ 相似，共同之处在于两者均为未考察公共品正外部性的狭义居民经济福利，而区别在于家庭实际人均最终消费包含了私人防御性、工具性等支出。因此，我们可以首先用直观的图形趋势比较方法去校准参数 a。以 1978 年作为基期的历年来中国居民实际人均最终消费状况如图 4-1 所示。除非特别说明，本书其余图形均以 1978 年为基期。

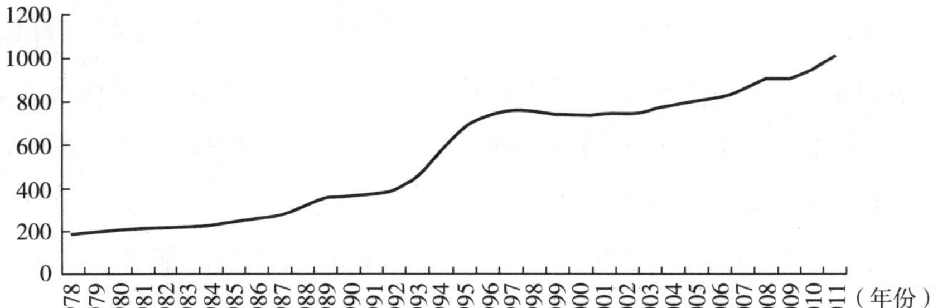

图 4-1　历年人均实际消费变化趋势

① 线性消费效用函数即消费与效用之间存在线性关系，如果一定数量的消费能增加相同数量的效用，则与前文假设 A1 或“Pigou 假说”内涵一致。

现根据式（4-5）的经济福利指标公式 CMEW 与上文参数 a 的范围（α∈（0，1/Gini））可以模拟出中国居民平均实际经济福利状况。由于不同参数 α 对应不同的经济福利趋势，以及参数 α 的值从小到大变化时，中国居民经济福利趋势在近几年呈现出从上升趋势向下降趋势逐渐变化的特点，因此，我们可以通过比较与人均实际消费趋势相似的图形以大致确定 α 取值范围。为了便于图形对照与分析，图 4-2 中仅模拟了 Chen 等（2010）等计算的非官方基尼系数下且 α 在［1.25，1.67］内的几条典型曲线。不同参数下数据结果如附录 6 所示。

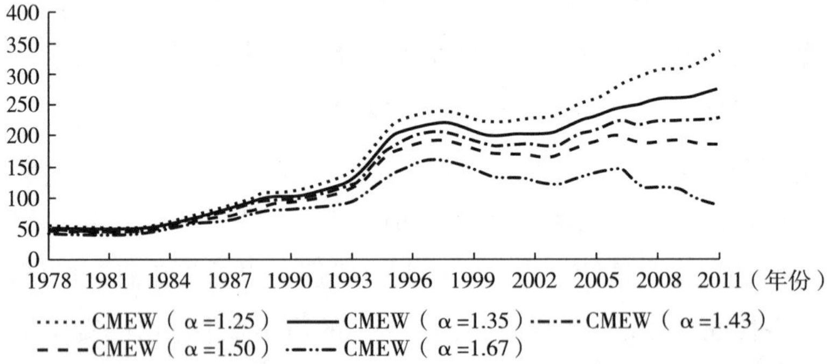

图 4-2　中国人均福利 CMEW（a 的不同参数值下的结果）

依据联合国给出的基尼系数合理收入分配区间［0.3，0.4］，可依据经济福利指标公式计算最优 CMEW 中的相应参数 α 的分布区间［1.25，1.67］。选择如图 4-2 所示的不同参数 α 下所核算的 CMEW，发现历年的居民人均经济福利福利趋势相似①的同时，其趋势特征也是非常明显的，表现在随着最优基尼系数的提高，人均 CMEW 曲线也在低基尼系数曲线的上方，并且随着使人均福利最大的最优基尼系数的提高，人均 CMEW 由倒"U"形曲线逐渐变为"S"形曲线，即从 1997 年后的下降趋势逐渐变为上升趋势，但中国的人均 CMEW 趋势具体为哪条仍需科学判断。

① 进一步验证了联合国对基尼系数合理区间规定的科学性。

实际上，参数 β 的主要作用在于赋予居民经济福利与居民实际消费之间进行比较的内涵。根据式（4-5）与图 4-2 中的 α 参数值可计算所对应的 CMEW 值，因此参数 β 可根据基期人均实际消费与其对应的人均经济福利 CMEW 之间的比例关系确定。图 4-2 即为 β=3.8 时显示的结果，也就是将根据式（4-5）所计算出的 CMEW 值扩大了 3.8 倍。由于校准出参数 β 后，我们可以根据式（4-6）的变形 $\alpha \approx [1-W_f/(\beta\times\bar{y}^*\times Gini)]/Gini$ 以及用来代替 W_f 的历年人均实际消费数据，可近似计算出不同时期参数 α 的值。

由于参数 α 在一定时期内比较稳定或变化缓慢，因此在具体核算居民经济福利可假定参数 α 不变。又由于大样本理论告诉我们样本均值 $\bar{x}$ 依概率收敛于总体均值 μ，理论上我们可以将样本平均数 $\bar{\alpha}$ 作为参数 α 的校准值。因此可取不同时期参数 α 的平均值（约等于 1.36）作为参数 α 的点估计，然后依据参数 α 的标准差 s（约等于 0.15）与一定的置信水平（1-α=99%）构建出参数 α 的置信区间［1.3，1.43］。

由于式（4-6）的经济福利指标公式 CMEW 是关于基尼系数 Gini 的二次函数，根据函数最优值的一阶条件可以计算出不同参数下 α 的最优基尼系数值 $Gini^o$，即根据 $\partial W_f/\partial Gini \approx \bar{y}^* - 2a\times\bar{y}^*\times Gini = 0$，可得最优基尼系数值 $Gini^o = 1/2\alpha$。因此，根据均值 $\bar{\alpha} = 1.36$ 与参数 α 的置信区间［1.3，1.43］可知，为使我国达到最优的经济福利状况，应将基尼系数控制在 0.35~0.39，即 $Gini^o \in [0.35, 0.39]$，如果以 $\bar{\alpha} = 1.36$ 作为参数的校准值，则其最优基尼系数值 $Gini^o \approx 0.37$。

如果比较图 4-2 中不同参数值 α 下的历年中国人均 CMEW 趋势与图 4-1中人均实际消费变化趋势，也可大致估计出参数 α 的取值范围在 1.25~1.5，而图 4-1 中人均实际消费变化趋势与图 4-2 中参数 α=1.36 的曲线更是吻合，因此可进一步将参数 α 的取值范围限定在 1.36~1.5，即 $\alpha \in [1.36, 1.5]$。因此，如果根据图形比较校准出的参数 α，政府应将基尼系数控制在 0.33~0.37，即 $Gini^o \in [0.33, 0.37]$。与参数 α 的置信区间比较可知，图形比较校准出的参数 α 较为主观，对于学术研究而言也有欠严谨。

因此，有必要将两者结合，校准出既不失严谨又不失真实性的参数 α。

现取参数 α 置信区间［1.3，1.43］与图形校准出的参数范围［1.36，1.5］的交集，可进一步将参数 α 的取值范围缩小到 1.36~1.43，即$\alpha \in [1.36,1.43]$。考虑到作为经济福利参照标准的人均实际消费如果扣除防御性与工具性支出，那么修正后的人均实际消费在近年来居高不下的基尼系数作用下应该更平缓些，其趋势更有可能与参数区间上限 α=1.43 的变化趋势一致，因此，根据参数 a 的置信区间、图形趋势比较结果与影响居民经济福利的实际情况，参数 α 取其上限 α=1.43 更合理。此时，最优基尼系数 $Gini^o \approx 0.35$。

（2）官方基尼系数下的参数校准及其福利核算。

实际上，非官方基尼系数下的参数校准方法尽管综合了一些客观存在的主观判断，也得到了好像与实际情况比较相符的结果，但仍显主观而科学性不足。因此，有必要采取更为科学的校准参数的方法。本书认为，可计算人均 CMEW 趋势线与人均实际消费趋势线之间的残差平方和，并以残差平方和最小为标准结束计算机循环以确定参数 α、β 和 γ 的更为科学的参数校准方式（有兴趣的读者可向笔者索取程序），根据计算机运行出来的结果，当 β=2.76，α=1.2282，γ=65.3012 时，人均 CMEW 与人均实际消费之间的残差平方和最小，两者之间的图形趋势如图 4-3 所示。

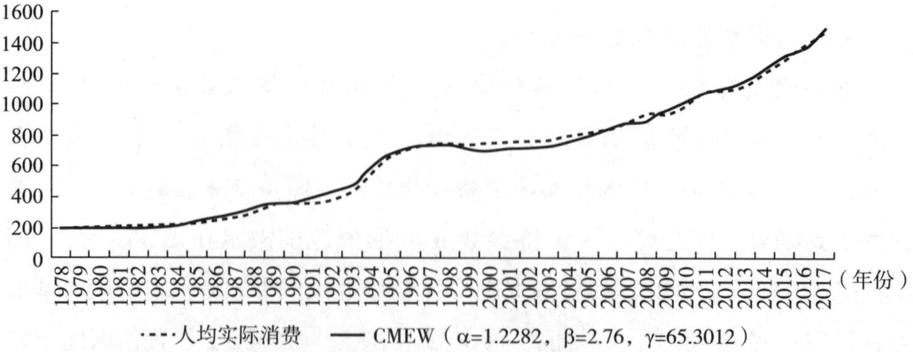

图 4-3　式（4-7）中 CMEW 中参数的校准结果

根据计算机拟合校准的参数，当 $\alpha=1.2282$ 时，其最优基尼系数值 $Gini^{o}\approx0.4072$，稍微超出联合国对基尼系数在 0.3~0.4 是收入相对合理分配的经验范围，但其最优值应该仍可接受。表 4-4 是在参数 β、γ 不变的情况下，当 $\alpha=1.0707$（以 2017 年基尼系数 0.467 为最优基尼系数）、$\alpha=1.2282$（校准出的最优基尼系数值 $Gini^{o}\approx0.4072$）、$\alpha=1.25$（以联合国最优基尼系数值 $Gini^{o}\approx0.4$）、$\alpha=1.4306$（以非官方最优基尼系数值 $Gini^{o}\approx0.35$）、$\alpha=1.667$（以联合国最优基尼系数值 $Gini^{o}\approx0.3$）时的人均 CMEW 结果。

表 4-4　官方基尼系数下不同参数值 α 下的 CMEW 结果

年份	名义 Y*	CPI	$Gini^2$	CMEW (α=1.07)	CMEW (α=1.23)	CMEW (α=1.25)	CMEW (α=1.43)	CMEW (α=1.67)
1978	2666.805	100.0	0.241	201.97	194.98	194.01	185.99	175.51
1979	2719.84	106.9	0.241	194.09	187.50	186.59	179.03	169.16
1980	2944.712	116.5	0.289	206.36	197.07	195.78	185.12	171.18
1981	3207.175	126.2	0.284	203.79	194.89	193.66	183.45	170.11
1982	3648.458	134.8	0.3	214.88	204.47	203.02	191.09	175.48
1983	4298.049	145.8	0.284	221.42	211.39	210.00	198.49	183.45
1984	5362.645	163.2	0.24	220.21	212.33	211.24	202.21	190.39
1985	6837.244	185.2	0.266	256.22	243.02	242.11	227.89	209.31
1986	8171.347	194.0	0.282	278.18	264.64	262.76	247.23	226.93
1987	9645.642	205.5	0.296	304.95	288.59	286.33	267.57	243.05
1988	12205.23	221.5	0.329	357.28	333.92	330.69	303.91	268.89
1989	13550.91	221.0	0.313	377.80	354.63	351.42	324.85	290.12
1990	14268.36	229.2	0.329	385.65	360.02	356.47	327.09	288.67
1991	17065.5	249.0	0.349	422.37	391.03	386.69	350.76	303.78
1992	21563.91	282.0	0.352	460.28	425.13	420.27	379.97	327.29
1993	26255.48	305.8	0.374	513.71	469.66	463.56	413.04	347.00
1994	36525.24	320.0	0.388	661.24	598.94	590.32	518.88	425.49
1995	46341.13	345.1	0.379	754.53	685.29	675.71	596.31	492.52

续表

年份	名义 Y*	CPI	$Gini^2$	CMEW (α=1.07)	CMEW (α=1.23)	CMEW (α=1.25)	CMEW (α=1.43)	CMEW (α=1.67)
1996	53863.88	377.6	0.373	785.92	715.44	705.68	624.86	519.20
1997	59429.37	394.6	0.371	817.37	744.47	734.38	650.78	541.49
1998	62635.77	417.8	0.378	811.33	736.72	726.39	640.84	528.99
1999	65185.95	452.3	0.389	783.00	707.64	697.21	610.80	497.84
2000	70142.58	491.0	0.409	780.71	698.72	687.38	593.36	470.45
2001	76577.66	521.2	0.403	793.46	712.17	700.91	607.69	485.82
2002	83723.76	557.6	0.433	814.32	719.08	705.90	596.70	453.95
2003	93522.41	596.9	0.479	846.23	725.29	708.55	569.87	388.57
2004	106417	645.3	0.473	882.69	759.31	742.24	600.76	415.82
2005	122090.7	698.2	0.485	925.58	788.88	769.96	613.20	408.28
2006	143194.2	766.4	0.487	979.90	833.31	813.02	644.94	425.20
2007	169172.3	849.9	0.484	1035.01	881.58	860.34	684.41	454.40
2008	190107.7	926.4	0.491	1058.54	896.59	874.17	688.47	445.71
2009	227893.8	1022.0	0.49	1139.07	964.74	940.61	740.71	479.39
2010	262772.8	1106.1	0.481	1205.93	1027.76	1003.10	798.80	531.71
2011	303046.2	1211.1	0.477	1261.86	1078.13	1052.70	842.02	566.60
2012	346126.2	1334.5	0.474	1299.47	1112.39	1086.49	871.97	591.52
2013	388731.5	1440.9	0.473	1342.49	1149.71	1123.03	901.97	612.99
2014	428464.2	1469.8	0.469	1438.57	1234.81	1206.61	972.96	667.52
2015	468302.3	1490.3	0.462	1537.85	1325.82	1296.47	1053.33	735.48
2016	499692.2	1520.1	0.465	1596.98	1373.58	1342.66	1086.49	751.60
2017	556825.5	1544.5	0.467	1736.80	1490.91	1456.87	1174.91	806.31

注：2002 年以前 Gini 系数来源于国家统计局报告；表中 2003 年之后的 Gini 系数来自国家统计局公布的数据。

与表 4-4 对应，图 4-4 是在参数 β、γ 不变的情况下，当 α=1.0707（以 2017 年基尼系数 0.467 为最优基尼系数）、α=1.2282（校准出的最优基尼系数值 $Gini^o \approx 0.4072$）、α=1.25（以联合国最优基尼系数值 $Gini^o \approx$

0.4)、α=1.4306(以非官方最优基尼系数值 $Gini^o \approx 0.35$)、α=1.667(以联合国最优基尼系数值 $Gini^o \approx 0.3$)时的人均 CMEW 历年趋势线。可以明确的是，由图 4-3 可知，式(4-7)左边的人均实际消费没有就不平等程度进行矫正，但与人均 CMEW 趋势线基本吻合，特别是吻合 2011 年以来的走势。因此其蕴含的内涵可以归结为：一是要想让人均实际消费真正成为一个居民经济福利指标，则政府需将社会最优基尼系数控制在 0.4072 左右；二是由于人均实际消费没有就不平等程度进行矫正，真正的居民人均 CMEW 趋势线应该在人均实际消费趋势线的下方，因此真实的参数 α 也许和非官方基尼系数下校准结果一致(α=1.4306)或与图 4-4 中更低(α=1.667)的趋势线一致。

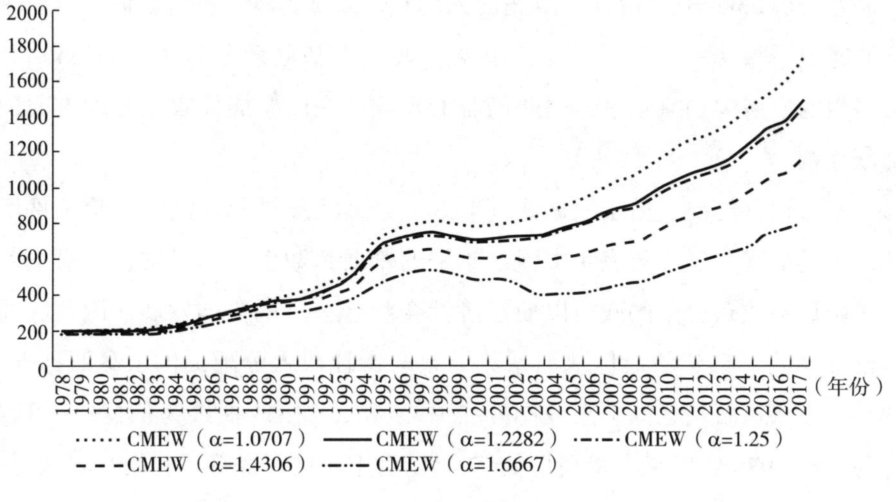

图 4-4 官方基尼系数下不同参数值下的历年人均 CMEW 变化趋势

如图 4-4 所示，如果根据国家统计局公布的官方基尼系数值，中国的人均经济福利 CMEW 变化趋势要乐观许多。不论参数 α 取[1.07, 1.67]中的任何值，其人均 CMEW 值均为上升趋势。当然，根据计算机校准出来的参数 α=1.2282 所核算的人均 CMEW，则反映了中国自“十二五”规划特别是“十三五”规划以来，在保障和改善民生方面所取得的惊人成就，完全走出了自1997年以来居民经济福利出现持续下降的"门槛"现象。尽管根据计算机校准参数所计算的最优基尼系数（$Gini^{o}\approx 0.4072$）仅超出联合国规定合理范围一点点，但是中国目前所公布的官方基尼系数（0.467）仍超出最优基尼系数（0.4072）的14.7%。

当然，根据中国官方公布的基尼系数所得出的最优基尼系数（$Gini^{o}\approx 0.4072$），也反映了中国居民对收入不平等忍耐程度的上升。难道正如前文所说的，在经济社会重大转型期间，人们可能由于对自身收入上升的预期较强，从而越能容忍对收入的不平等程度？但也有学者从一些非官方调查数据（譬如西南财经大学提供的数据库）中发现中国的收入不平等程度已超过0.6，而居民对不平等程度的容忍程度在降低，那么也许当参数 $\alpha=1.667$，其 $Gini^{o}\approx 0.3$ 时才是真正的人均CMEW趋势[①]。不管如何，目前中国的基尼系数几乎高于所有发达国家（如日本基尼系数为0.3~0.35）和大多数的发展中国家水平，因此仍需引起政府在改善居民收入分配方面的高度重视。

不管何种情况，由于根据式（4-6）居民经济福利最优的一阶条件所计算出的最优基尼系数表明中国近年来的基尼系数值较为异常，政府应着手实施调节收入分配的政策以使经济社会朝着公平的方向发展。因此，通过校准参数 α 确定的最优基尼系数为政府调控收入分配提供了参照标准。现在，如果以置信区间上限或图4-2中参数 $\alpha=1.43$ 曲线为依据[②]，可以容易看出1978年以来，特别是1997年以后中国居民经济福利的基本状况。那么是不是如生态经济学家Max-Neef（1995）所言，中国也出现了"门槛假说"现象呢？

---

① 其实人均CMEW为 $\alpha=1.667$ 的趋势线从时间节点上是有根据的，从图4-4可看出，当 $\alpha=1.667$ 时，人均CMEW趋势线在"十二五"规划以前一直处于1997年前的水平而出现"门槛假说"现象，"十二五"规划明确提出的"坚持把保障和改善民生作为加快转变经济发展方式的根本出发点和落脚点"，以及"十三五"规划聚焦民生保障等领域的明显"短板"后才根本扭转了居民福利一直停滞不前的情况，反映了党和政府"十二五"规划以来取得的突出成就与做出的英明决策。

② 即用 $W_f\approx 3.8\times\bar{y}^{*}\times Gini\times(1-1.43\times Gini)$ 核算历年来居民经济福利状况。

4.4 经济福利状况对“门槛假说”的检验

4.4.1 “门槛假说”与他国情况

Max-Neef（1995）提出了生态“门槛假说”（Threshold Hypothesis），这种理论认为许多国家在经济增长的过程中，经济增长的初期可以带来社会福利的提升，当到达某一阶段即门槛时，持续的经济增长不会显著提升社会福利，社会福利甚至还有可能下降。“门槛假说”自提出之后，已引起了很多经济学家，特别是生态经济学家对“门槛”现象的解释和各种经验的研究。

当然，大多数生态经济学家认为经济增长引起了环境和社会中非经济因素的变化从而对经济福利产生负面的影响。他们认为当一个宏观经济系统的发展超过某一规模（“门槛点”）时，增长带来的额外成本将超过额外收益，继续增长将开始带来经济福利的恶化。为了支持他们的观点，生态经济学家发展了许多相似的指标去测量和比较增长的收益与成本。由于ISEW、GPI等指标结合了收入不平等、资源损耗、环境退化等方面的因素，尽管ISEW与“门槛假说”基于完全不同的方法论，但是Max-Neef（1995）认为，根据ISEW对不同国家和地区的实践结果能很好地解释“门槛假说”。

虽然这项研究始于美国，但后来又计算了英国、大多数西欧国家、斯堪的纳维亚国家、加拿大、奥地利和智利等国家的ISEW。Daly和Cobb（1989）、Cobb C.和Cobb J.（1994）对美国、Moffatt和Wilson（1994）对苏格兰、Diefenbacher（1994）对德国、Rosenberg等（1995）对荷兰、Jackson和Stymne（1996）对瑞典、Jackson等（1997）对英国、Stockhammer等（1997）对奥地利、Guenno和Tiezzi（1998）对意大利的ISEW测量的研究结果表明，自20世纪50年代以来，这些国家的ISEW均慢于 GDP 的增长，而自 20 世纪 80 年代早期以后开始下降，并且发达国家的可持续经济福利同经济增长之间的差距有扩大的趋势，经济福利似乎已达到极限。

在新兴工业国家或发展中国家的应用中，Clarke（2005）对泰国、Castaneda（1999）对智利等国的经济福利进行了研究，发现发展中的国家经济福利一般仍处于上升状态。

由于构成 ISEW 指标的内容都会对经济福利产生明显的影响，经验数据表明，从 1950 年至 20 世纪 70 年代早期，ISEW 与人均 GDP 平行运行，但是从那以后，随着人均 GDP 的继续增长，ISEW 开始下降。ISEW 的倒"U"形曲线表明前期的经济增长质量更好。20 世纪 90 年代中期出现的许多证据使"假说"更加有说服力，譬如 Jackson 等（1997）对英国、Diefenbacher（1994）对德国 ISEW 的测量有力地支持了"门槛假说"。即人均经济福利早期随着人均 GDP 的上升而上升，但是过了某一点后随着人均 GDP 的上升而下降（见图 4-5）。当然，"门槛点"随着国家的不同而不同，譬如美国的"门槛点"出现在 20 世纪 70 年代早期，英国出现在 70 年代中期，德国则出现在 80 年代早期等。

因此，虽然 GDP 与不同经济福利指标所取得结果之间差距不同，但是 ISEW、GPI 和 SNBI 的变化趋势是一致的。也就是说，在达到某一点前，宏观经济的增长有利于经济福利的提高。超过这点后的增长似乎是有害的。至少从表面看来，ISEW、GPI 和 SNBI 为"门槛假说"以及国家最终放弃增长目标与专注于可持续发展提供了有力的支持。

4.4.2 "门槛假说"与中国情况

从 4.3.2 节通过校准的参数 α 可知，如果使用非官方基尼系数下的结果，中国目前的最优基尼系数处于 0.35 附近。图 4-6 是根据官方最近公布的基尼系数，选择 $\alpha=1.43$ 时，即最优基尼系数等于 0.35 时人均 CMEW 值与人均实际 GDP 的散点图。由于非官方基尼系数的计算截至 2011 年，因此，

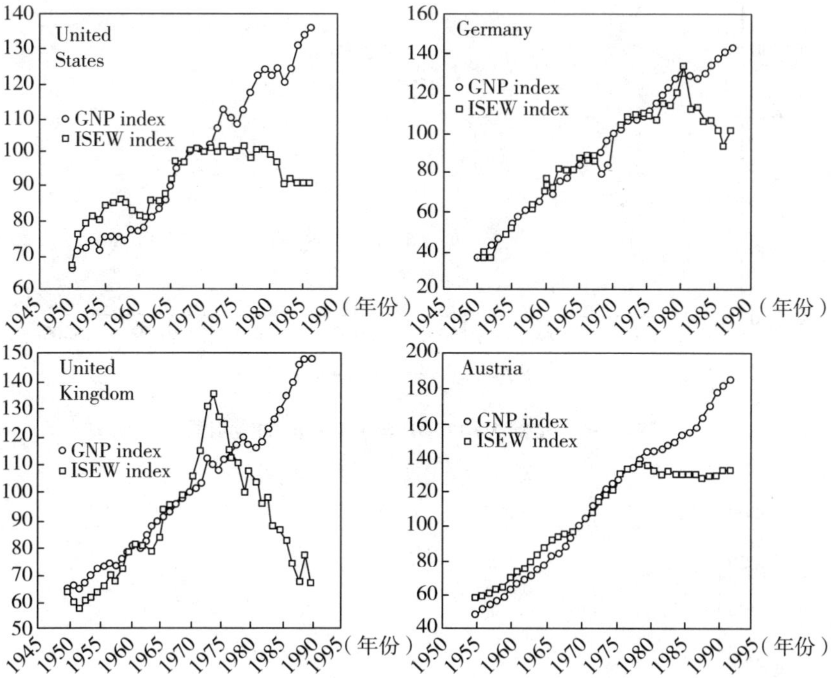

图 4-5 美国、德国、英国与奥地利 GNP 与 ISEW 对比情况

注：图形资料来源于 Max-Neef（1995），图形中的 GNP、ISEW 均以 1970 年为基期。

图 4-6 仅描述了 2011 年前实际人均 GDP 与人均 CMEW 之间的关系。

从实际人均 GDP 与 CMEW 的散点图大致可以看出，中国经济福利在人均实际 GDP 达到 1600 元以前，基本呈线性上升趋势；但是当人均实际 GDP 过了 1600 元以后，中国的经济福利基本停止了增长。中国的人均实际 GDP 尽管近年来增长了 2 倍，但是其经济福利却基本维持在一定的水平，与 Easterlin（1995）提出的“如果同时提高所有人的收入，居民幸福程度保持不变”的观点有其相似之处。如此看来，中国近年来所表现的经济福利函数可能显示出 0 阶齐次性质，分别做出人均实际 GDP 与人均 CMEW 趋势线也许看得更清楚，如图 4-7 所示。

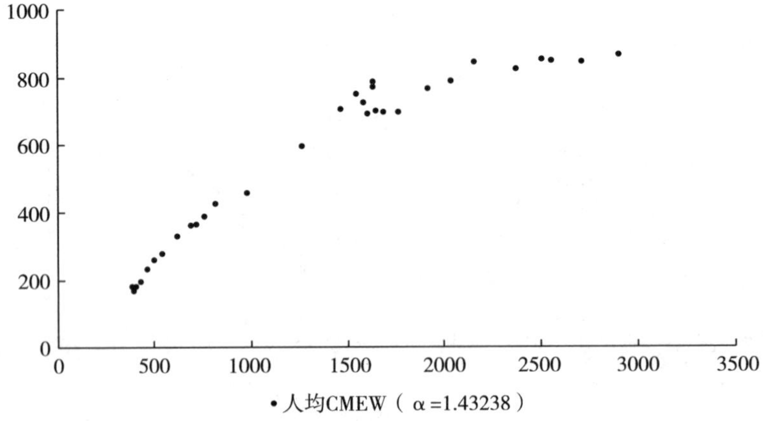

图 4-6　实际人均 GDP 与 CMEW 的散点图

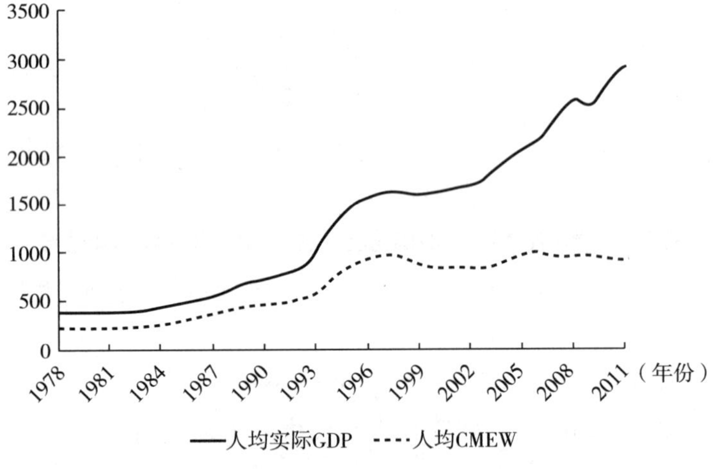

图 4-7　中国人均实际 GDP 与 CMEW 的对比情况

1978~2011 年人均福利 CMEW 与人均 GDP 趋势如图 4-7 所示。从图 4-7 可判断出目前中国已出现“Easterlin 悖论”，也就是说，中国社会已发展到经济增长对于提高经济福利意义不大的阶段，经济福利原地不动的“快乐踏水车”（Hedonic Treadmill）现象在中国现阶段已出现。观察图 4-7中的指标与对应年份，在人均实际 GDP 出现阶段最高点的 1997 年以前，人均 GDP 与人均福利增长趋势大致相同，而在随后的东南亚金融危机期间，两者均有下降的同时也由此拉开了彼此差距。根据经济福利指标 CMEW 中 GDP 所调整的内容，两者差距扩大的原因可能与中国在经济萧条时期主要依靠政府支出等拉动经济增长的方式有关。因此，在外围经济情况的恶化加剧了我国居民经济福利下降的同时，也通过政府支出挤出居民支出而导致两者差距的扩大；2004~2007 年经济福利又恢复到 1997 年的水平，在 2008 年的世界经济危机下，中国人均实际 GDP 持续增长，但居民经济福利在平稳中增长缓慢，与人均实际 GDP 的差距进一步拉大。两者之间的渐行渐远进一步说明在中国近年来“国富民穷”的动态演变过程中，GDP 已不含有原有的福利意义。

值得一提的是，如果在官方基尼系数下，选择当参数 $\alpha=1.667$，其最优基尼系数 $Gini^{o}\approx 0.3$ 时作为中国社会真正的人均 CMEW 趋势，其人均 CMEW 值与人均实际 GDP 的散点图如图 4-8 所示。

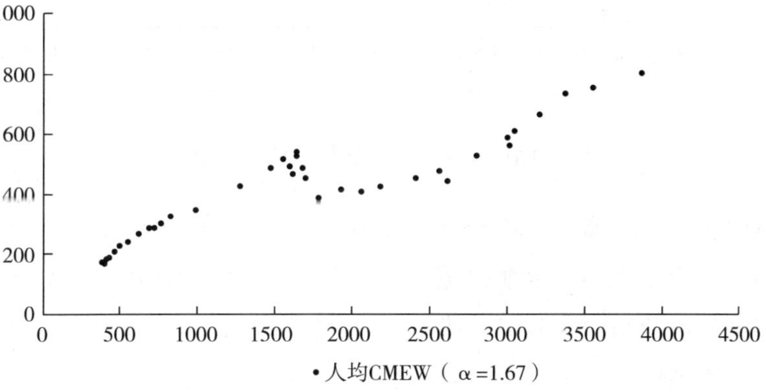

图 4-8 实际人均 GDP 与 CMEW 的散点图

从图 4-8 可看出，人均实际 GDP 处在 1600~2800 时，人均经济福利 CMEW 出现了 Max-Neef（1995）所提出的“门槛假说”现象，但当人均实际 GDP 超过 2800 元时，以 CMEW 衡量的人均经济福利出现了持续稳健的上升。其实人均 CMEW 为 $\alpha=1.67$ 的趋势线从时间节点上是有根据的，从图 4-4 与图 4-9 中也可看出，α=1.67 时的人均 CMEW 趋势线在“十二五”规划以前一直处于 1997 年前的水平而出现“门槛假说”现象，“十二五”规划明确提出“坚持把保障和改善民生作为加快转变经济发展方式的根本出发点和落脚点”，“十三五”规划聚焦民生保障等领域的明显“短板”后根本扭转了居民福利一直停滞不前的情况，反映了党和政府自“十二五”规划以来取得的突出成就与做出的英明决策，分别做出人均实际 GDP 与人均 CMEW 趋势如图 4-9 所示。

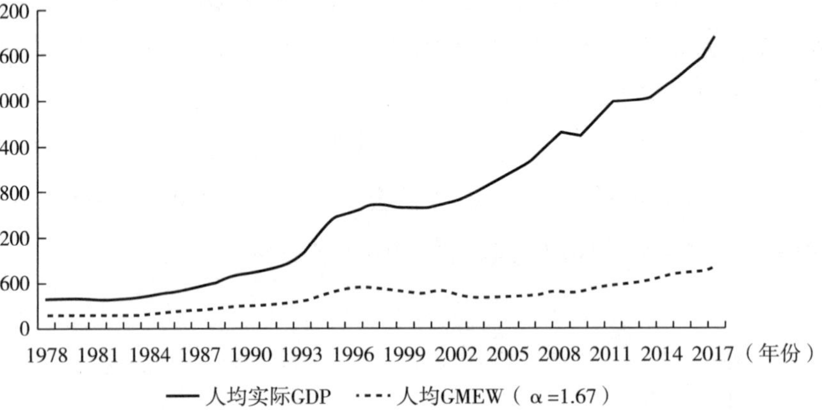

图 4-9　中国人均实际 GDP 与 CMEW 的对比情况

从图 4-9 可以看出，本书认为居民经济福利在 1997 年第一次出现的拐点应归咎于经济增长速度放缓，而出现的所谓“门槛”属于一种假象，这从经济复苏的 2000~2003 年期间，经济福利又逐渐回升到 1997 年水平的事实中得到佐证。但是在 2004~2008 年中国居民经济福利在实际 GDP 持续增长的背景下仍没能有效超越前期最高水平的事实使人感到中国已出现“门槛假说”端倪，收入不平等程度的加剧与资源环境的恶化已基本抵消了经济增长带给人们的好处，而投资主导的经济增长方式又难以使中国广大居民分享到经济增长的“蛋糕”。因此，2004~2008 年来中国居民经济福利停滞不前的原因可能除了经济增长方式及其导致的生态成本增加外，更可能与异常的收入分配不平等程度有关。而 2008~2011 年居民福利没有明显改善应该归咎于2008年的世界经济危机，当然，中国外部环境的恶化导致中国经济福利的停滞不前也侧面反映了中国经济社会的脆弱性，即抵御风险的能力不强。

可喜的变化是，尽管随着我国2011年后经济增速态势的逐年下降（其中2013~2017年经济增长速度分别为7.8%、7.3%、6.9%、6.7%、6.9%），但是我国居民经济福利在2011年后的一段时期内并没有停滞不前，反而经历了人均经济福利的持续平稳上升。看来“十二五”规划明确提出的“坚持把保障和改善民生作为加快转变经济发展方式的根本出发点和落脚点”的发展战略取得明显成效，我们也期待新的改革在中共十九大后重新激发出经济社会活力，从而促使我国的居民经济福利新一轮的持续健康上升。总之，依据福利指标CMEW所核算出的中国居民经济福利及其发展趋势，提醒中国政府谨防“门槛假说”出现的同时，也为政府转变经济增长方式、改善收入分配程度与更专注于福利可持续发展提供了有力的支持。关于参数$\alpha=1.2282$与$\alpha=1.4301$的人均CMEW值与人均实际GDP的散点图分别见附录7与附录8。

4.5 本章小结

本章在已有相关福利指标文献的基础上，结合微观实证检验结果，吸取了Nordhaus和Tobin（1972）的“防御性支出”与“工具性支出”等核心概念，构建了与Sen（1976）福利指标形式类似的中国经济福利指标CMEW，并依据中国改革开放以来的宏观经济数据对CMEW进行了核算，通过校准参数a，找到中国最优的衡量不平等程度的基尼系数，然后通过观察历年来中国实际人均GDP与人均CMEW的变化趋势，发现中国在亚洲金融危机至“十二五”规划前的居民经济福利增长停滞，与Max-Neef（1995）所提出的“门槛假说”现象相符，但是在“十二五”规划明确提出的“坚持把保障和改善民生作为加快转变经济发展方式的根本出发点和落脚点”的发展战略之后，特别是“十三五”规划重新激发了经济社会活力，居民经济福利出现新一轮的持续健康上升。

然而，本书所构建的经济福利核算指标仍然局限于通过市场交易完成的有限的几个指标，为了能与 GDP 进行比较，只是在 SNA 体系内对 GDP 进行调整，排除了难以考察的非市场活动和非经济因素。经济学理论告诉我们，在一个物质生活极度丰裕的社会里，经济增量对效用的边际贡献甚微，也就是在边际效用递减作用下，如果不考虑给人们带来福祉的非经济因素，经济福利将存在一个上限，因此，构建包含非经济因素的公理化民生福祉指标仍然任重道远，然而近阶段仍需朝着寻找类似 GDP 的客观经济福利指标努力。

由于未来得及找到省市层面上的相关数据，原本想核算几个典型的代表城市经济福利状况的计划未能实施，故不能从城市层面上检验其经济福利是否出现了所谓的“门槛假说”。下一步的任务是选取几个典型发达国家，核算它们的 CMEW 值，然后检验那些国家是否出现了用 ISEW 等经济福利指标核算时出现的“门槛假说”。当然，通过 CMEW 与 ISEW 的比较，可进一步检验中国经济福利指标 CMEW 的科学性。

5 提升经济福利的政策建议

由前文的理论与经验分析可知，居民收入正的显著性增加能给居民带来经济福利的提高，同理，提高家庭消费对经济福利水平的提高有显著影响，更重要的是，经济福利与收入、消费不平等程度间的倒“U”形关系更值得我们注意。根据对改革开放以来中国经济福利指标 CMEW 的核算可知，提升居民经济福利可以通过对国民收入分配进行干预以提高居民收入份额，思考如何提高居民消费率，通过财税政策降低收入不平等程度以及在可持续福利思想下思考如何控制可耗竭资源的过度开采与环境的改善，以达到提升经济福利与经济福利可持续的目的。因此，本章将分 4 节详细阐述增加居民收入份额、提高居民消费率、改善收入分配以及控制可耗竭资源过度开采与环境保护的对策建议。

5.1 居民收入份额下降的原因与改善途径①

从第 3 章中已经知道，居民收入对经济福利显著为正，在第 4 章中已发现“十二五”规划前中国的经济发展水平和经济增长速度都不能显著提

① 本节主要内容已在《南京社会科学》2013 年第 3 期刊出。

升经济福利。那么在中国经济高速的增长过程中，居民收入份额呈现一种怎样的趋势呢？从目前的统计事实与已有研究成果看，对于我国居民收入份额近年来持续下降已达成共识。周伟（2013）指出，“十二五”规划前中国经济的发展水平和高速增长与政府在保障和改善民生方面的进展形成明显反差，并有学者将这一现象称为中国的“Easerlin 悖论”。实际上，在中国近年来“国富民穷”的动态演变过程中，GDP 与民生福祉渐行渐远，和中国经济高速增长的过程中居民收入份额所呈现出的持续下降趋势密不可分。从白重恩和钱震杰（2009a，2009b）、陈志武（2012）等给出的统计事实与李稻葵、刘霖林等（2009）的研究成果看，关于我国居民收入份额在“十二五”规划前持续下降已达成共识。不管他们的观点[①]如何，中国居民收入份额的恶化必然会抑制家庭消费，不利于中国依靠促进内需以及产业结构转型来达到经济平稳健康发展的目的，尽管它们之间的因果关系仍尚未可知。因此，思考国民收入分配格局中居民收入份额的改善或“U”形曲线右半部分演变的条件非常符合“十三五”规划纲要明确提出当代中国要“更加注重保障和改善民生，促进社会公平正义”的社会需求，本节也就此问题通过构建三部门的 Pasinetti 分配模型对此进行分析与解释。因此，基于居民收入份额下降的事实与提升民生福祉的目的，本节意图在 Pasinetti（1962）分配模型的基础上进一步扩展成包含政府部门的三部门 Pasinetti 模型以探讨居民收入份额下降的可能原因，然后在原有分析框架内根据其原因进一步分析扭转居民收入份额下降趋势的可能途径。当然，这也是提高居民经济福利的可能对策。

尽管中国的普通居民除了劳动报酬等基本收入外，还常常通过在银行与证券等金融机构进行储蓄与投资获得资本收入。但一方面由于中国银行储蓄存款利率低，所得利息在所有收入中占比很低，另一方面我国普通股民在证券市场中的资本回报很低，长期来看处于 1 赚 2 平 7 亏损的基本态

---

① 相关文献还可参考李实和赵人伟（1999），王小鲁和樊纲（2005），Bai、Hsieh 和 Qian（2006），Guscina（2007），Subramanian（2008），罗长远和张军（2009）等。

势，在上市公司分红机制不健全的情况下，居民财产性收入增长其实十分缓慢。因此，中国大陆的情况是，居民收入占 GDP 的比重（或居民收入份额）与劳动收入份额的演变趋势会达成基本一致，因此，分析导致我国劳动收入份额下降的原因也适用于居民收入份额下降的解释。值得提醒读者的是，本节在内容以及分析思路上与周伟和武康平（2013）极其相似，不同点在于增加了假设 A4，当然，有兴趣的读者仍可参考周伟和武康平(2013)。

5.1.1 三部门 Pasinetti 分配模型的构建与分析

Pasinetti（1962）在 Kaldor（1956）国民收入分配模型的基础上，认为总利润必须在资本家和工人之间分配，劳动者除了得到工资外还取得了利润，因此，可以认为 Pasinetti（1962）将 Kaldor（1956）所构建的模型中的劳动者部门变成了居民部门，然而令人遗憾的是 Pasinetti 分配模型没有将国民收入对政府部门进行分配。因此，本节试图在 Pasinetti（1962）模型的基础上，将模型进一步扩展为国民收入在居民、企业（本节特指非国有企业，以下同）与政府部门之间进行分配的三部门 Pasinetti 模型。由于包含政府部门的三部门 Pasinetti 模型既能解释我国国民收入分配的演变，又能定性分析居民收入份额下降引起的原因，因而在我国区别于“守夜人”政府的“大政府”下，本节扩展的三部门模型在我国具有更强的解释力与现实意义。

（1）三部门 Pasinetti 分配模型的基本假定及结论。

A1：假设经济社会稳定增长的条件是储蓄等于投资，即 $I=S$，政府可以通过调控政府收入与储蓄率 s 来满足经济社会稳定增长的条件；

A2：假设居民部门储蓄率低于企业与政府部门的储蓄率，即 $s_w<s_c$，$s_w<s_g$；

A3：假设国民收入在居民、企业和政府部门之间分配完毕，即 $Y=W+P+G$；

A4：假设总利润在居民、企业和政府部门之间进行分配，即 $P=P_w+P_c+P_g$。

因此，社会储蓄为 $S=s_w(W+P_w)+s_cP_c+s_g(P_g+G)$。其中，符号 Y 代表国民收入，符号 W 代表劳动者报酬，符号 P 代表资本所得利润，符号 G 代表政府收入，符号 I 代表社会投资，符号 s_w、s_c 和 s_g 分别代表居民部门、企业部门（本节特指非国有企业部门，以下同）与政府部门的储蓄率，符号 P_w、P_c 和 P_g 分别代表居民部门、企业部门与政府部门储蓄投资所带来的利润，符合 s 代表社会储蓄率。

现根据假设 A3、假设 A4 可得式（5-1）

$$Y=W+P_w+P_c+P_g+G \tag{5-1}$$

然后在式（5-1）两边同乘 s_w 后变换可得式（5-2）

$$-s_w(P_c+P_g+G)=s_w(W+P_w)-s_wY \tag{5-2}$$

依据假设 A1 并在式（5-2）的基础上恒等变形后可得式（5-3）

$$\begin{aligned} s_cP_c+s_g(P_g+G)-s_w(P_c+P_g+G) &= s_cP_c+s_g(P_g+G)+s_w(W+P_w)-s_wY \\ &= S-s_wY=I-s_wY \end{aligned} \tag{5-3}$$

因此可得

$$(P_c+P_g+G)\left[\frac{s_cP_c}{P_c+P_g+G}+\frac{s_g(P_g+G)}{P_c+P_g+G}-s_w\right]=I-s_wY \tag{5-4}$$

定义

$$s_{cg}=\frac{s_cP_c}{P_c+P_g+G}+\frac{s_g(P_g+G)}{P_c+P_g+G} \tag{5-5}$$

则有

$$(P_c+P_g+G)(s_{cg}-s_w)=I-s_wY \tag{5-6}$$

从而

$$\frac{P_c+P_g+G}{Y}=\frac{1}{s_{cg}-s_w}\frac{I}{Y}-\frac{s_w}{s_{cg}-s_w} \tag{5-7}$$

或

$$\frac{W+P_w}{Y}=\frac{s_{cg}}{s_{cg}-s_w}-\frac{1}{s_{cg}-s_w}\frac{I}{Y} \tag{5-8}$$

式（5-8）即为三部门中居民部门在国民收入中所占的份额。根据假

设 A2 可知

$$s_{cg}=\frac{s_cP_c}{P_c+P_g+G}+\frac{s_g(P_g+G)}{P_c+P_g+G}>\frac{s_wP_c}{P_c+P_g+G}+\frac{s_w(P_g+G)}{P_c+P_g+G}=s_w \tag{5-9}$$

从而

$$s_{cg}-s_w>0 \tag{5-10}$$

所以

$$\frac{\partial\ (W/Y)}{\partial\ (I/Y)}=-\frac{1}{s_{cg}-s_w}<0 \tag{5-11}$$

从以上分述可得结论如下。

结论 1：在上述假定条件下，随着社会投资率 I/Y 的上升，国民收入分配将不利于居民部门，居民收入份额将呈不断下降趋势。

依据本节扩展的三部门 Pasinetti 模型所得出的结论很大程度上依赖于假设 A2，即居民部门储蓄率均低于企业与政府部门的储蓄率。本节所假设的居民、企业与政府三大部门储蓄率的大小关系与刘煜辉（2006）的观点一致，且符合近年来中国的现实情况。另外，统计数据也显示了我国全社会投资率在近年来一直呈上升态势，郎咸平（2012）更是在其书中指出中国经济的高速增长依靠的是近乎疯狂的固定资产投资，并认为其将使中国经济陷入最危险的边缘。其实，投资率上升在出口需求不振的情况下必然会使国内需求萎缩，更严重的是在投资报酬率边际递减规律的作用下，为保持一定增长速度所要求的不断提高投资率的投资驱动型经济增长模式不可能持续。《中国统计年鉴》（2012）中的数据显示了我国 1997~2011 年的投资率基本呈上升趋势（见图 5-1）。

根据所定义的 $s_{cg}=\frac{s_cP_c}{P_c+P_g+G}+\frac{s_g\ (P_g+G)}{P_c+P_g+G}$，$Y=W+P+G$，$I=S$ 与 $S=s_{cg}$ $(P_c+G+P_g)\ +s_w\ (W+P_w)$，可得出式（5-12）

$$s=\frac{S}{Y}=\frac{s_{cg}(P_c+P_g+G)+s_w(W+P_w)}{Y}=\frac{W+P_w}{Y}s_w+\frac{P_c}{Y}s_c+\frac{P_g+G}{Y}s_g \tag{5-12}$$

因此，可知社会储蓄率 s 是居民储蓄率 s_w、企业储蓄率 s_c 和政府储蓄

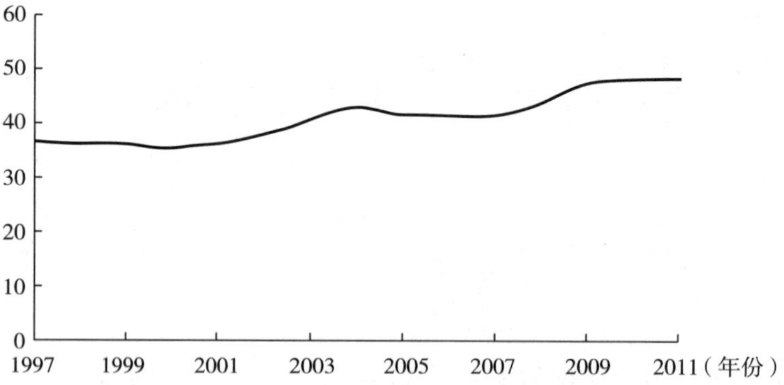

图 5-1　1997~2011 年中国投资率状况

率为 s_g 的加权平均值。在长期充分就业均衡中，经济稳定增长的条件是储蓄等于投资，并认为可通过调整储蓄率来满足经济稳定增长的 Harrod 模型 $G=\Delta Y/Y=s/\sigma$，那么式（5-12）就意味着政府可通过调整收入分配格局来调整社会储蓄率 s，以确保经济维持在稳定的增长水平之上。

（2）模型说明。

以上的数理分析较好地对国民收入分配规律进行了分析，其直接的思想来源于我国国民分配格局的现状与 Pasinetti（1962）的基础性工作。由于在三部门 Pasinetti 分配模型中政府可以对其收入进行直接管理以调节收入分配，因此扩展后的三部门 Pasinetti 模型使政府有了改善我国收入分配格局失衡的可能。因此，在中国特色市场经济中，由于政府强大的宏观调控能力，即使不对居民和非国有企业等市场经济主体进行直接调控，三部门的 Pasinetti 模型在调控国民收入分配格局中也比两部门模型更与现实情况相符，也更有效率。

5.1.2　居民收入份额演变的“U”形曲线

Robinson（1956）认为在政府不干预的情况下，随着经济的增长，国民收入分配将越有利于资本所有者的企业部门，并将破坏稳定增长的条件与导致经济波动。新剑桥学派认为，不利于经济稳定增长的收入分配格局应该归咎于社会制度与历史原因，并且认为其根本解决之道是通过政府的强力干预。但在 Pasinetti 两部门分配模型中，居民和企业均属充当“守夜人”的小政府不能直接干预的私人部门，因而政府难以采取调整国民收入中劳动报酬与利润份额的措施，从而也难以调节社会储蓄率以实现经济稳定增长的条件，当然也更不可能出现居民收入份额的正“U”形曲线。

与“守夜人”的小政府不同的是，我国拥有庞大的政府收入，陈志武（2012）认为，如果把所有国有企业实际控股、参股的企业股份、资产和土地包括在内，政府拥有 60%~70%规模的社会财富。因此，我国政府可以通过宏观管理其收入以使国民收入分配有利于居民部门。如果在国民收入分配格局中居民收入份额能呈现出“U”形曲线的右半部分，那么政府就达到了改善收入分配的目的。以下将通过分析三部门 Pasinetti 分配模型，探究并寻找改善收入分配并使居民收入份额上升的条件。

由于我国是“政府主导型经济”，政府掌控着庞大的社会财富。因此根据储蓄率 $s_{cg}=\frac{s_cP_c}{P_c+P_g+G}+\frac{s_g(P_g+G)}{P_c+P_g+G}$，当政府储蓄率 s_g 逐渐下降，从而减少由储蓄相应转化而来的政府投资性支出时，储蓄率 s_{cg} 将逐渐下降并必然出现 $s_{cg}<s_w$ 的情况，从而有 $s_{cg}-s_w<0$。再重新考察 $\frac{W+P_w}{Y}=\frac{s_{cg}-I/Y}{s_{cg}-s_w}$，当 $s_g<\frac{(P+G)s_w-Ps_c}{G}$ 时，有式（5-13）成立，即

$$\frac{W+P_w}{Y}=\frac{s_{cg}-I/Y}{s_{cg}-s_w}>0 \text{ 且 } s_{cg}-s_w<0 \tag{5-13}$$

从而

$$\frac{\partial[(W+P_w)/Y]}{\partial(I/Y)}=-\frac{1}{s_{cg}-s_w}>0 \tag{5-14}$$

由于 $(W+P_w)/Y$ 代表着国民收入分配格局中的居民收入份额，因此，当 $0\leq s_g<\frac{(P+G)s_w-Ps_c}{G}$ 时，即政府调控其收入 G 与其储蓄率 s_g 后，

我国的国民收入分配格局将随着社会投资率 I/Y 的上升而使居民收入份额得到改善，因此可得结论 2。

结论 2：随着我国政府对其收入的宏观调控，当条件满足时，我国的居民收入份额将随着社会投资率 I/Y 的上升而改善。

更重要的是，当 $s_{cg}-s_w\to0$ 时，即当 $s_g\to\frac{(P+G)\ s_w-Ps_c}{G}$ 时有 $s_{cg}-I/Y\to0$。从而依据罗必塔（L' hospital）法则可知居民收入份额函数（W+P_w）/Y 的极限存在。实际上，在本节扩展的三部门 Pasinetti 分配模型中，由于当 $s_g>s_w$ 成立时 $s_g>[(P+G)\ s_w-Ps_c]/G$ 必然成立，因此当 $[(P+G)\ s_w-Ps_c]/G<s_g\leqslant1$ 时，有 $\frac{\partial[(W+P_w)/Y]}{\partial(I/Y)}=-\frac{1}{s_{cg}-s_w}<0$，从而结论 1 成立。因此，综合结论 1 与结论 2 可得结论 3。

结论 3：当 $s_g\to[(P+G)\ s_w-Ps_c]/G$ 时，由于居民收入份额的极限 $\lim\limits_{s_g\to[(P+G)s_w-Ps_c]/G}\frac{W+P_w}{Y}(s_g)$ 存在，政府储蓄率 s_g 可使居民收入份额出现极小值。因此，随着政府对其收入的宏观管理，综合三部门 Pasinetti 分配模型所得出的结论 1 与结论 2，我国的居民收入份额可呈“U”形曲线演变。

从结论 3 可知，政府储蓄率 $s_g=[(P+G)\ s_w-Ps_c]/G$ 是政府进行储蓄或投资的临界值，因此该储蓄率可以作为我国政府对其收入进行宏观管理的依据。只有当政府储蓄率 s_g 达到临界值后仍继续降低，即政府不断从社会投资性领域退出时才有可能使我国的居民收入份额上升。从这一点上来说，我国居民收入份额的持续下降来自政府收入对居民收入的挤占。其实，Pigou（1951）中资本与劳动的力量区别引起贫富差距的观点能解释我国国民收入分配背后的直觉，在中国不过是垄断部门和劳动部门而已。

在国民收入分配的统计核算方面，由于 W+P_w 与居民收入、P_c 与企业利润和 G+P_g 与政府收入在数值上基本一致，本节所构建的三部门 Pasinetti 分配模型在实践中亦能揭示国民收入在居民、企业和政府部门之间的分配格局。事实上，根据（$W+P_w$）$/Y$，P_c/Y，（$G+P_g$）$/Y$ 在近年来的变化趋势，我们也可以对国民收入的分配格局做个基本的判断。本节依据已有学者给出的统计事实，指出我国居民收入份额的持续下降可以归因于政府收入份额上升，或是生产税净额、国有资本侵占劳动与土地出让金等预算外收入的快速上升所致。

总之，目前对中国收入分配问题的基本判断是，从主体角度看，政府挤占居民收入；从要素角度看，分配向资本尤其是国有垄断资本倾斜。当然此观点已得到许多学者的支持，譬如从白重恩和钱震杰（2009）的研究中分析出中国居民收入份额在 1995 年后逐年下降的原因为政府部门对居民部门的挤出，其中 1995~2004 年居民收入份额下降的原因为政府取得的生产税净额出现了较大幅度的增长，从而挤占了居民收入份额；2005 年、2006 年和 2007 年这三年居民收入份额下降的原因主要为国有企业的垄断利润与土地出让金的快速增加。

那么，近年来我国居民收入份额的持续下降是不是可以判定为由政府的收入份额上升与投资性支出增加所导致的呢？陈志武（2012）的观点增强了上述结论的说服力，他认为，扣除通货膨胀因素之后，1995~2010 年我国政府预算内财政税收（不包括预算外的土地收入和国有企业利润等）提高了 9.2 倍，而同期城镇居民人均可支配收入实际只增长了 2.3 倍，这说明财政收入挤占了居民收入。如果按照张斌等（2011）的观点认为应将国有企业垄断利润归于政府所有，白重恩等（2008）得出的企业利润侵占工资的结论的实质是分配向国有垄断资本倾斜，从而更加增强了政府收入挤占居民收入的结论。

因此，周伟和武康平（2013）认为，在政府逐渐从既当“裁判员”又当“运动员”的大政府向“守夜人”的小政府转变过程中，以及从生产型政府向服务型政府的转变过程中，居民收入份额将不断改善，从而通过对政府收入的调控可达到改善国民收入分配的目的，当然，目的的实现需要通过改革，依靠法律、制度来约束政府等垄断部门行为，使政府从“掠夺之手”（Shleifer and Vishny，2002）转向“仁慈之手”，从而真正达到“藏富于民”，切实提高居民的经济福利。

本节在扩展 Pasinetti（1962）基于“投资—储蓄”的二部门分配模型基础上，通过将政府部门纳入模型进行分析，逻辑推导出我国政府收入是挤占居民收入的关键因素，因此提出改善居民收入份额应从减少政府收入和降低政府储蓄入手解决的观点具有一定的科学性。也就是说，如果政府通过实施合适的税收政策、土地政策与国有企业利润分红机制以改变国民收入在居民、企业和政府部门之间的分配比例，调整政府投资性支出的大小，使其工作重心从效率转到公平上来，不但可维护经济的稳定增长，而且可使收入分配差距得到改善。

5.2 居民财富的消费转化与居民消费提高①

从第 3 章可知消费对经济福利的提高有显著影响，在许多经济福利指标（譬如 ISEW、GPI 等）均以民生消费为福利核算起点，而在实践中更是直接以居民消费作为经济福利指标来进行比较，譬如，亚洲开发银行运用“家庭实际最终消费”作为经济福利指标，明确指出中国大陆在改善经济福利与提高人民生活水平方面进展缓慢。当然，如果我们再重新审视中国人均最终实际消费支出自改革开放以来的趋势也可得出上述结论（见图 1-2）。

近年来，虽然我国经济仍在迅速发展，但是根据《中国统计年鉴》（2012）上的数据计算可知居民消费率近年来却在持续下降（见图 5-2）。尽管已有学者指出由于经济的快速增长并未与居民收入增长同步，居民收入份额不断呈下降趋势是可能的原因，此外，居民的预防性储蓄也降低了

① 本节主要内容已在《中国经济问题》2013 年第 3 期刊出。

居民应有的消费。张伟（2010）指出，收入分配差距的扩大使高收入者由于边际消费倾向较小而消费增加有限，低收入者则由于收入约束而无法提升消费也导致了居民的消费率下降。

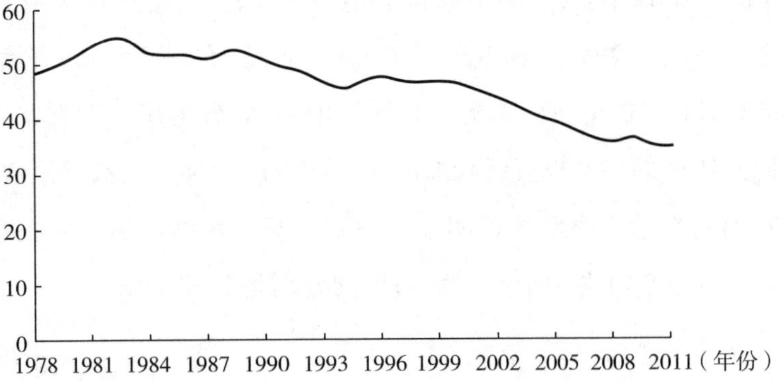

图 5-2　改革开放以来的居民消费率趋势

由于根据消费理论可知居民消费与居民收入是一个相关的话题，而由 5.1 节中讨论的我国居民收入份额近年来持续下降也可得出我国居民消费率下降的结论，因此，在此不打算再重复如何提高居民收入份额以提高居民消费率的建议。本节拟在陈训波和周伟（2013）的基础上，通过在生命周期理论中引入不同财富的预期收益与流动性差异等更符合现实情况的假设，进一步讨论在目前的居民财富状况下，通过定性分析不同类型财富对消费的影响，从而找到相应的促进消费的对策以提升居民的经济福利。

5.2.1　最优消费决策模型

本部分试图借鉴陈训波和周伟（2013）的思路，构建一个包含财富预期收益率和流动性差异的居民消费模型，并通过建立居民消费最优决策模型来推导包含财富的居民消费函数，在此基础上分析不同财富的消费效应差异。有关对财富暂时性和永久性变动的消费效应及其传导机制的文献可参考 Modigliani（1963）、Hurst 和 Stafford（2004）、Campbell 和 Cocco（2007）、Sierminska（2007）、Calcagno 和 Fornero 等（2009）、Sousa

(2009)、Veirman 等（2010）等。

（1）基准模型。

假设社会由 N 个不同的居民构成，每个居民存活 T 期。在时间 t（$0\leqslant t\leqslant T$），居民 i（$0\leqslant i\leqslant N$）的个体特征用 O_{it}表示，消费贴现率用 b_{it}表示，且 b_{it}由个体特征 O_{it}决定，即 $b_{it}=b_{it}(O_{it})$，居民 i 的消费用 C_{it}表示。为了分析不同财富对居民消费的影响，将居民财富 A_{it}分为房地产财富 H_{it}和金融财富 F_{it}。居民的资产投资组合取决于不同资产的预期收益率，假定居民 i 在第 t 期时对房地产财富的预期收益为 r_{it}^h，对金融财富的预期收益为 r_{it}^f，居民财富中房地产财富和金融财富的比例分别是 k 和 1-k，则居民财富的预期平均收益为

$$r_{it}=E(kr_{it}^h+(1-k)r_{it}^f) \tag{5-15}$$

因此，居民 i 的效用最大化问题可以表示为

$$\max_{C_{it}} E_t\left[\sum_{k=t}^{T}\frac{1}{(1+\beta_{ik})^{k-t}}u(C_{ik})\right] \tag{5-16}$$

$$s.t.\ C_{it}+A_{i,t+1}=A_{it}(1+r_{it})+Y_{it} \tag{5-17}$$

$$C_{it}\geqslant 0 \tag{5-18}$$

其中，u（·）为即期效用函数，并满足 u′（·）>0，u″（·）<0。A_{it}为居民 i 在时期 t 拥有的总财富，Y_{it}为收入。拉格朗日函数为

$$L=E_0\left\{\sum_{t=0}^{T}\frac{1}{(1+\beta_{it})^t}u(C_{it})+\sum_{t=0}^{T}\lambda_t\left[A_{it}(1+r_{it}^e)+Y_{it}-C_{it}-A_{i,t+1}\right]\right\} \tag{5-19}$$

该问题最大化的一阶条件为

$$\frac{\partial L}{\partial C_{it}}=\frac{1}{(1+\beta_{it})^t}Eu'(C_{it})-\lambda_{it}=0 \tag{5-20}$$

$$\frac{\partial L}{\partial A_{i,t+1}}=\lambda_{it}-\lambda_{i,t+1}(1+r_{it})=0 \tag{5-21}$$

由式（5-20）与式（5-21）得出欧拉方程式

$$\frac{Eu'(C_{i,t+1})}{u'(C_{it})}=\frac{1+\beta}{1+r_{it}} \tag{5-22}$$

为了简化分析，假设 r_{it}^h 和 r_{it}^f 服从随机游走过程，即

$$r_{i,t+1}^h=r_{i,t}^h+\varepsilon_{it}, \ r_{i,t+1}^f=r_{i,t}^f+\eta_{it} \tag{5-23}$$

其中，ε_t 和 η_t 为随机扰动项，此时 r_{it} 为常数，记为 r。将即期效用函数 u（·）设定为相对风险规避系数不变的效用函数，即

$$u(C)=\frac{C^{1-\theta}}{1-\theta} \tag{5-24}$$

将效用函数式（5-24）代入式（5-22）的欧拉方程，有

$$\frac{C_{i,t+1}}{C_{it}}=\left(\frac{1+r}{1+\beta}\right)^{\frac{1}{\theta}} \tag{5-25}$$

从式（5-25）可看出，居民的消费行为主要取决于 β 与 r 的相对大小。r 较大时居民将增加未来消费，反之则居民增加当期消费。现在假设收入 Y_{it} 服从 AR（1）过程，即

$$Y_{it}=\varphi Y_{i,t-1}+\delta_{it}, \ \varphi\geqslant 0 \tag{5-26}$$

其中，δ_t 为随机扰动项。第 i 个居民一生消费的总预算约束为：

$$\sum_{k=t}^{T}\frac{C_{ik}}{(1+r)^{k-t}}\leqslant H_{it}\left(\frac{1+Er_{it}^h}{1+r}\right)^{T-t}+F_{it}\left(\frac{1+Er_{it}^f}{1+r}\right)^{T-t}+\sum_{k=t}^{T}\frac{EY_{ik}}{(1+r)^{k-t}} \tag{5-27}$$

根据瓦尔拉法则（Walras' Law），式（5-27）应该取等号。由平衡增长路径及对预期收益率的假设，有

$$\left[\sum_{k=t}^{T}\left(\frac{1+r}{1+\beta}\right)^{\frac{k-t}{\theta}}\frac{1}{(1+r)^{k-t}}\right]C_{it}=H_{it}\left(\frac{1+r_{it}^h}{1+r}\right)^{T-t}+F_{it}\left(\frac{1+r_{it}^f}{1+r}\right)^{T-t}+\left[\sum_{k=t}^{T}\left(\frac{\varphi}{1+r}\right)^{k-t}\right]Y_{it} \tag{5-28}$$

令 $k_1=\left[\sum_{k=t}^{T}\left(\frac{1+r}{1+\beta}\right)^{\frac{k-t}{\theta}}\frac{1}{(1+r)^{k-t}}\right]$，进一步整理，有

$$C_{it}=\beta_1 H_{it}+\beta_2 F_{it}+\beta_3 Y_{it} \tag{5-29}$$

其中，$\beta_1=\frac{\left(\frac{1+r_{it}^h}{1+r}\right)^{T-t}}{k_1}$，$\beta_2=\frac{\left(\frac{1+r_{it}^f}{1+r}\right)^{T-t}}{k_1}$，$\beta_3=\frac{\sum_{k=t}^{T}\left(\frac{\varphi}{1+r}\right)^{k-t}}{k_1}$。

式（5-29）即为居民 i 在时期 t 的消费函数。式（5-29）表明，第 i 个居民在时期 t 的消费可以写成当期的房产财富、金融财富和收入的函数，并且三者对消费的影响的大小并不一定相同，分别取决于当期财富收益与个体特征等。从房地产财富和金融财富看，当房地产财富的收益高于金融财富的收益时，房地产财富对消费的影响大于金融财富对消费的影响；反之，则金融财富对消费的影响大于房地产财富对消费的影响。

（2）居民资产组合的选择。

居民 i 持有房地产财富和金融财富的多少取决于对两者的预期收益率的高低。由于不同资产之间的转换存在成本，记 z 为单位财富的转换成本。当 $r_{it}^h<r_{it}^f$ 时，居民减少房产财富的决策条件为

$$\left(\frac{1+r_{it}^h}{1+r}\right)^{T-t} h_{it} \leqslant (1-z)\, h_{it} \left(\frac{1+r_{it}^f}{1+r}\right)^{T-t} \tag{5-30}$$

将式（5-30）化简，得到居民 i 将房地产财富转换为金融资产的条件

$$r_{it}^h \leqslant (1-c)^{\frac{1}{T-t}}(1+r_{it}^f)-1 \tag{5-31}$$

类似可得居民 i 将金融资产转换为房地产财富的条件为

$$r_{it}^f \leqslant (1-z)^{\frac{1}{T-t}}(1+r_{it}^h)-1 \tag{5-32}$$

当不满足上述两个条件时，居民 i 将不会对现有的资产进行转换，资产组合的变动将来自对新资产的购买。

由此可知，由于交易成本的存在，居民可能同时拥有收益率高和收益率低的不同资产，从而解释了式（5-29）中房地产财富和金融财富的预期收益率存在差异的原因。

（3）流动性约束下的居民短期消费函数。

上述关于居民的最优消费路径是在没有信贷约束的情况下得出的，而现实生活中，居民在短期内不能随时调整财富结构，居民一般要受到信贷约束。记 B_{it} 为居民 i 在时期 t 的负债总额，$\overline{B_{it}}$ 为最高信贷额，则其消费决策问题变为

$$\max_{C_{it}} E_t\left[\sum_{k=t}^{T}\frac{1}{(1+\beta_{ik})^{k-t}}u(C_{ik})\right] \tag{5-33}$$

$$\text{s. t. } C_{it}+A_{i,t+1}=A_{it}(1+\bar{r})+Y_{it}+B_{it}-B_{i,t-1}(1+r) \tag{5-34}$$

$$C_{it}\geqslant 0, B_{it}\leqslant \overline{B_{it}}, B_{i,T+1}=0 \tag{5-35}$$

经过与前面类似的求解过程，有

$$u'(C_{it})-\phi_t=\frac{1+\beta}{1+r}Eu'(C_{i,t+1}) \tag{5-36}$$

其中，ϕ_t 为债务约束条件的拉格朗日乘数。由式（5-36）可知，如果没有受到信贷约束，此时 ϕ_t 为 0，居民 i 处于最优消费路径上。如果受到信贷约束，此时 ϕ_t 大于 0，当期消费将低于最优消费。

用 l_{it}^h 和 l_{it}^f 分别表示居民 i 在时期 t 房地产财富和金融财富的流动性，不同财富流动性的大小主要来源于两方面：一是财富的变现能力，金融财富的变现能力较高，而房地产财富的变现能力较低；二是财富所代表的借贷能力，拥有更多财富的居民一般具有更高的借贷能力。在流动性约束下，居民 i 在时期 t 的房地产财富和金融财富的流动性分别为 $l_{it}^h H_{it}$ 和 $l_{2t}^f F_{it}$，将其代入无流动性约束的消费函数，得到流动性约束下居民 i 在时期 t 的短期消费函数：

$$C_{it}-(\beta_1 l_{1t}^h)H_{it}+\beta_2(l_{2t}^f F_{it})+\beta_3 D_{it} \tag{5-37}$$

实际上，如果有合适的家庭微观数据，以及选择一个能衡量流动性约束的技术，在有效控制其他影响消费的因素下，可以根据式（5-37）构建计量模型进行实证分析，根据定量分析所得出的不同类型财富对消费的影响，从而能更有效地找到相应的促进消费对策以提升居民的经济福利。

5.2.2 促进居民财富转化成消费的建议

因此，从短期来看，由于预算约束的影响，不同类型的居民财富对消费的影响不仅取决于居民对不同财富长期预期收益率的大小，而且取决于不同财富短期流动性的高低，具体来看有四种典型情形。

情形一:房地产财富收益高但流动性差,金融财富收益低但流动性好,此时房地产财富与金融财富的消费效应相差不多。例如,正处于城市化进程中的发展中国家,人口向城市聚集,城市房地产市场发展迅速,但房地产交易和抵押市场发展较慢,房地产流动性较差。与此同时,金融市场不景气,金融财富收益率较低。

情形二:房地产收益高但流动性差,金融资产收益高且流动性好,此时房地产财富的消费效应低于金融财富的消费效应。房地产市场如同情形一。同时经济发展较好,证券市场增长较快,银行利率较高,金融财富收益率较高。

情形三:房地产收益高且流动性好,金融资产收益低但流动性好,此时房地产财富的边际消费倾向高于金融财富的边际消费倾向。例如,发达国家的房地产市场繁荣期以及美国次贷危机之前的房地产市场,房价不断上涨,房地产抵押市场发达。与此同时,证券市场不景气,银行利率也较低,金融财富收益较低。

情形四:房地产收益低但流动性好,金融资产收益低但流动性好,此时房地产财富与金融财富的边际消费倾向相差不多。如目前发达国家的房地产市场和金融市场。房地产收益不高,但是房地产流动性较高。证券市场不景气,并且银行利率很低。

因此,根据上面的分析,本节认为政府在促进居民消费方面的措施仍然可以参考陈训波和周伟(2013):一是通过降低住房交易和抵押融资的成本,增加居民不动产财富的流动性以促进居民消费;二是保持房地产市场和金融市场的稳定,通过居民财富的稳定增值来促进居民消费的稳定增长;三是采取措施降低居民的预算约束,譬如增加、放宽居民的消费信贷等;四是在我国转轨时期预期不确定情况下,逐渐完善各项社会保障制度可以降低居民的预防性储蓄,从而达到提升消费需求的目的。

当然,促进居民消费的途径还有很多,也已有很多学者从不同角度做过相关深入研究。但仍需提及的一点是,由于消费的另一面是积累和投资，我们如果将居民消费率的下降与一些已达成共识的宏观事实联系起来，可清楚地看到居民消费率的下降与我国投资驱动型的经济增长方式密不可分，因此，转变我国目前投资拉动型的经济增长方式可促进我国居民的消费。

实际上，从图 5-2 可看出自 20 世纪 90 年代以来，中国以居民最终消费占 GDP 的比重来衡量的居民最终消费率开始进入了持续下降通道，当然，20 世纪 90 年代末的居民消费率下降可能跟我国居民的住房支出计入投资支出而不是计入消费支出有关。潘春阳等（2010）认为，我国的居民消费滞后不仅反映了中国单一的经济增长模式，也反映了我国现阶段居民不能很好地分享到经济快速增长的成果。因此，在上述已提出的促进消费的建议之后，再加上转变目前的经济增长方式将有利于我国居民经济福利的全面提升。

5.3 改善居民收入分配的财税政策①

从第 3 章收入不平等对经济福利的实证检验中可以看到，经济福利与收入不平等之间存在倒“U”形关系。而在第 4 章中我们又知道，目前我国的收入不平等程度（以基尼系数来衡量）不仅已大大超过国际警戒线，如果按西南财经大学学者的研究，目前的收入不平等程度更为严重。《中国家庭收入不平等报告》的调查数据显示，2010 年中国家庭收入的基尼系数为 0.61②，超过第 4 章所校准的中国最优不平等程度（基尼系数≈0.35）许多，严重的收入不平等很大程度上抵消了经济增长给经济福利的提高。

实际上，中国农村、城镇及总体基尼系数都呈上升趋势，以 CFPS2009 调查数据考察北京、上海、广东的收入不平等情况是：基尼系数在 0.54~

---

① 本节主要内容已在《南开经济研究》2011 年第 5 期刊出。

② 详见堂吉伟德．期待尽快发布“官方版”基尼系数［N］．新华每日电讯，2012-12-11.

0.59，而且农村收入不平等程度比城市高（见表5-1）。

表5-1 发达地区城乡基尼系数

	全体	农村	城市
不平等指标	收入	收入	收入
基尼（GINI）系数	0.58	0.59	0.54

如果观察全国基尼系数的历年情况，可以看出近年来居民收入分配不平等程度基本呈上升趋势。而Quah（2002）认为，中国经济高速增长的同时，收入分配不平等程度也在提高。图5-3为历年总体基尼系数走势。

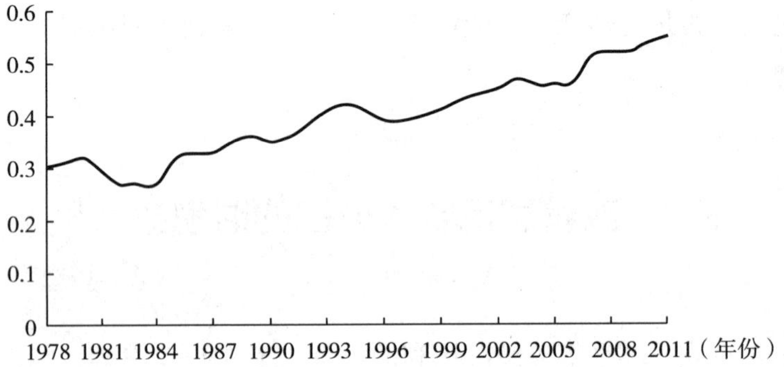

图5-3 1978~2011年基尼系数

注：基尼系数的数据来源与表4-4相同。

现已有大量研究结果表明，近年来收入分配不平等程度的加剧已经引起了许多经济社会问题。收入分配不平等所引起的消费不振、侵财性等犯罪活动增加以及对居民幸福感下降等方面的文献可参阅郭星华（2001）、袁志刚和朱国林（2002）、朱国林等（2002）、胡联合等（2005）、田国强和杨立岩（2006）、Brockmann等（2008）、鲁元平（2012）、赵志君（2011）、胡志军（2012）等。

从众多学者的研究看，改善居民收入分配有利于提升我国的经济福利。本节意图从公共财政角度，利用供给管理的“拉弗曲线”（Laffer Curve）隐含的个税起征点与税率以及初始补贴点与补贴率在不同经济发展阶段所应遵循的规律，同时利用个人所得税调节高收入群体，并利用政府转移支付激励低收入群体两种手段来改善居民收入分配。当然，本节所构建的理论更有利于在收入增长中改善收入分配，符合“包容性增长”“亲贫式增长”要求。

5.3.1 经济发展阶段个人所得税与政府转移支付

周伟和武康平（2011a，2011b）的论文中分析了包含个税起征点与补贴初始点情形下收入与税率、转移支付率的关系，试图通过个人所得税与政府转移支付调节以达到经济增长与收入分配同时改善的目的，他们在论文中得出了“一个国家经济起飞并向富裕社会转型的过程中，由于收入税率曲线越来越富有弹性，最优税率有下降的趋势，政府可利用减税政策以刺激经济增长”的结论。与此同时，初始禀赋与个人能力差异等原因造成经济主体之间收入差距越来越大，因此，需要通过对高收入者征收高所得税，并将其转移支付给低收入群体以改善收入分配。这样一来，中国可在成功跨越“中等收入陷阱”的同时实现“包容性增长”。

我们认为，依据拉弗曲线所阐明的道理制定个人所得税与政府转移支付制度不失为一个好的途径，即一国仍应从刺激供给增加产出方面考虑，一方面减轻中等收入阶层的税负以激励他们增加产出并促使他们向高收入阶层转化，另一方面增加对低收入群体的补贴以奖励他们增加产出并帮助他们脱离“贫困陷阱”。以下将重点分析财税制度中的个人所得税与政府转移支付如何通过影响经济主体行为以达到增长中改善收入分配的目的。由于相关个人所得税内容已发表，有兴趣的读者可参考周伟等（2011a，2011b）论文，在此只阐述跟收入分配有关的内容。

实际上，通过提高个税起征点与降低中等收入群体的边际税率有利于培育中等收入群体和增加社会产出，从而通过壮大中等收入群体以改善中国的收入分配不平等程度。与此相对应，政府可用从高收入群体那里征收到的税收用来转移支付给低收入群体以奖励他们的工作积极性（根据周伟和武康平（2011b）的假设，政府可通过提高补贴初始点与降低转移支付率以提高低收入群体的工作积极性）。以下详细分析政府转移支付制度中的补贴初始点与政府转移支付率的选择以及它们之间将遵循的规律。

（1）基本假设。

A1：随着收入的增加，收入税率曲线越有弹性。

A2：产出 $Y=Y(t, D)$ 是税率 t 的递减函数，即 $\partial y/\partial t<0$ 表示税率的提高对产出有负向激励作用。除非特别说明，本节中产出与收入可相互替代。

A3：产出 $Y=Y(t, D)$ 是个税起征点 D 的递增函数，即 $\partial y/\partial D>0$ 表示个税起征点的提高对产出有正向激励作用。

A4：产出 $Y=Y(t_r, S)$ 是转移支付率 t_r 的递减函数，即 $\partial y/\partial t_r<0$ 表示转移支付率的提高对产出有负向激励作用。转移支付率的提高有替代效应和收入效应，本节认为，我国的转移支付率落入拉弗曲线的“禁区”，因而收入效应超过替代效应，假定提高转移支付率会减少经济主体的工作努力较为合理。

A5：产出 $Y=Y(t_r, S)$ 是补贴初始点的递增函数，即 $\partial y/\partial S>0$ 表示补贴初始点的提高对产出有正向激励作用。这是因为转移支付 $T_r=t_r[Y(t_r, S)-S]$，补贴初始点 S 可理解为绝对贫困线，只有当经济主体的产出或收入高出补贴初始点的部分才能领取到政府的按转移支付率 t_r 计算的补贴，这种补贴相当于对经济主体积极工作的奖励。

A6：社会潜在产出 Y_0 为税率与转移支付率为 0，个税起征点与补贴初始点为无穷大时的产出，表示这时没有任何的扭曲作用。其中，T、D、t 分别表示税收、个税起征点与税率；T_r，S，t_r 分别表示政府转移支付、补贴初始点与转移支付率；$Y=Y(t, D)$ 表示税率为 t，个税起征点为 D 时的产出，$Y_0=Y(0, \infty)$ 表示社会潜在产出；e（t）、e（D）分别表示收入税率弹性与收入起征点弹性；$Y=Y(t_r, S)$ 表示转移支付率为 t_r，补贴初始点为 S 时的产出，$e(t_r)$、$e(S)$ 分别表示收入转移支付率弹性与收入补贴点弹性。

（2）转移支付制度中包含补贴初始点的拉弗曲线与收入转移支付率曲线。

沿用周伟等（2011a）个人所得税的分析思路，假设补贴初始点为 0 时收入转移支付率曲线为线性函数 $Y(t_r) = Y_0 - Bt_r$，其中，Bt_r 为转移支付率 t_r 时下降的产出。由于转移支付的拉弗曲线通过收入转移支付率函数 $Y(t_r)$ 加以确定，转移支付 $T_r = t_r Y(t_r)$。因此，转移支付的拉弗曲线为

$$T_r = t_r(Y_0 - Bt_r) = -B\left(t_r - \frac{Y_0}{2B}\right)^2 + \frac{Y_0^{\ 2}}{4B} \tag{5-38}$$

其中，Y_0 为没有任何扭曲作用时的潜在产出。现引入补贴初始点 S，因此，包含补贴初始点的转移支付可表示为

$$T_r = t_r[Y(t_r, S) - S] \tag{5-39}$$

借鉴周伟等（2011a）分析包含个税起征点的思路，同理可以做出包含补贴初始点的拉弗曲线和收入转移支付率曲线。为了体现转移支付率为负个人所得税率，可把包含补贴初始点的拉弗曲线和收入转移支付率曲线与包含个税起征点的拉弗曲线和收入税率曲线关于横轴对称，当然，这只是一种大致的对称，一般来说，由于中高等收入群体在税率为 0 时的潜在产出要高于低收入群体的潜在产出，因而收入税率曲线与收入转移支付率曲线在横轴上的交点不会重合（见图 5-4 和图 5-5）。

现在包含和不包含补贴初始点的收入转移支付率曲线与拉弗曲线均可在横轴表示转移支付（或产出）、纵轴表示转移支付率的坐标系中画出。当补贴初始点从 0 提高到 S 时，转移支付的拉弗曲线与收入转移支付率曲线发生如图 5-5 所示变化（其中，虚线和实线分别代表包含和不包含补贴初始点的拉弗曲线与收入转移支付率曲线）。由于过高的转移支付率会鼓励懒惰，用 t_{r1} 和 t_{r2} 表示不同补贴初始点下拒绝工作的转移支付率，因此，

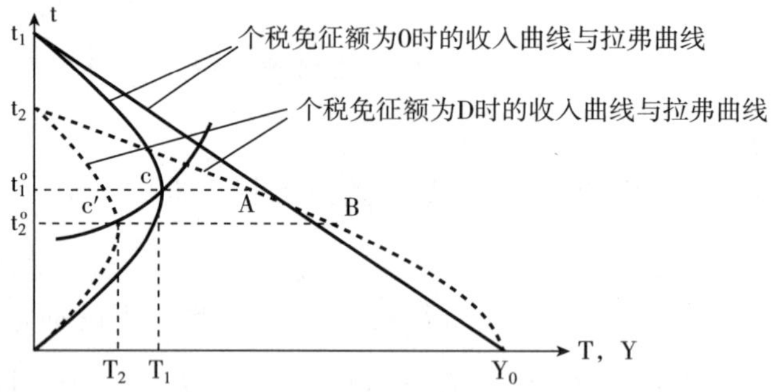

图 5-4　个税起征点变动时的拉弗曲线与收入曲线

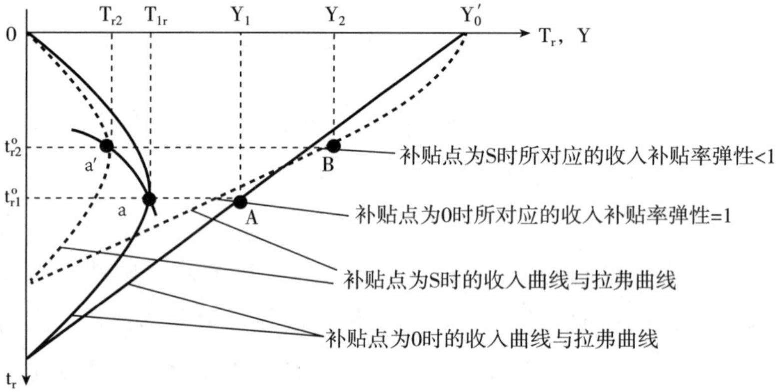

图 5-5　补贴点变化引起的收入曲线与拉弗曲线变化及其最优补贴的变动

在拒绝工作的转移支付率下的产出等于 0，但是由于它们没有产出，也就得不到政府转移支付的补贴奖励，转移支付为 0，因而转移支付的拉弗曲线与收入转移支付率曲线在拒绝工作的转移支付率处相交。由于当转移支付率为 0 时不存在转移支付的任何激励，包含与不包含补贴初始点情况下的产出结果都为潜在产出 Y'_0。

从图 5-5 中可看出，①随着低收入群体收入上升，补贴初始点提高；②随着补贴初始点的提高，最优的转移支付率下降，补贴初始点为 0 情形中的最优转移支付率落在存在补贴初始点为 S 情形中的补贴“禁区”；

③随着低收入群体收入逐渐提高，低收入群体所获得政府转移支付逐渐减少，政府转移支付负担减轻。因此，随着经济向富裕社会转型过程中，伴随着补贴初始点的提高，转移支付率相应降低才能达到提高低收入群体工作积极性的最佳效果。由于补贴初始点较高的拉弗曲线包含在补贴初始点较低的拉弗曲线内。当补贴初始点 S 连续发生变化时，连接各拉弗曲线上的顶点，即最优转移支付率水平下所对应的点，可得到补贴初始点 S 与最优转移支付率 t_r^o 的变化轨迹 aa′。

本节认为，中国目前加大对高收入群体收入的调节力度（通过在个人所得税制度中提高高收入群体的边际税率及其覆盖范围）有利于政府扶贫补贴资金的筹集，一定程度上有利于激励低收入阶层脱离“贫困陷阱”并向中等收入阶层转变，从而有利于我国实现“包容性增长”。当然，冯海波（2010）认为，实现“包容性增长”能让经济主体公平合理地分享经济增长成果的同时，也有助于中国跨越“中等收入陷阱”。但是，经济发展阶段通过调整个人所得税与政府转移支付制度虽有利于我国缩小收入差距，但还起不到关键性的作用，缩小收入差距实现“包容性增长”需在经济发展的发达阶段才能有效解决。

可能有读者会有疑问，根据拉弗曲线所设计的政府最优转移支付会使政府转移支付最大。其实不然，本节所设计的方法是针对低收入群体，他们为了得到最大化的政府转移支付奖励而必须努力地工作，因而本节中转移支付的补贴为低收入个体所获得，但是低收入群体逐渐脱离“贫困陷阱”并向中等收入阶层转变，以及政府在不断提高补贴初始点的情况下，政府的转移支付压力越来越小。特别在社会总体收入分配接近“纺锤形”分布的情况下，可以设计出与个人所得税结构相对应的政府转移支付方法，即设计合理的补贴初始点、转移支付率使所需的转移支付资金正好与在最优的个税起征点、税率结构下所筹集的个人所得税相一致，从而体现个人所得税的最小最大化原则与政府转移支付的最大最小化原则相对应。

实际上，个人所得税的最小最大化是指个体税负减轻却由于税基扩大而使政府税收收入最大，政府转移支付的最大最小化指的是低收入群体为了获得最大的转移支付而积极工作，受到正向激励从而使他们产出增加，逐渐脱离贫困以使政府转移支付压力减轻，本节认为，这种积极扶贫方式是很值得考虑与借鉴的。政府在其中不仅起到了收入再分配减缓贫困的作用，还达到通过设计良好的转移支付制度激励低收入群体的工作积极性以促进经济增长的目的，当然也有利于给低收入经济个体对收入形成良好预期，从而收入不平等程度在一定程度上对居民经济福利的提高有正向激励作用。当然，达到目的的前提条件是国家税收征管体系的完善。

5.3.2 经济发达阶段个人所得税与政府转移支付的统一分析

经过实施有利于经济跨越“中等收入陷阱”的减税与补贴政策后，社会在经济增长的同时也在某种程度上缓解了贫穷。陆岷峰和张惠（2011）认为，此时从某种程度上以及从低收入群体“参与”和“共享”两个层面上体现了“包容性增长”的内涵。本节认为，消除贫困实现“包容性增长”是中国经济社会发展政策的重要内容之一，因此，改善低收入群体的贫困状况以及激励他们逐渐从“贫困陷阱”中脱离出来比消极扶贫具有更加重要的意义。

Kakwani 和 Pemia（2000）认为，由于低收入群体内部遭受的贫困程度不同，初始收入不平等的原因又是影响减贫效果的重要因素。根据这一观点，可以预见经济发展阶段政府补贴的低收入人群在一定范围内仍大量存在。目前我国的许多城市经济已经得到充分发展，由于高收入者具有资本主义精神，提高他们收入的边际税率对他们工作积极性的抑制较少，社会高收入群体的存在使政府可以加重他们的个人所得税而对收入分配进行调节。

在包含个人所得税与政府转移支付的统一框架中分析个税起征点、税率、补贴初始点、转移支付率与税收、转移支付、产出的关系。事实上，在这样一个包含对高收入阶层个人征税与对低收入阶层补贴的系统下，只有当等式$\frac{\partial T}{\partial t}=\frac{\partial T}{\partial D}=\frac{\partial T_r}{\partial t_r}=\frac{\partial T_r}{\partial S}=0$成立时，个税制度与政府转移支付制度才能有机统一起来，并发挥最佳的效果。因此有

$$\begin{cases} Y_1\left[1-\frac{D}{Y_1}-e(t)\right]=t\left[e(D)\frac{Y_1}{D}-1\right] \\ Y_2\left[1-\frac{S}{Y_2}-e(t_r)\right]=t_r\left[e(S)\frac{Y_2}{S}-1\right] \end{cases} \tag{5-40}$$

成立（其中 Y_1、Y_2 分别对应征税个体、补贴个体的经济产出），从而可以得命题 1。

命题 1：在统一分析个税与政府转移支付制度的框架中，政府如果实施个税结构与转移支付结构相同的个人所得税制度与政府转移支付制度，则有 $e(t^o)=e(t_r^o)=1-\frac{D}{Y_1}=1-\frac{S}{Y_2}$，$e(D)=e(S)=\frac{D}{Y_1}=\frac{S}{Y_2}$成立。而当$\frac{D}{Y_1}=\frac{S}{Y_2}=\frac{1}{2}$时，由于满足$\frac{\partial T}{\partial t}=\frac{\partial T}{\partial D}=\frac{\partial T_r}{\partial t_r}=\frac{\partial T_r}{\partial S}=0$，所以，个税制度与转移支付制度之间的配合使经济社会的激励效果达到最佳。

实际上，由于经济得到充分发展，政府已加大了涉及低收入群体参与能力与机会均等方面（譬如教育、医疗、卫生等方面）的扶贫力度，因而整体社会中个体的能力差异不大，在没有任何扭曲情况下的潜在产出 Y_0 应该大致相等。因此，收入转移支付率曲线将与收入税率曲线相交于横轴的潜在产出 Y_0 处。假设对低收入群体的补贴初始点为 S，转移支付率为 t_r，那么我们可以在同一个坐标系中绘出包含征税与转移支付的拉弗曲线和收入曲线（见图 5-6）。

图 5-6 中横轴上半部分为包含与不包含个税起征点的拉弗曲线与收入税率曲线，下半部分为包含与不包含补贴初始点的拉弗曲线与收入转移支付率曲线。随着经济跨越“中等收入陷阱”，在减税刺激供给下的中产阶级已成为经济社会的主体，社会的收入分布将越来越呈“纺锤形”，国家

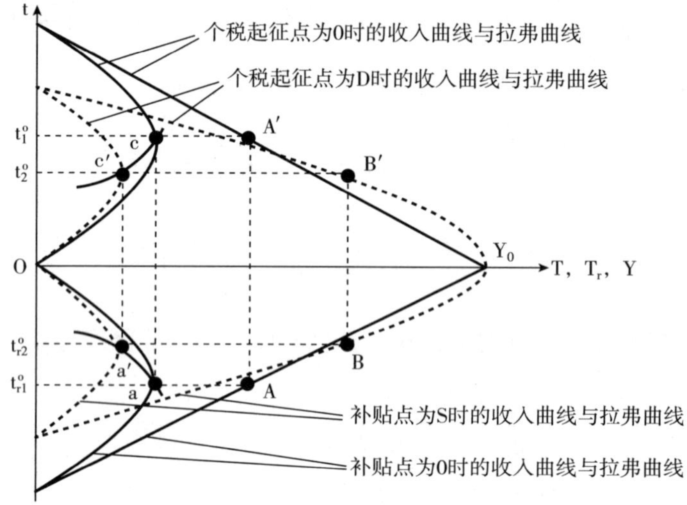

图 5-6　个税起征点、税率与补贴初始点、转移支付率的对应

开始跨入第三阶段的富裕社会，因此，政府可以在个税起征点为 D、税率为 t_2^o 下所征的个人所得税转移支付给补贴初始点为 S、补贴率为 t_{r2}^o 的低收入群体。由于社会收入分布的高度对称，可以制定基本相同的个人所得税的税收结构与政府转移支付的补贴结构。从命题 5 可推出，随着经济社会的发展，个税起征点与补贴初始点将越来越高，收入分配将越来越平均，个税起征点与补贴初始点将失去意义，从而在本节中得出与 Creedy 等（2008）一致的结论，即与在 MITTS 中讨论一个由税收和政府转移支付组成的社会福利体系中，个税起征点（包括负的个税起征点）对于收入再分配来讲并不是必需的重要结论。

由于第二阶段后高等收入群体的存在，政府更有条件加大对低收入群体的转移支付而使他们脱离"贫困陷阱"，同时也会由于补贴激励低收入群体增加产出而促进经济的发展。本节认为此处所设计的制度可以在促进增长的同时减轻收入分配的不平等程度以及在改善收入分配的同时促进增长，这本身就说明了合理的制度能通过对个体行为的有效激励来引导经济社会出现"包容性增长"。总之，依据拉弗曲线所阐明的道理，不仅通过减税刺激供给有利于经济跨越“中等收入陷阱”，而且也能制定转移支付政策有利于低收入群体脱离“贫困陷阱”并促进社会经济的和谐发展。

需要说明的是，本节设计的个税制度通过个体减税来激励经济主体从而促进经济增长，而转移支付制度通过奖励有劳动能力的低收入群体去努力工作从而使他们脱离“贫困陷阱”，并实现“包容性增长”，因而改变了以往单纯拨款扶贫的消极转移支付方式（本节认为原有转移支付方式容易鼓励低收入群体懒惰并养成等、吃、靠等消极习惯），因此，本节隐含政府在个体就业参与能力与机会均等方面的差异已逐渐消除。当然，对于丧失劳动能力的低收入群体，政府应该通过设定的绝对贫困标准而向他们提供无偿救济。

此外，本节的补贴初始点为绝对贫困标准，对于有劳动能力的低收入群体在政府规定的一定区域内，可按照本节设计的转移支付制度领取政府的补贴奖励。这一区域可理解为相对贫困区域，可设置为绝对贫困线到个税起征点，即在区域［S，D］内，当然，转移支付上线可依据征收的个人所得税的多少来设置。其实相对贫困区域的上限也可以是相对贫困线。

李实等（1998）认为，收入分配不仅仅表现为经济增长的一个结果，它同时又是影响甚至决定经济增长的一个重要变量。因此，面对经济增长与收入分配的两难困境，本书认为，如果依据本节对个税制度与转移支付制定的设计，一定程度上将在有利于实现经济快速增长的同时改善居民的收入分配，实现经济社会的“包容性增长”，从而有利于社会和谐与经济福利的改善。

5.4 可持续福利下的资源与环境保护①

从第4章的经济福利核算中可知，我们在经济福利可持续的指导思想下，在中国经济福利指标 CMEW 中扣除了可耗竭资源的耗损以及环境退化给我们经济福利带来的损害。当然，从第3章的实证检验中得知，环境污染所引起的居民防御性支出以及经济理论告诉我们“不良品”污染的环境服务需要更多的“良品”消费才能使居民的福利水平无差异，可知我们需要保护好环境以提升经济福利，当然，这两项内容在可持续经济福利指标中一般都进行了扣除，如 ISEW、GPI、SNBI 等。因此，作为影响经济福利的重要内容，我们有必要进行深入探讨如何控制可耗竭资源的过度开采与环境的破坏。

实际上，当今人们，譬如罗马俱乐部的成员早就认识到，有些资源一旦开发殆尽就永远无法再生，有些环境一旦破坏就永远无法恢复。因此，人类必须反思以往开发与使用可耗竭资源的行为方式以及对环境的破坏行为是否恰当。从经济福利的可持续发展角度考虑，我们当代人既要做到适度开采以保证经济社会对可耗竭资源的需求，又要避免掠夺性开采以防当代人的过度开发利用使子孙后代面临资源枯竭。当然，对于环境的态度我们需要更加谨慎，因为低劣的环境服务不仅损害我们当代人，而且不易恢复的环境破坏还对后代人产生不良影响。关于可耗竭资源最优开采与环境污染最优控制方面的文献可参考 Hoteling（1931）、Dasgupta 和 Heal（1974）、Stiglitz（1976）、Solow（1974，1986）、Heal（1993）、Jeong-Bin Im（2002）、Zeckhauser，Spence 等（1972）、Forster（1973，1975）、Vollebergh 和 Kemfert（2005）、Brennan 等（2006）、Steger 和 Egli（2007）等。

---

① 本节主要内容已在《中国人口·资源与环境》2011年第5期、China Population Resources and Environment2012年第2期刊出。

因此，在经济福利可持续的背景下，需要寻找可行的方案以控制可耗竭资源的过度开采与环境的恶化。本节在更符合人类行为的可变时间偏好理论框架下构建动态一般均衡模型，从此来讨论可耗竭资源的开采与环境的改善。由于承诺是纠正人类缺乏耐心、短视和自我控制能力不足问题的最广泛使用的技术，比如资源开采方式的改变与人们消费习惯的调整就可用承诺来解决，因此本节将用承诺技术来纠正人类的行为偏差，通过在可变时间偏好框架中引入一个代表不同承诺能力的时间 T，从社会计划者角度来探讨可持续福利下的资源与环境保护。

5.4.1 承诺与可耗竭资源的最优开采

可耗竭资源的最优利用对经济社会的可持续发展至关重要。依据拟双曲线贴现的可变时间偏好理论，如果对人们消费行为不加约束，将会造成对可耗竭资源的过度开采和消耗，危及经济福利的可持续。采用承诺技术来纠正人们在消费中的短视和缺乏耐心等引起的行为偏差，便有可能抑制过度开采和消耗，取得有益于可持续发展的效果。本节内容建立在 Dasgupta 和 Heal（1974，1993）所建模型的基础上，采用 Barro（1999）的方法，分析拟双曲线贴现的可变时间偏好下可耗竭资源的最优开采。以下基于承诺对资源开发利用的作用，构建不同承诺能力下的资源最优开采模型。关于通过承诺技术有效纠正人们的短视行为与自我控制力缺乏方面的文献可参考 Jones 和 Rachlin（2009）、Laibson（1997）、Ashraf 等（2006），等等。

（1）基本假设。

在一个社会计划者经济中，国家垄断着资源开采。政府作为国家的代理人在考虑代际之间资源分配的公平问题时，为了达到经济福利的可持续发展目标，是能够采用承诺技术来达到资源保护目的的。我国出台的“十二五”规划对稀缺资源的保护充分展示了这一点。

假定可耗竭资源的当前存量为 R_0，时刻 t 的存量为 R_t 且 $R_t \geqslant 0$。用 Q_t

表示时刻 t 的资源开采。在一个封闭的经济里，如果将当期开采出来的资源 Q_t 当期全部消耗 C_t，即 $Q_t=C_t$，因此就有资源的消费等于资源存量的变化：$\dot{R}_t=-C_t$。用 u（C）表示资源消费的即期效用函数，从而人们在时刻 t 的资源消费效用为 $u(C_t)$。假定 $u'(C)>0$，$u''(C)<0$，且人们的时间偏好如拟双曲线贴现模型所述，故有

$$U(\{C_0\})=\int_0^{\infty}u(C_t)e^{-[\rho t+\phi(t)]}dt \tag{5-41}$$

因此，在效用最大化目标下，可变时间偏好的拟双曲线贴现模型可设置如下［不变时间偏好下的模型可参看 Dasgupta 和 Heal（1974）］，可知有

$$MaxU(\{C_\tau\})=\int_\tau^{\infty}U(C_t)e^{-[\rho.(t-\tau)+\phi(t-\tau)]}dt \tag{5-42}$$

$$s.t.\ R_t=R_0-\int_0^{\infty}C_tdt,\dot{R}_t=-C_t,R_t\geqslant 0,R_0\text{ 给定} \tag{5-43}$$

其中，$\rho>0$，$\phi(t)\geqslant 0$，$\phi(0)=0$，且 $\phi(\cdot)$ 二阶连续可微，$\phi'(v)>0$，$\phi''(v)<0$，以及 $\lim\limits_{v\to 0}\phi'(v)\to\infty$，$\lim\limits_{v\to\infty}\phi'(v)\to 0$。则 $\rho+\phi'(v)$ 为 v 时的即期偏好率。这些属性隐含了时间偏好率在近期高，但是随着 v 的增长，即期偏好率渐进接近常数 ρ，因此，此次所构建的模型是拟双曲线贴现的连续时间模型。另外假设 $\lim\limits_{c_t\to 0}U'(C_t)=\infty$。定义相对风险规避系数为：$\eta(C)=-CU''(C)/U'(C)>0$，为简单起见，本节假定没有人口增长，效用函数为对数函数 $logU(C_t)$，则有 $\eta(C)=1$。

假定政府为了克服缺乏耐心、短视的资源开采行为而向社会承诺，即在 τ 以后 T 的时期内承诺对资源的保护性开采，因此可由时间 T 的大小来衡量承诺能力的大小。如果 T 趋向于 0，用 ε 表示一个无穷小的量，从而表示政府没有做出任何承诺，完全无承诺能力。当 T 趋向于无穷大时，表示政府对资源的保护性开采完全承诺，具有完全承诺能力。用介于这两者之间的 T 表示政府对社会的部分承诺，具有部分承诺能力。

（2）三种不同承诺能力下的可耗竭资源的最优开采。

1）完全承诺能力下的可耗竭资源的最优开采。如果政府能以完全承诺

能力的方式确定 τ 时刻以后的资源开采，即在任意时刻 τ 选择资源的开采路径以最大化未来的贴现效用和。由于在完全承诺能力方式下的资源开采具有时间一致性，即当 $v\to\infty$，$\phi'(v)\to 0$，v 时的即期偏好率 $\rho+\phi'(v)=\rho$，此时又回到时间偏好不变下的情形，故仍可采用时间偏好不变的方法求解，因而根据最大值原理可得 Hamiltonian 方程

$$H=U(C_t)+\lambda_t(-C_t)+\mu_t S_t \tag{5-44}$$

（其中 λ_t，μ_t 为拉格朗日乘子，$\mu_t>0$，$\mu_t S_t=0$），从而可得出

$$\frac{\dot{c}}{c}=\frac{1}{\eta}\left(\frac{\mu_t}{u'(c)}-\rho\right) \tag{5-45}$$

由于 $\lim\limits_{C_t\to 0}U'(C_t)=\infty$，可知 $S_t>0$，从而 $\mu_t=0$。由于效用函数为对数 logU（Ct），有 $\eta(c)=1$，从而

$$\frac{\dot{c}}{c}=\frac{1}{\eta}(-\rho)=-\rho \tag{5-46}$$

因此，可得出命题 2。

命题 2：在拟双曲线贴现的时间偏好下，如果政府具有完全承诺能力，当效用函数为对数效用函数时，最优的资源开采速度为 ρ，初始的资源开采 $C_0=\rho S_0$，与时间偏好不变下的社会计划者问题等价。

2）完全无承诺能力下的可耗竭资源的最优开采。由于政府对可耗竭资源的开采完全没有承诺，因此，代表承诺能力的 $T\to 0$，用 ε 表示这个无穷小的量。由于在可变时间偏好情况下，完全无承诺能力下的资源开采具有时间不一致性。在此，可利用动态规划的思想，来考虑完全无承诺能力时的政府对资源的开采决策。当政府（即社会计划者）在时刻 τ 选择资源开采 C_τ 时，这会影响到时刻 $\tau+\varepsilon$ 的资源存量 $S_{\tau+\varepsilon}$，进而影响到时刻 $\tau+\varepsilon$ 上的资源开采量 $C_{\tau+\varepsilon}$。因此，为了决定资源开采的最优路径 C（t），必须首先知道 C_τ 与 $S_{\tau+\varepsilon}$ 之间以及当 $t\geq\tau+\varepsilon$ 时的 $S_{\tau+\varepsilon}$ 与 C_t 之间的关系。

现在假设政府在时刻 τ 选择了 $C(\tau)$ 的资源开采，当 $\varepsilon\to 0$ 时，由于在区间 $[\tau,\tau+\varepsilon]$ 内 C_t 可看作不变，因此

$$U(\{C_\tau\})=\int_\tau^\infty U(C_t)e^{-[\rho(t-\tau)+\phi(t-\tau)]}dt \tag{5-47}$$

分写成两部分后有

$$U(\{C_\tau\})=\int_\tau^{\tau+\varepsilon} U(C_\tau)e^{-[\rho(t-\tau)+\phi(t-\tau)]}dt+\int_{\tau+\varepsilon}^\infty U(C_t)e^{-[\rho(t-\tau)+\phi(t-\tau)]}dt \tag{5-48}$$

$$\approx \varepsilon\log C_\tau+\int_{\tau+\varepsilon}^\infty U(C_t)e^{-[\rho(t-\tau)+\phi(t-\tau)]}dt \tag{5-49}$$

（第一项是由于 $e^{-[\rho(t-\tau)+\phi(t-\tau)]}\approx 1$）

由于 $\dot{R}_t=-C_t$，对 $R_{\tau+\varepsilon}$进行一阶泰勒展开有

$$R_{\tau+\varepsilon}\approx R_\tau+\dot{R}_\tau\varepsilon=R_\tau+(-C_\tau)\varepsilon \tag{5-50}$$

从而

$$\frac{dR_{\tau+\varepsilon}}{dC_\tau}\approx-\varepsilon \tag{5-51}$$

现在先推测：在完全无承诺能力的情况下，可耗竭资源以 λ_0 的增长速度进行开采，即 $\dot{C}/C=-\lambda_0$（后面的推导将证明其推测成立），从而可得到 $C_t=\lambda_0 R_t$（此过程的推导可采用猜解和待定系数法，先猜测 $C_t=\alpha R_t$，然后两边对 t 求导有 $\dot{C}_t=\alpha\dot{R}_t$，代入 $\dot{R}_t=-C_t$，从而可得 $\dot{C}/C=-\alpha$，与 $\dot{C}/C=-\lambda_0$ 比较后可知 $\alpha=\lambda_0$，从而有 $C_t=\lambda_0 R_t$）。因此当 $t\geqslant\tau+\varepsilon$ 时，对 $\dot{C}/C=-\lambda_0$ 两边取［$\tau+\varepsilon$，t］定积分后再对等式重排有

$$\log C_t=\log C_{\tau+\varepsilon}-\lambda_0(t-\tau-\varepsilon) \tag{5-52}$$

从而式（5-49）可进一步写为

$$U(\{C_\tau\})\approx\varepsilon\log C_\tau+\log C_{\tau+\varepsilon}\int_{\tau+\varepsilon}^\infty e^{-[\rho(t-\tau)+\phi(t-\tau)]}dt \tag{5-53}$$

$$-\int_{\tau+\varepsilon}^\infty \lambda_0(t-\tau-\varepsilon)e^{-[\rho(t-\tau)+\phi(t-\tau)]}dt$$

根据前面的分析，社会计划者（政府）一旦选择了 C_τ，就决定了 C_τ 以后的资源开采路径，所以就式（5-53）对 C_τ 求导有

$$\frac{dU(\{C_\tau\})}{dC_\tau}\approx\frac{\varepsilon}{C_\tau}+\frac{\Omega}{C_{\tau+\varepsilon}}\cdot\frac{dC_{\tau+\varepsilon}}{dR_{\tau+\varepsilon}}\cdot\frac{dR_{\tau+\varepsilon}}{dC_\tau} \tag{5-54}$$

由效用最大化的一阶必要条件$\frac{dU(\{C_\tau\})}{dC_\tau}=0$可得

$$C_\tau=\frac{C_{\tau+\varepsilon}}{\Omega\lambda_0} \tag{5-55}$$

$$\left(由于\frac{dC_{\tau+\varepsilon}}{dS_{\tau+\varepsilon}}=\lambda_0,\frac{dR_{\tau+\varepsilon}}{dC_\tau}=-\varepsilon,定义\ \Omega\equiv\int_0^\infty e^{-[\rho v+\phi(v)]}dv\right)$$

由于当 $\varepsilon\to 0$ 时，有 $C_{\tau+\varepsilon}\to C_\tau$，即

$$\lambda_0=\frac{1}{\Omega}=\frac{1}{\int_0^\infty e^{-[\rho v+\phi(v)]}dv} \tag{5-56}$$

式（5-56）证明了 λ_0 解的存在性，解的唯一性同样成立（证明略），资源确实以 λ_0 的速度进行开采，即$\frac{\dot{c}}{C}=-\lambda_0$。

由于$\int_0^\infty e^{-[\rho v+\phi(v)]}\cdot[\rho+\phi'(v)]dv=1$，式（5-56）可写成

$$\lambda_0=\frac{\int_0^\infty e^{-[\rho v+\phi(v)]}\cdot[\rho+\phi'(v)]dv}{\int_0^\infty e^{-[\rho v+\phi(v)]}dv} \tag{5-57}$$

从而可得 λ_0 是即期偏好率 $\rho+\phi'(v)$ 的加权平均值，因而可知 λ_0 是常数。$\phi'(v)\geqslant 0$，$\phi''(v)\leqslant 0$，以及当 $v\to\infty$ 时 $\phi'(v)\to 0$，可以得出 $\rho\leqslant\lambda_0\leqslant\rho+\phi'(0)$。由此可得出命题 3：

命题 3：在拟双曲线贴现的可变时间偏好下，如果政府完全无承诺能力，当效用函数为对数效用函数时，最优开采速度为 $\lambda_0=1/\int_0^\infty e^{-[\rho v+\phi(v)]}dv$，且介于 $[\rho,\ \rho+\phi'(0)]$ 之间，初始资源开采的选择为 $C_0=\lambda_0R_0$，其加权平均值越靠近区间右边，其开采速度越快，初始资源开采越高。与前面的完全承诺能力和后面的部分承诺能力比较，显然，在完全无承诺能力下，可耗竭资源的开采速度最快，选择的初始资源开采最高。因此证明了在拟双曲线贴现的时间偏好下，如果政府对资源开采行为不加以承诺，其短期缺乏耐心、短

视的资源开采行为必然会导致可耗竭资源的过度开采。

此外，从模型的构建中可看出，当对任意的 v 有 $\phi(v)=0$ 时，此时又回到了时间偏好不变的跨期消费模型，式（5-56）可写为 $\lambda_0 = 1/\int_0^{\infty} e^{-\rho v}dv = \rho$，从而可知在不变时间偏好情况下，政府在完全无承诺能力下的资源最优开采速度为 ρ，与有无承诺及承诺能力大小无关。因此，如果采用时间偏好不变的贴现率来模型现实的经济世界（此处讨论的是可耗竭资源的最优开采），则可能得不出政府想要保护可耗竭资源的政策，因为在这样一个理想世界里，资源的开采速度已经达到最低。

3）部分承诺能力下可耗竭资源的最优开采。对于部分承诺能力下可耗竭资源的开采问题，可以用 T（其中 T>0）来代替第 2 节中模型的 ε，重新求解上面的问题即可得到。由于

$$U(\{C_\tau\}) = \int_\tau^{\infty} \log C_t e^{-[\rho(t-\tau)+\phi(t-\tau)]}dt \tag{5-58}$$

$$= \int_\tau^{\tau+T} \log c_t e^{-[\rho(t-\tau)+\phi(t-\tau)]}dt + \int_{\tau+T}^{\tau+T+\varepsilon} \log c_t e^{-[\rho(t-\tau)+\phi(t-\tau)]}dt + \int_{\tau+T+\varepsilon}^{\infty} \log c_t e^{-[\rho(t-\tau)+\phi(t-\tau)]}dt \tag{5-59}$$

$$\approx Z+\varepsilon \log c_{\tau+T} \cdot e^{-[\rho T+\phi(T)]} + \log c_{\tau+T+\varepsilon} \cdot \int_{\tau+T+\varepsilon}^{\infty} e^{-[\rho(t-\tau)+\phi(t-\tau)]}dt - \theta \tag{5-60}$$

其中，T 时期内确定的效用部分记为 Z，定义 $Z \equiv \int_\tau^{\tau+T} \log c_t e^{-[\rho(t-\tau)+\phi(t-\tau)]}dt$，θ 定义为与 C（t）路径无关的因子。所以在 τ+T 以后的效用为

$$U(\{C_{\tau+T}\}) = \varepsilon \log c_{\tau+T} \cdot e^{-[\rho T+\phi(T)]} + \log c_{\tau+T+\varepsilon} \cdot \int_{\tau+T+\varepsilon}^{\infty} e^{-[\rho(t-\tau)+\phi(t-\tau)]}dt - \theta \tag{5-61}$$

因此，由最大化效用 $U(\{C_{\tau+T}\})$ 可得一阶必要条件

$$\frac{dU(\{C_{\tau+T}\})}{dC_{\tau+T}} = 0 \tag{5-62}$$

从而可解出

$$\lambda_T=\frac{e^{-[\rho T+\phi(T)]}}{\Omega_T},(\text{其中 } \Omega_T\equiv\int_T^{\infty}e^{-[\rho t+\phi(t)]}dt) \tag{5-63}$$

从式（5-63）可看出，当 T=0 时，结果与完全无承诺能力时一致，由于资源开采速度 λ_T 随着 T 从 0 趋向无穷大时单调递减，即从 λ_0 降到 ρ，从而 $\rho\leqslant\lambda_T\leqslant\lambda_0$。由此可得出命题 3。

命题 3：在拟双曲线贴现的可变时间偏好下，如果政府有部分承诺能力，当效用函数为对数效用函数时，可耗竭资源的最优开采速度为 $\lambda_T=e^{-[\rho T+\phi(T)]}/\Omega_T$，且介于［ρ，$\lambda_0$］之间，要慢于完全无承诺能力情况下的速度 λ_0，快于完全承诺能力下的速度 ρ，初始资源开采的选择为 $C_0=\lambda_T R_0$，介于完全承诺能力情况与完全无承诺能力情况之间。而且，如果社会计划者（政府）有更强的承诺能力（即 T 的值越高），则可耗竭资源的开采速度越低，选择的初始资源开采就越低，越能达到资源保护的效果。

同理，上述的完全无承诺情形下，当模型对任意的 v 都有 $\phi(v)=0$ 时，此时又回到了时间偏好不变的跨期消费模型，式（5-63）可写为 $\lambda_T=e^{-\rho T}/\Omega_T=\rho$，从而可知在不变时间偏好情况下，政府在部分承诺能力下的资源最优开采速度仍为 ρ，与承诺能力大小无关。

当 T 趋向于无穷大时，代表政府具有完全承诺能力。根据 Barr（1999）所做的数值模拟，当承诺能力 T=5 时，与完全承诺能力情况下的结果基本接近。从而为规划的时间大度一般是 5 年提供了科学的理论根据（有兴趣的读者也可尝试通过设定具体的满足上述假设的 $\phi(v)$ 来对本模型进行模拟）。模拟的结果进一步告诉我们，由于承诺约束了对承诺期 T 的资源开采，从而给承诺期的经济主体造成了福利上的损失，因此，必须对承诺进行一定的补偿。我们可以通过数值模拟来得出不同承诺能力下所应该得到的补偿值。

5.4.2 承诺与环境污染的最优控制

沿袭可变时间偏好下对可耗竭资源最优开采的思路，对于可变时间偏好下环境污染的最优控制，可以在 Zeckhauser、Spence 和 Keeler（1972）模型的基础上进行扩展，仍以双曲线贴现因子为例，当然，遏制环境的继续恶化或环境改善依然需要改变当地政府的短视行为，因而承诺技术仍然是一种有效的改善环境的手段。模型可以构建为

$$\max W=\int_0^{\infty}u(c,E)e^{-[\rho(t-\tau)+\phi(t-\tau)]}dt \tag{5-64}$$

$$\text{s.t. } \dot{k}=f(k)-(n+\delta)k-c-g \tag{5-65}$$

$$\dot{E}=\phi(c,f(k))-\delta_p-\varphi(g) \tag{5-66}$$

其中，f（k）为产品生产函数，ϕ（c，f（k））为污染产生函数，φ（g）为政府环境支出对污染的治理。f（·）、φ（·）均满足 Inada 条件，ϕ（·）满足 $\phi_1>0$ 且 $\phi_2>0$。

按照前文双曲线贴现下可耗竭资源最优开采的思路，在此也同样可以得到地方政府完全不承诺、部分承诺与完全承诺下环境污染的治理情况。由于推导与前文类似，在此不再重复推导，当然由于状态变量的增加，模型的求解更加复杂。但可以肯定的是，依据维持环境现状或改善环境治理投资的国际经验，要求当地政府在环境规划承诺期间支出 GDP 一定比例的财政收入用于环境治理，在一定程度上能改善目前中国环境污染现状，从而通过承诺技术来遏制环境的恶化或环境的改善来达到经济福利可持续的目的。

综上所述，本节在考虑可耗竭资源在代际之间公平分配与改善环境以维持经济福利可持续的背景下，采用了更符合现实情况的拟双曲线贴现的可变时间偏好范式，分析了可耗竭资源的最优开采与环境污染的最优控制问题。模型结果得出，由于社会计划者的行为偏差（短期缺乏耐心与短视行为等），如果不对其资源开采行为与环境污染现状进行承诺，则可能会导致可耗竭资源的过度开采与环境的恶化。由于资源的最优开采速度与环境污染的治理依赖于承诺能力，而承诺能力的提高会导致更低的有效时间偏好率（贴现率）。因此，承诺技术能纠正社会计划者（中央政府或当地政府）的不耐心程度与短视行为，从而达到保护可耗竭资源与改善环境的目的。

5.5 本章小结

本章针对前文微观实证与宏观核算结果，一一就那些影响经济福利的因素进行了分析，在深入分析那些影响因素现状的基础上，通过构建理论或者寻找影响它们的原因以及影响它们的传导机制，或者寻找控制与改善它们的可行技术，从而科学严谨地提出提升经济福利的对策建议。

具体来说，针对微观实证中居民收入是影响经济福利的重要因素与目前经济持续增长与居民收入份额持续下降的现状，首先通过构建包含三部门的帕西内蒂分配模型，找到中国在经济持续增长的背景下，居民收入份额持续下降的原因，其次根据其原因找到可能改变中国居民收入份额持续下降的对策建议，当然，文中所证明的使居民收入份额向“U”形右边曲线演变的对策也就是通过宏观上提高居民收入份额以提升经济福利的对策。

同理，针对居民消费是影响经济福利的重要因素与目前国民财富增长与居民消费率持续下降的现状，构建一个包含财富预期收益率和流动性差异的居民消费最优决策模型，定性分析不同居民财富对居民消费的不同效应，从而从数理模型推导出的结论定性有针对性地分析促进我国居民消费的对策。

微观实证已揭示出经济福利与收入不平等程度之间的倒“U”形关系。从中国历年的基尼系数数据看，中国目前的收入分配不平等程度已严重超过国际规定的警戒线，当然更是超出最优的不平等程度许多，改善目前严重失衡的收入分配已不仅仅是出于经济方面的原因，更要有政治上的考虑。本章依据包含个税起征点与转移支付初始补贴点的拉弗曲线所阐明的道理，考虑实施最优的税收制度与政府转移制度以实现促进经济增长的目的，在改善收入分配与改善收入分配的同时促进经济的增长。从而通过所揭示出的政策建议同时达到了促进经济增长与改善收入分配以提升经济福利的目的。

实际上，从经济福利可持续的角度看，当代人们对可耗竭资源的过度开采对后代子孙是不负责任与不公平的，而当前环境的不断恶化更是会影响到当代人们的福利与未来福利的可持续性。因此，鉴于可耗竭资源的国有属性，对待环境污染方面中央政府与地方政府目标的不一致会产生信息不对称的难题，本章在第四节中讨论了可变时间偏好下利用承诺技术控制可耗竭资源的过度开采与遏制环境恶化问题。

当然，如何提升经济福利这个项目本身就是一个穷其一生的努力也研究不完全的课题，本章也只能根据影响中国经济福利的关键因素，有针对性地从某一角度谈谈提升居民经济福利的途径。实际上，从提升经济福利角度一一详细阐述本书所构建的中国经济福利指标 CMEW 中的因素，就可以写成一本鸿篇巨著，当然，这将是笔者毕生努力的方向与追求的目标。

❻ 结 论

6.1 本书主要结论

本书通过对福利思想源与流的回顾，思考了当前经济福利核算中的理论问题，对影响经济福利的关键因素进行了理论与实证分析，并在经济福利可持续发展思想的指导下，通过数理分析将影响经济福利的关键因素有机纳入评价经济福利状况的核算指标 CMEW 中，在利用 1978～2011 年的宏观数据对中国经济福利指标 CMEW 进行核算的过程中，发现近年来的经济增长与经济福利状况形成较大差距，这也促使了本书思考提升经济福利的可能途径。

具体来说，在第 2、3、4 章中，首先思考了经济福利核算的理论基础。也就是说，在第 2 章中我们论述了福利核算的对象是经济福利，基数效用的存在性是经济福利可以核算的基础，而由于对福利的评价需要找到评价的依据，所以在分析了多种福利评价手段的缺陷后得出福利核算才是福利评价的可行手段。当然，我们也讨论了一个合适的经济福利指标中应该有哪些关键因素。在第 3 章的实证分析中我们考察了特定转型时期中国居民的特点，检验了影响居民经济福利的关键因素及其影响经济福利的可能形式，并从理论上分析了其合理性，从而为经济福利核算公式的提出、经济福利的核算与提升奠定了经验基础。

在运用居民微观数据实证分析影响经济福利的主要因素时，发现不管从横向还是纵向看，扣除居民自付医疗费后的收入都是影响经济福利的主要因素，但是没有相对收入显著，城乡居民也存在差异；当然，对居民消费的检验也得出相似的结果，不同之处在于居民消费对农村居民不显著，这可能与农村的自给自足经济有关；对于居民间的收入差异对经济福利的影响，本书发现它们之间呈现倒"U"形关系，即经济福利可能随居民间的收入差异先上升后下降，由微而宏，可以推断出宏观上的收入不平等与经济福利之间也可能存在同样关系，反映了我国转轨时期收入不平等对经济福利影响的新特点。当然，与前两个因素一样，收入差异在城乡之间表现存在差异。

根据微观实证结果与已有的经济福利指标，可知经济福利的核算仍需依托完善的SNA体系，在国内生产净值（NDP）中考虑扣除防御性、工具性支出与消除通货膨胀影响，然后再用反映收入不平等程度的基尼系数对其校正。总之，在微观实证与前人的基础上，构建了与森福利指数类似但更复杂的中国经济福利核算指标CMEW。由于CMEW指标比"绿色GDP"等指标包含更多客观可比的信息，且涉及的数据都可通过市场交易来完成，因而比"绿色GDP"更能反映民生的福利状况，也有效降低了Xu（2011）所认为的"绿色GDP"难以在地方政府之间全面推广的尴尬。

其次，依据中国改革开放以来的宏观经济数据对中国经济福利指标CMEW进行了核算，通过校准参数a，找到了中国最优的衡量不平等程度的基尼系数值。通过观察历年来中国实际人均GDP与人均CMEW的变化趋势，发现中国目前经济福利增长缓慢，因此需要提醒中国政府谨防Max-Neef（1995）所提出的"门槛假说"在中国的出现。

最后，针对微观实证中显著影响经济福利的收入、消费与收入不平等因素，以及宏观福利核算中影响经济福利可持续的资源与环境因素，在思考提升经济福利的途径中有针对性地作了详细的理论分析，并就目前居民收入份额不高且呈下降趋势、居民消费率不高且呈下降趋势、收入不平等程度的加剧以及可耗竭资源的过度开采与环境污染恶化分别作了探讨，试图通过数理分析寻找解决的方案与对策。

具体来说，由于居民收入是显著影响经济福利的因素，但中国的实际情况是国民收入持续快速增长，居民收入份额却呈不断下降趋势。在此背景下，本书通过构建三部门的帕西内蒂分配模型，寻找中国目前居民收入份额下降的原因，并在所构建的模型内找到改善居民收入份额的办法。实际上，本书揭示了居民收入份额的下降与政府收入的持续、快速上升有密不可分的联系，特别是政府凭借其各个方面的垄断地位，譬如政府的行政垄断、国有企业的垄断以及土地市场垄断等均不同程度地挤占居民收入。因此，政府如果从“掠夺之手”变成“仁慈之手”，并转变成“守夜人”角色，居民收入份额在一定程度可得到改善，并能使居民收入份额呈“U”形的右半部分变化。

居民收入份额下降会导致居民消费率的下降，中国居民消费率下降，不仅致使拉动经济增长“三驾马车”中的消费马车失灵，更会影响到居民的福利状况。因此，促进消费不仅是当前经济增长的需要，更是改善民生的迫切需求。本书尝试构建流动性约束下的居民消费决策模型，思考了我国居民不同性质的财富对居民消费的不同效应以及居民财富影响消费的可能传导机制，并通过理论推导出流动性约束下的短期消费函数，从而通过分析出的定性结论为促进居民消费找到有针对性的证据与建议。

收入差距扩大不仅导致居民消费增长乏力，更会导致嫉妒、攀比、被剥夺的心理以及各类侵财式违法犯罪活动的增加，从而直接影响经济福利。目前，以基尼系数衡量的收入不平等程度已显示出改善居民收入分配关系是关系国计民生的大事。本书基于公共财政角度，利用个人所得税调节高收入群体和利用政府转移支付激励低收入群体两种手段，来达到改善居民收入分配的目的。由于本书所构建的理论更有利于在收入增长中改善居民收入分配，因此更加符合“包容性增长”“亲贫式增长”要求。当然，本书所提出的依据拉弗曲线原理所设计的税率、个税起征点、补贴率与补贴点也是改善收入分配差距的有效手段与途径。

从经济福利可持续角度看，当代人们对可耗竭资源的过度开采是对后代子孙不负责任的行为，而当前环境的不断恶化更会影响当代人们的经济福利与未来福利的可持续性。本书鉴于可耗竭资源的国有垄断属性，对待环境污染方面中央政府与地方政府目标的不一致所产生的信息不对称难题，思考了在政府的短视行为下，可采用承诺技术来控制可耗竭资源的过度开采与遏制环境恶化问题。实际上，对于可耗竭资源的保护，政府制订的5年资源规划（也就是对开采资源的5年承诺）就能有效地保护资源与可持续发展；对于环境的改善，可借鉴国际通行的经验，要求当地政府在环境规划承诺期间支出GDP一定比例的财政收入用于环境治理，由于环境治理投资活动通过市场交易来完成，从而解决了对地方环境污染信息的采集问题，当然，也进一步说明了本书提出的承诺技术可达到保护资源与改善环境的目的。

总之，本书对经济福利的检验、核算与提升经济福利的对策建议相互对应，微观检验出来的影响经济福利的因素与经济福利的可持续要求，为后文提出提升经济福利及其可持续的对策建议提供了依据，并在其基础上通过数理分析思考了如何提高居民收入份额、促进居民消费、改善收入分配、控制可耗竭资源的开采与遏制环境的恶化以达到经济福利提升与可持续的目的，从而加强了对前文已检验出的问题所提出相应对策的科学性与严谨性。

6.2 本书的主要创新与不足

本书的创新包含以下五个方面：

第一，逻辑构建了经济福利指标CMEW公式，即 $W = YJ(1-aJ)$。

因此该经济福利核算指标不但具有可靠的经验与理论依据，而且符合经济福利与收入不平等程度之间的倒“U”形关系的事实，从而有效地改进了森福利指数，实现了经济福利指标研究方面的一次创新。难能可贵的是，该指标除吸收了 GDP 指标的优点，抛弃了 GDP 指标中的某些缺点外，也有效地规避了 Xu（2011）所认为的“绿色 GDP”或经济福利指标难以在地方推广的难题。同时，该指标具有客观性与可比性特点，随着更详细的统计数据公布，该指标也会更加丰富，因此，该指标是开放的、与时俱进的。

第二，在周伟和武康平（2013）的基础上，进一步提出并证明了三部门的帕西内蒂分配模型，并为我国居民收入份额的下降找到可能的原因与解决的思路。由于三部门模型中增加了政府可控制的变量，本书提出了“随着我国经济的发展，居民收入份额可能呈现正‘U’形曲线”的论断，并给出了居民收入份额上升的条件，提出了防止国民收入分配差距拉大的政策建议。当然，居民收入份额的上升也有利于提升民生经济福利。

第三，将个税起征点与政府补贴点引入拉弗曲线（Laffer Curve），并运用与政府对个人所得税与转移支付（负所得税）制度的设计，思考了这样的公共财政制度对“包容性增长”与改善收入分配的意义，从而从改善收入分配的角度思考了提升经济福利的对策。

第四，构建了一个包含财富预期收益率和流动性差异的最优消费决策模型，思考我国居民不同性质的财富对居民消费的不同效应，以及居民财富影响消费的可能传导机制，并通过理论推导得出流动性约束下的短期消费函数，通过数理分析得出的定性结论为促进居民消费找到有力的证据与建议。由于居民消费本身就是经济福利指标中的重要内容，促进居民消费的建议也可以说是提升经济福利的建议。

第五，鉴于承诺技术能纠正人们的短视行为提高人们的自我控制能力，在双曲线贴现的可变时间偏好下，讨论了在不同承诺能力下可耗竭资源的最优开采及对资源的保护效果，并依此思路构建了双曲线时间偏好下的污染最优控制问题。从而通过采用承诺技术控制可耗竭资源的过度开采与遏制环境恶化问题，达到提升经济福利与有利于经济福利可持续性的目的。

当然，本书认为有意思的发现还包括：实证发现经济福利与收入不平等之间存在倒“U”形关系；根据历年宏观数据对中国经济福利指标CMEW进行核算时发现中国目前已有出现“门槛假说”的端倪。这是两个很有意义的发现，结合前文的微观实证有利于后文有针对性地提出提升经济福利的政策建议。

本书的不足之处包含以下三个方面：

第一，实证分析中所构建计量模型存在的内生性问题。由于遗漏重要解释变量、统计数据测量误差和经济变量的双向因果关系等原因，解释变量有可能与随机误差项相关，从而导致估计结果有偏或非有效。而解决解释变量内生性问题的常用方法是工具变量法，但寻找工具变量存在困难，从而使本书的实证分析中没有做工具变量估计以检验结果的稳健性。

第二，由于没来得及找到省市层面上的相关数据，原本想核算几个典型代表城市历年CMEW的计划未能实施，故不能从城市层面上检验其经济福利是否出现“门槛假说”。下一步的任务是选取几个典型发达国家，核算它们的CMEW值，然后检验那些国家是否出现用ISEW等经济福利指标核算时出现的“门槛假说”。当然，通过CMEW与ISEW的比较，可进一步检验中国经济福利指标的科学性。

第三，本书所构建的经济福利核算指标为了降低Xu（2011）所认为的“绿色GDP”或其他福利指标由于信息问题而难以推广的尴尬，也为了方便与GDP进行比较，只是在SNA体系内对GDP进行了调整，排除了难以考察的非市场活动和非经济因素的影响。经济学理论告诉我们，在一个物质生活极度丰裕的社会里，边际的经济增量对效用的边际贡献甚微，也就是在边际效用递减作用下，如果不考虑给人们带来“福祉”的非经济因素，经济福利将存在一个上限，因此，构建包含非经济因素的公理化民生福祉指标将是我们今后努力的方向。

附　录

附录 1　幸福与收入关系的描述性统计

附表 1-1　幸福与收入关系的描述性统计

收入	样本数	均值	标准差	最小值	最大值
低收入	4785	3.8915	1.0386	1	5
中等偏下收入	4315	3.6438	1.0550	1	5
中等收入	4248	3.7168	1.0612	1	5
中等偏上收入	4629	3.8924	0.9782	1	5
高收入	4066	4.0760	0.8813	1	5
总计	22043	3.8436	0.0173	1	5
ANOVA F test for equal means = 118.96（0.00）***					

附录 2　绝对收入对居民幸福感（hap）的影响（OLS）

附表 2-1　绝对收入对居民幸福感（hap）的影响（OLS）

变量	模型 1	模型 2	模型 3	模型 4（聚）	urban = 1（聚）	urban = 1（聚）	urban = 0（聚）	urban = 0
inc		0.0123*** （3.6）			0.0131*** （3.55）		0.0132** （2.07）	
linc	0.0292*** （6.12）							

续表

变量	模型 1	模型 2	模型 3	模型 4 (聚)	urban=1 (聚)	urban=1 (聚)	urban=0 (聚)	urban=0
i_ h			0. 0123*** (3. 59)	0. 0123*** (4. 21)		0. 0131*** (3. 55)		0. 0132** (2. 06)
exh			0. 0007 (0. 97)	0. 0007 (0. 03)		0. 0089 (0. 31)		-0. 0117 (-0. 52)
s_ i	0. 0383*** (5. 49)	0. 0389*** (5. 53)	0. 0389*** (5. 53)	0. 0389*** (4. 13)	0. 0311*** (2. 65)	0. 0312*** (2. 65)	0. 0502*** (3. 79)	0. 0501*** (3. 78)
gen	-0. 1401*** (-11. 43)	-0. 1374*** (-11. 18)	-0. 1372*** (-11. 17)	-0. 1373*** (-10. 66)	-0. 1252*** (-6. 99)	-0. 1258*** (-7. 02)	-0. 1507*** (-8. 83)	-0. 1504*** (-8. 81)
age	-0. 0291*** (-11. 09)	-0. 0291*** (-11. 08)	-0. 0291*** (-11. 08)	-0. 0291*** (-8. 41)	-0. 0365*** (-8. 81)	-0. 0364*** (-8. 96)	-0. 0241*** (-4. 48)	-0. 0241*** (-4. 48)
age^2	0. 0004*** (13. 42)	0. 0004*** (13. 37)	0. 0004*** (13. 37)	0. 0004*** (10. 34)	0. 0004*** (10. 00)	0. 0004*** (10. 17)	0. 0003*** (5. 90)	0. 0003*** (5. 90)
reg	0. 1506*** (9. 98)	0. 1579*** (10. 45)	0. 1580*** (10. 46)	0. 1580*** (6. 18)	0. 1434*** (5. 00)	0. 1446*** (5. 05)	0. 0480 (1. 25)	0. 0490 (1. 27)
chd	-0. 0576* (-1. 80)	-0. 0545* (-1. 69)	-0. 0545* (-1. 70)	-0. 0545 (-1. 58)	-0. 0327 (-0. 85)	-0. 0326 (-0. 84)	-0. 0766 (-1. 23)	-0. 0766 (-1. 23)
nat	0. 0502** (2. 28)	0. 0546** (2. 48)	0. 0546** (2. 49)	0. 0546 (1. 13)	0. 0698 (0. 69)	0. 0698 (0. 69)	0. 0326 (0. 57)	0. 0329 (0. 58)
mar1	0. 3084*** (8. 44)	0. 3107*** (8. 50)	0. 3110*** (8. 50)	0. 3109*** (7. 79)	0. 3874*** (7. 34)	0. 3870*** (7. 32)	0. 2374*** (3. 83)	0. 2374*** (3. 84)
mar2	0. 1115 (1. 02)	0. 1191 (1. 09)	0. 1200 (1. 09)	0. 1200 (0. 94)	0. 0087 (0. 05)	-0. 02087 (-0. 12)	0. 2691 (1. 61)	0. 2686 (1. 61)
mar3	-0. 3072*** (-5. 15)	-0. 3041*** (-5. 10)	-0. 3040*** (-5. 10)	-0. 3040*** (-4. 46)	-0. 2736*** (-3. 15)	-0. 2751*** (-3. 16)	-0. 3194*** (-2. 92)	-0. 3192*** (-2. 93)
mar4	0. 0931** (2. 03)	0. 0945** (2. 05)	0. 0948** (2. 06)	0. 0948* (1. 92)	0. 1540** (2. 24)	0. 1537** (2. 25)	0. 0379 (0. 53)	0. 0373 (0. 52)
wor	0. 0134 (1. 00)	0. 0116 (0. 86)	0. 0114 (0. 85)	0. 0114 (0. 47)	-0. 0038 (-0. 13)	-0. 0032 (-0. 11)	0. 0252 (0. 75)	0. 0247 (0. 74)
lei	0. 0234*** (9. 65)	0. 0236*** (9. 74)	0. 0237*** (9. 75)	0. 0237*** (6. 63)	0. 0154*** (3. 70)	0. 0157*** (3. 82)	0. 0297*** (5. 26)	0. 0298*** (5. 28)

续表

变量	模型 1	模型 2	模型 3	模型 4（聚）	urban=1（聚）	urban=1（聚）	urban=0（聚）	urban=0
hth	-0.1120*** (-17.82)	-0.1121*** (-17.84)	-0.1116*** (-17.64)	-0.1117*** (-12.93)	-0.1151*** (-8.10)	-0.1157*** (-8.00)	-0.1036*** (-9.96)	-0.1028*** (-9.88)
cnf	0.2965*** (50.03)	0.2974*** (52.19)	0.2974*** (52.19)	0.2974*** (35.52)	0.2917*** (26.22)	0.2922*** (26.37)	0.3029*** (24.76)	0.3029*** (24.77)
s_ s	0.0828*** (11.97)	0.0823*** (11.89)	0.0823*** (11.89)	0.0823*** (8.13)	0.0567*** (4.58)	0.0565*** (4.56)	0.1139*** (8.55)	0.1141*** (8.55)
dis	-0.2537*** (-18.25)	-0.2545*** (-18.29)	-0.2545*** (-18.29)	-0.2545*** (-14.53)	-0.2377*** (-10.49)	-0.2365*** (-10.35)	-0.2740*** (-11.06)	-0.2741*** (-11.07)
cid	0.0007** (5.63)	0.0007** (5.67)	0.0007** (5.67)	0.0007** (2.19)	0.0011* (2.92)	0.0012* (2.95)	0.0005 (1.27)	0.0005 (1.28)
常数项	2.6309*** (39.77)	2.5841*** (39.45)	2.5835*** (39.43)	2.5835*** (23.08)	2.9125*** (16.26)	2.9012*** (16.32)	2.4455*** (16.80)	2.4430*** (16.81)
Adj R^2	0.2248	0.2240	0.2240	0.2247	0.2281	0.2281	0.2197	0.2197
样本数	23834	23834	23834	23834	11380	11380	12421	12421

注：括号中为 Z 值或 t 值。* 表示 p 值小于 0.10，** 表示 p 值小于 0.05，*** 表示 p 值小于 0.01。

附录 3　绝对收入对居民幸福感（swb）的影响（OLS）

附表 3-1　绝对收入对居民幸福感（swb）的影响（OLS）

变量	模型 1	模型 2	模型 3	urban=1	urban=1	urban=0	urban=0
inc		0.0092*** (2.83)		0.0112*** (2.87)		0.0038 (0.61)	
linc	0.0186*** (4.12)						
i_ h			0.0092*** (2.83)		0.0112*** (2.87)		0.0037 (0.61)
exh			0.0042 (0.24)		0.0121 (0.54)		-0.0061 (-0.23)

续表

变量	模型 1	模型 2	模型 3	urban = 1	urban = 1	urban = 0	urban = 0
s_ i	0. 1046 *** (15. 82)	0. 1045 *** (15. 68)	0. 1045 *** (15. 68)	0. 1076 *** (10. 80)	0. 1076 *** (10. 80)	0. 1037 *** (11. 42)	0. 1036 *** (11. 42)
gen	-0. 1210 *** (-10. 41)	-0. 1199 *** (-10. 29)	-0. 1198 *** (-10. 29)	-0. 1313 *** (-7. 99)	-0. 1313 *** (-7. 99)	-0. 1099 *** (-6. 54)	-0. 1098 *** (-6. 53)
age	-0. 0132 *** (-5. 32)	-0. 0132 *** (-5. 32)	-0. 0132 *** (-5. 32)	-0. 0127 *** (-3. 57)	-0. 0127 *** (-3. 57)	-0. 0143 *** (-4. 06)	-0. 0143 *** (-4. 06)
age^2	0. 0003 *** (10. 16)	0. 0003 *** (10. 13)	0. 0003 *** (10. 13)	0. 0002 *** (6. 90)	0. 0002 *** (6. 90)	0. 0003 *** (7. 45)	0. 0003 *** (7. 45)
reg	0. 0035 (0. 24)	0. 0075 (0. 53)	0. 0076 (0. 53)	0. 0291 (1. 61)	0. 0290 (1. 61)	-0. 0272 (-0. 83)	-0. 0268 (-0. 82)
chd	0. 0387 (1. 27)	0. 0409 (1. 34)	0. 0409 (1. 34)	0. 0437 (1. 10)	0. 0437 (1. 10)	0. 0437 (0. 93)	0. 0437 (0. 93)
nat	0. 0800 *** (3. 84)	0. 0825 *** (3. 96)	0. 0826 *** (3. 97)	0. 0500 (1. 36)	0. 0500 (1. 36)	0. 1037 *** (3. 97)	0. 1038 *** (3. 97)
mar_1	0. 0615 * (1. 78)	0. 0623 * (1. 8)	0. 0624 * (1. 80)	0. 1127 ** (2. 40)	0. 1126 ** (2. 40)	0. 0203 (0. 39)	0. 0204 (0. 39)
mar_2	0. 0615 (0. 59)	0. 0656 (0. 63)	0. 0660 (0. 63)	-0. 2068 (-1. 53)	-0. 2070 (-1. 53)	0. 4402 *** (2. 73)	0. 4400 *** (2. 73)
mar_3	-0. 2992 *** (-5. 30)	-0. 2978 *** (-5. 28)	-0. 2978 *** (-5. 28)	-0. 2773 *** (-3. 96)	-0. 2774 *** (-3. 96)	-0. 2787 *** (-2. 83)	-0. 2786 *** (-2. 83)
mar_4	-0. 0500 (-1. 15)	-0. 0502 (-1. 15)	-0. 0501 (-1. 15)	-0. 0038 (-0. 06)	-0. 0039 (-0. 06)	-0. 0919 (-1. 44)	-0. 0922 (-1. 45)
wor	-0. 0198 (-1. 57)	-0. 0216 * (-1. 70)	-0. 0217 * (-1. 71)	-0. 0244 (-1. 26)	-0. 0244 (-1. 26)	-0. 0188 (-1. 09)	-0. 0190 (-1. 10)
lei	0. 0102 *** (4. 45)	0. 0104 *** (4. 51)	0. 0104 *** (4. 52)	0. 0097 *** (3. 16)	0. 0097 *** (3. 16)	0. 0120 *** (3. 43)	0. 0121 *** (3. 43)
hth	-0. 0745 *** (-12. 51)	-0. 0745 *** (-12. 52)	-0. 0743 *** (-12. 40)	-0. 0748 *** (-8. 08)	-0. 0748 *** (-8. 02)	-0. 0745 *** (-9. 46)	-0. 0742 *** (-9. 36)

续表

变量	模型 1	模型 2	模型 3	urban = 1	urban = 1	urban = 0	urban = 0
cnf	0. 3809 *** (70. 5)	0. 3814 *** (70. 62)	0. 3814 *** (70. 62)	0. 3961 *** (52. 14)	0. 3961 *** (52. 14)	0. 3676 *** (47. 76)	0. 3676 *** (47. 76)
s_ s	0. 2163 *** (32. 99)	0. 2160 *** (32. 94)	0. 2160 *** (32. 94)	0. 2145 *** (22. 27)	0. 2145 *** (22. 26)	0. 2161 *** (23. 87)	0. 2162 *** (23. 87)
dis	-0. 2080 *** (-15. 78)	-0. 2086 *** (-15. 81)	-0. 2086 *** (-15. 81)	-0. 2022 *** (-10. 99)	-0. 2022 *** (-10. 99)	-0. 2115 *** (-11. 20)	-0. 2115 *** (-11. 20)
cid	0. 0003 ** (2. 35)	0. 0003 ** (2. 40)	0. 0003 ** (2. 40)	0. 0003 * (1. 92)	0. 0003 * (1. 92)	0. 0002 (1. 24)	0. 0002 (1. 24)
常数项	1. 344 *** (21. 43)	1. 3168 *** (21. 21)	1. 3165 *** (21. 20)	1. 2156 *** (12. 84)	1. 2156 *** (12. 84)	1. 4344 *** (16. 23)	1. 4335 *** (16. 21)
Adj R^2	0. 3405	0. 3403	0. 3403	0. 3715	0. 3715	0. 3113	0. 3113
样本数	23857	23857	23857	11410	11410	12447	12447

注：括号中为 Z 值或 t 值。* 表示 p 值小于 0. 10，** 表示 p 值小于 0. 05，*** 表示 p 值小于 0. 01。

附录 4　CFPS2010 数据集下的 OLS 估计结果（因变量为 hap）

附表 4 1　CFPS2010 数据集下的 OLS 估计结果（因变量为 hap）

变量	模型 1	模型 2	urban = 1	urban = 1	urban = 0	urban = 0
inc	0. 02978 *** (9. 96)		0. 0289 *** (7. 90)		0. 0326 *** (5. 16)	
i_ h		0. 02978 *** (9. 94)		0. 0290 *** (7. 89)		0. 0326 *** (5. 15)
exh		0. 0177 (0. 89)		0. 0234 (0. 80)		0. 0080 (0. 36)
gen	-0. 1212 *** (-9. 31)	-0. 1211 *** (-9. 30)	-0. 1085 *** (-5. 86)	-0. 1085 *** (-5. 86)	-0. 1357 *** (-7. 89)	-0. 1356 *** (-7. 88)

续表

变量	模型 1	模型 2	urban=1	urban=1	urban=0	urban=0
age	-0.0339*** (-9.94)	-0.0339*** (-9.93)	-0.0414*** (-10.3)	-0.0414*** (-10.27)	-0.0285*** (-5.3)	-0.0285*** (-5.3)
age^2	0.0004*** (10.45)	0.0004*** (10.44)	0.0004*** (10.25)	0.0004*** (10.22)	0.0003*** (5.89)	0.0003*** (5.89)
reg	0.0963*** (3.8)	0.0965*** (3.8)	0.0994*** (3.52)	0.0994*** (3.52)	-0.0270 (-0.69)	-0.0261 (-0.67)
chd	-0.0404 (-1.19)	-0.0405 (-1.19)	-0.0258 (-0.68)	-0.0259 (-0.68)	-0.0571 (-0.92)	-0.0570 (-0.92)
nat	0.0664 (1.31)	0.0664 (1.31)	0.0721 (0.67)	0.0720 (0.67)	0.0413 (0.70)	0.0415 (0.70)
mar_1	0.3583*** (8.98)	0.3585*** (8.98)	0.4371*** (8.34)	0.4373*** (8.32)	0.2862*** (4.60)	0.2862*** (4.60)
mar_2	0.0940 (0.76)	0.0949 (0.77)	-0.0174 (-0.11)	-0.0165 (-0.10)	0.2494 (1.47)	0.2488 (1.47)
mar_3	-0.4111*** (-6.06)	-0.4110*** (-6.06)	-0.3616*** (-4.17)	-0.3614*** (-4.17)	-0.4407*** (-4.03)	-0.4404*** (-4.03)
mar_4	0.0848* (1.73)	0.0850* (1.73)	0.1505** (2.21)	0.1509** (2.22)	0.0223 (0.31)	0.0216 (0.30)
wor	0.0469* (1.93)	0.0466* (1.92)	0.0255 (0.83)	0.0254 (0.83)	0.0666** (2.03)	0.0661** (2.02)
lei	0.0330*** (9.29)	0.0330*** (9.29)	0.0247*** (5.80)	0.0247*** (5.80)	0.0397*** (6.99)	0.0397*** (7.01)
V_1	0.0381*** (4.00)	0.0381*** (4.00)	0.0320*** (2.73)	0.0320*** (2.73)	0.0492*** (3.62)	0.0491*** (3.62)
V_2	0.0820*** (8.03)	0.0820*** (8.03)	0.0524*** (4.22)	0.0524*** (4.22)	0.1145*** (8.58)	0.1147*** (8.57)
V_3	0.2985*** (35.03)	0.2985*** (35.03)	0.2930*** (26.20)	0.2930*** (26.22)	0.3039*** (24.63)	0.3039*** (24.63)

续表

变量	模型 1	模型 2	urban=1	urban=1	urban=0	urban=0
V_4	-0.1119*** (-12.89)	-0.1114*** (-12.80)	-0.1162*** (-8.13)	-0.1159*** (-8.01)	-0.1031*** (-9.88)	-0.1023*** (-9.80)
V_5	-0.2571*** (-14.60)	-0.2571*** (-14.60)	-0.2411*** (-10.54)	-0.2411*** (-10.53)	-0.2764*** (-11.08)	-0.2765*** (-11.08)
常数项	3.8861*** (39.37)	3.8861*** (39.36)	4.1319*** (26.30)	4.1320*** (26.29)	3.8646*** (28.79)	3.8635*** (28.82)
Adj R^2	0.2239	0.2239	0.2254	0.2254	0.2191	0.2191
样本数	23801	23801	11380	11380	12421	12421

注：括号中为 Z 值或 t 值。* 表示 p 值小于 0.10，** 表示 p 值小于 0.05，*** 表示 p 值小于 0.01。

附录 5 差分数据 Oprobit 回归结果

附表 5-1 差分数据 Oprobit 回归结果

变量	模型 1	模型 2	urban10=0 urban12=0	urban10=0 urban12=0	urban10=1 urban12=1	urban10=1 urban12=1
dinc（收入）	0.0251*** (5.72)		0.0285** (2.31)		0.0236*** (4.76)	
di_ h（净收入）		0.0250*** (5.69)		0.0282** (2.28)		0.0236*** (4.75)
dexh（自付医疗）		-0.0447* -（1.89）		-0.0399 -（1.21）		-0.0416 -（1.15）
dreg（户口）	0.0039 (0.08)	0.0050 (0.10)	-0.0518 -（0.56）	-0.0555 -（0.60）	0.0249 (0.41)	0.0281 (0.46)
dchd（孩子）	-0.3129*** -（4.35）	-0.3116*** -（4.33）	-0.3376*** -（3.04）	-0.3355*** -（3.02）	-0.2720*** -（2.82）	-0.2712*** -（2.81）

续表

变量	模型 1	模型 2	urban10 = 0 urban12 = 0	urban10 = 0 urban12 = 0	urban10 = 1 urban12 = 1	urban10 = 1 urban12 = 1
$dmar_1$ （在婚）	0.0385 (0.51)	0.0386 (0.51)	0.0117 (0.10)	0.0118 (0.10)	0.0584 (0.57)	0.0584 (0.57)
$dmar_2$ （同居）	−0.3426** −(2.18)	−0.3408** −(2.17)	−0.1369 −(0.53)	−0.1371 −(0.53)	−0.4438** −(2.14)	−0.4408** −(2.13)
$dmar_3$ （离婚）	−0.3412** −(2.55)	−0.3421** −(2.55)	−0.4410** −(2.04)	−0.4418** −(2.05)	−0.3037* −(1.74)	−0.3043* −(1.75)
$dmar_4$ （丧偶）	−0.2653** −(1.99)	−0.2665** −(2.00)	−0.2724 −(1.26)	−0.2790 −(1.29)	−0.2579 −(1.49)	−0.2557 −(1.48)
dwor （工作）	0.0785*** (3.47)	0.0753*** (3.33)	0.0488 (1.53)	0.0449 (1.40)	0.1085*** (3.32)	0.1062*** (3.25)
V_1 （收入地位）	0.0930*** (8.44)	0.0927*** (8.41)	0.0934*** (5.83)	0.0924*** (5.77)	0.0874*** (5.61)	0.0876*** (5.62)
V_2 （社会地位）	0.1595*** (15.76)	0.1601*** (15.82)	0.1782*** (12.12)	0.1789*** (12.17)	0.1432*** (10.10)	0.1437*** (10.13)
V_3 （自信）	0.3031*** (33.01)	0.3034*** (33.03)	0.2590*** (18.90)	0.2599*** (18.95)	0.3475*** (27.49)	0.3473*** (27.47)
V_4 （健康）	−0.0354*** −(3.50)	−0.0337*** −(3.32)	−0.0395*** −(2.70)	−0.0376** −(2.57)	−0.0330** −(2.30)	−0.0316** −(2.20)
V_5 （歧视）	−0.0776*** −(3.38)	−0.0779*** −(3.39)	−0.0721** −(2.07)	−0.0731** −(2.10)	−0.0728** −(2.34)	−0.0726** −(2.33)
LR 统计量	1832.83	1841.88	725.52	730.51	1111.82	1115.14
Pseudo R^2	0.0648	0.0651	0.0598	0.0602	0.0710	0.0712
样本数	8581	8581	3587	3587	4857	4857

注：括号中为 Z 值或 t 值。* 表示 p 值小于 0.10，** 表示 p 值小于 0.05，*** 表示 p 值小于 0.01。

附录6 非官方基尼系数与 $\overline{y}^*$ 计算的 CMEW 结果

附表 6-1 非官方基尼系数与 $\overline{y}^*$ 计算的 CMEW 结果

年份	名义 Y^*	CPI	Gini	CMEW (α=1.25)	CMEW (α=1.35)	CMEW (α=1.43)	CMEW (α=1.5)	CMEW (α=1.6)
1978	2666.805	100	0.3	52.75	50.22	48.2	46.42	43.88
1979	2719.84	106.9	0.31	49.03	46.55	44.56	42.82	40.34
1980	2944.712	116.5	0.32	50.14	47.46	45.32	43.45	40.77
1981	3207.175	126.2	0.3	49.92	47.52	45.61	43.93	41.54
1982	3648.458	134.8	0.27	49.07	47.07	45.47	44.07	42.08
1983	4298.049	145.8	0.27	51.64	49.53	47.85	46.37	44.26
1984	5362.645	163.2	0.27	56.31	54.01	52.18	50.57	48.28
1985	6837.244	185.2	0.32	68.04	64.41	61.51	58.97	55.34
1986	8171.347	194	0.33	76.54	72.25	68.81	65.8	61.51
1987	9645.642	205.5	0.33	82.49	77.85	74.15	70.9	66.27
1988	12205.23	221.5	0.35	97.38	91.32	86.48	82.24	76.2
1989	13550.91	221	0.36	108.85	101.73	96.03	91.04	83.94
1990	14268.36	229.2	0.35	108.66	101.9	96.49	91.76	84.99
1991	17065.5	249	0.36	116.13	108.53	102.45	97.13	89.55
1992	21563.91	282	0.38	128.81	119.48	112.02	105.5	96.18
1993	26255.48	305.8	0.41	142.87	130.86	121.24	112.83	100.78
1994	36525.24	320	0.42	187.68	171.08	157.81	146.19	129.61
1995	46341.13	345.1	0.41	220.02	201.52	186.72	173.76	155.28
1996	53863.88	377.6	0.39	230.23	212.71	198.7	186.43	168.97
1997	59429.37	394.6	0.39	240.27	221.98	207.36	194.56	176.26
1998	62635.77	417.8	0.4	237.18	218.21	203.03	189.75	170.78
1999	65185.95	452.3	0.41	225.67	206.69	191.51	178.22	159.28
2000	70142.58	491	0.43	220.15	199.69	183.31	168.98	148.56

续表

年份	名义 Y*	CPI	Gini	CMEW (α=1.25)	CMEW (α=1.35)	CMEW (α=1.43)	CMEW (α=1.5)	CMEW (α=1.6)
2001	76577.66	521.2	0.44	225.52	203.47	185.83	170.4	148.36
2002	83723.76	557.6	0.45	226.34	203.06	184.44	168.14	144.81
2003	93522.41	596.9	0.47	231.88	205.46	184.32	165.83	139.36
2004	106417	645.3	0.46	251.14	223.96	202.21	183.19	155.99
2005	122090.7	698.2	0.46	259.77	231.65	209.16	189.48	161.4
2006	143194.2	766.4	0.46	276.76	246.81	222.84	201.87	171.92
2007	169172.3	849.9	0.51	292.33	251.2	218.3	189.51	148.4
2008	190107.7	926.4	0.52	306.55	261.01	224.57	192.69	147.18
2009	227893.8	1022.0	0.52	308.25	262.45	225.81	193.75	147.92
2010	262772.8	1106.1	0.54	319.81	266.67	224.16	186.97	133.85
2011	303046.2	1211.1	0.55	335.73	276.64	229.37	188.01	128.91

注：表中 1978~2006 年 Gini 系数数据来源于 Chen（2010）的研究，2007~2011 年 Gini 系数值来源于联合国统计署。

附录 7　参数 α=1.4301 下的散点图与趋势

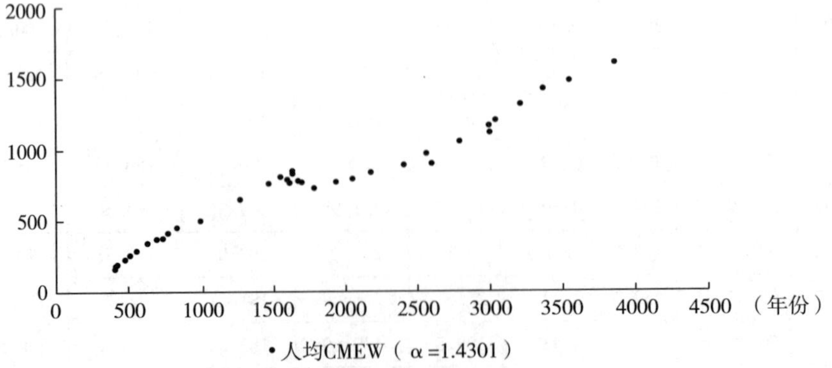

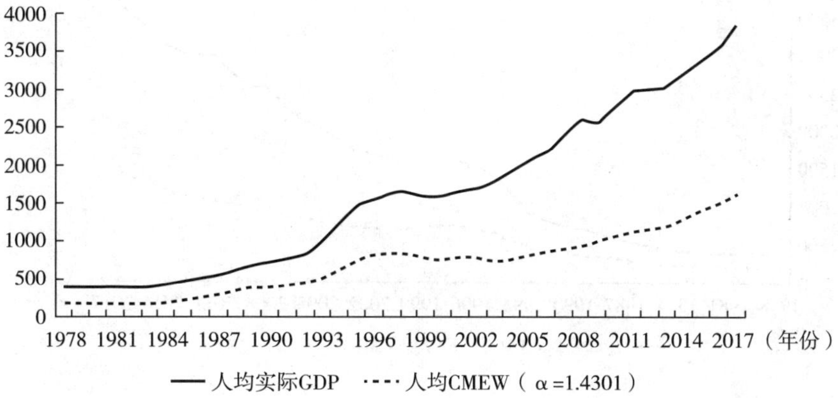

附录 8　参数 α=1.2282 下的散点图与趋势

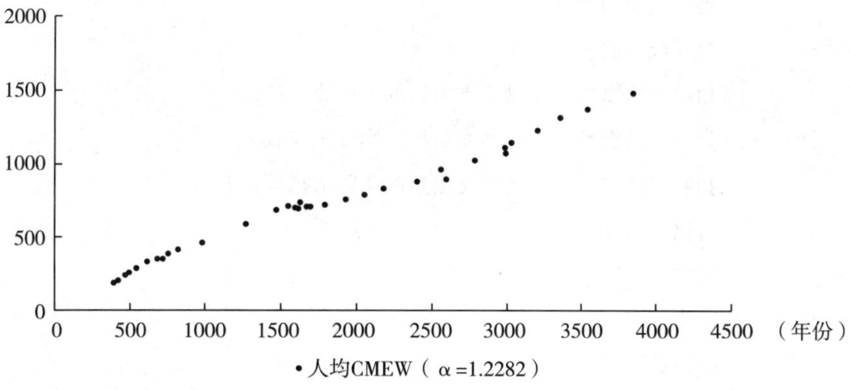

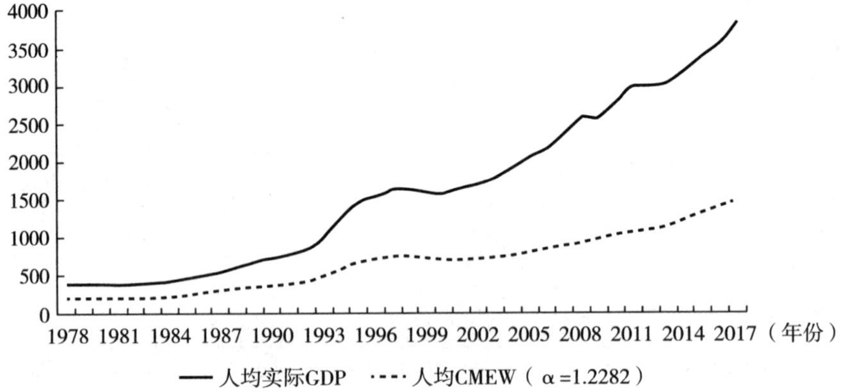

附录 9　主要符号对照表

Y	国民收入
y	实际国民收入
$\bar{y}$	实际人均国民收入
y_i	个人或居民收入
Y^*	扣除了防御性、工具性支出后的国民收入
y^*	扣除了防御性、工具性支出后的实际国民收入
$\bar{y}^*$	扣除了防御性、工具性支出后的实际人均国民收入
P	价格
A	财富
W	工资
G	政府收入
L	利润
l	财富的流动性
S	国民储蓄
s	储蓄率

I	投资
C	消费
U	效用
W_f	福利
Gini	基尼系数
GDP	国内生产总值
R	可耗竭资源存量
Q	可耗竭资源开采
E	环境污染

参考文献

[1] Abdallah S, Thompson S, Michaelson J, et al. The Happy Planet Index 2.0: Why good lives don't have to cost the earth [R]. New Economics Foundafion 2009.

[2] Anand S, Sen A. Human development index: Methodology and measurement [R]. Human Development Report Office (HDRO), United Nations Development Programme (UNDP), 1994.

[3] Ando A, Modigliani F. The "life cycle" hypothesis of saving: Aggregate implications and tests [J]. The American Economic Review, 1963, 53 (1): 55-84.

[4] Arrow K J. Little's critique of welfare economics[J]. The American Economic Review, 1951, 41 (5): 923-934.

[5] Asheim G B, Buchholz W. Ageneral approach to welfare measurement through national income accounting [J]. The Scandinavian Journal of Economics, 2004, 106 (2): 361-384.

[6] Ashraf N, Karlan D, Yin W. Tying Odysseus to the mast: Evidence from a commitment savings product in the Philippines [J]. The Quarterly Journal of Economics, 2006, 121 (2): 635-672.

[7] Atkinson A B, Brandolini A. Promise and pitfalls in the use of "secondary" data-sets: Income inequality in OECD countries as a case study [J]. Journal of Economic Literature, 2001, 39 (3): 771-799.

[8] Bai C, Hsieh C, Qian Y. The return to capital in China [R]. National Bureau of Economic Research, 2006.

[9] Barro R J. Ramsey meets Laibson in the neoclassical growth model [J]. The Quarterly Journal of Economics, 1999, 114 (4): 1125-1152.

[10] Bentham J. An introduction to the principles of morals and legislation: 1879 [M]. Oxford University Press, 1996.

[11] Bergson (Burk) A. A reformulation of certain aspects of welfare economics [J]. The Quarterly Journal of Economics, 1938, 52 (2): 310-334.

[12] Bostic R, Gabriel S, Painter G. Housing wealth, financial wealth, and consumption: New evidence from micro data [J]. Regional Science and Urban Economics, 2009, 39 (1): 79-89.

[13] Brennan T A, Rothman D J, Blank L, et al. Health industry practices that create conflicts of interest [J]. JAMA: The Journal of the American Medical Association, 2006, 295 (4): 429-433.

[14] Calcagno R, Fornero E, Rossi M C. The effect of house prices on household consumption in Italy [J]. The Journal of Real Estate Finance and Economics, 2009, 39 (3): 284-300.

[15] Campbell J Y, Cocco J F. How do house prices affect consumption? Evidence from micro data [J]. Journal of Monetary Economics, 2007, 54 (3): 591-621.

[16] Castaneda B E. An index of sustainable economic welfare (ISEW) for Chile [J]. Ecological Economics, 1999, 28 (2): 231-244.

[17] Castriota S. Education and happiness: A further explanation to the Easterlin Paradox [Z]. Mimeo, 2006.

[18] Chen J, Dai D, Pu M, et al. The trend of the Gini coefficient of China [Z]. Brooks World Poverty Institute Working Paper, 2010 (109).

[19] Clark A E, Oswald A J. Satisfaction and comparison income [J].

Journal of Public Economics, 1996, 61 (3): 359-381.

[20] Clark A E. Unemployment as a social norm: Psychological evidence from panel data [J]. Journal of Labor Economics, 2003, 21 (2): 323-351.

[21] Clarke M, Islam S. Diminishing and negative welfare returns of economic growth: An index of sustainable economic welfare (ISEW) for Thailand [J]. Ecological Economics, 2005, 54 (1): 81-93.

[22] Clark E, Senik C. Ishappiness different from flourishing? Cross-country evidence from the ESS [J]. Revue D'économie Politique, 2011, 121 (1): 17-34.

[23] Cobb C W, Daly H. The index of sustainable economic welfare [M]. Daly HE, Cobb JB. 1989.

[24] Cobb C, Halstead T, Rowe J. If the GDP is up, why is America down [J]. Atlantic, 1995, 276: 59-79.

[25] Cobb C, Halstead T, Rowe J. The genuine progress indicator [R]. San Francisco, CA: Redefining Progress, 1995.

[26] Daly H. Beyond Economicgrowth: The economics of sustainable development [M]. Boston: Beacon Press, 1996.

[27] Dasgupta P, Heal G. The optimal depletion of exhaustible resources [J]. The Review of Economic Studies, 1974: 3-28.

[28] Davidson R J. Affective style, psychopathology, and resilience: Brain mechanisms and plasticity [J]. American Psychologist, 2000, 55 (11): 1196.

[29] De Scitovszky T. A note on welfare propositions in economics [J]. The Review of Economic Studies, 1941, 9 (1): 77-88.

[30] De Veirman E, Dunstan A. Does wealth variation matter for consumption? [R]. Reserve Bank of New Zealand, 2010.

[31] Des Gasper, 陆丽娜. 人类福利：概念和概念化 [J]. 世界经济

文汇，2005（3）：65-91.

[32] Diefenbacher H. The index of sustainable economic welfare in Germany [R]. The Green National Product, 1994.

[33] Diener E, Seligman M E. Beyond money [J]. Psychological science in the public interest, 2004, 5 (1): 1-31.

[34] Diener E. A value based index for measuring national quality of life [J]. Social indicators research, 1995, 36 (2): 107-127.

[35] Duesenberry J S. Income, saving, and the theory of consumer behavior [M]. New York: Oxford University Press. 1967.

[36] Easterlin R A. Will raising the incomes of all increase the happiness of all? [J] Journal of Economic Behavior & Organization, 1995, 27 (1): 35-47.

[37] Estes R J. The social progress of nations [M]. New York: Praeger. 1984.

[38] Estes R J. Trends in world social development: The social progress of nations, 1970-1986. [M]. New York: Praeger, 1988.

[39] Ferrer I Carbonell A, Frijters P. Howimportant is methodology for the estimates of the determinants of happiness? [J]. The Economic Journal, 2004, 114 (497): 641-659.

[40] Ferrer - I - Carbonell A. Income and well - being: An empirical analysis of the comparison income effect [J]. Journal of Public Economics, 2005, 89 (5): 997-1019.

[41] Fleurbaey M. Beyond GDP: The quest for a measure of social welfare [J]. Journal of Economic Literature, 2009, 47 (4): 1029-1075.

[42] Forster B A. Optimal consumption planning in a polluted environment [J]. Economic Record, 1973, 49 (4): 534-545.

[43] Forster B A. Optimal pollution control with a nonconstant exponential rate of decay [J]. Journal of environmental Economics and Management, 1975,

2 (1): 1-6.

[44] Frank R H, Bernanke B, Johnston L D. Principles of economics [M]. McGraw-Hill, 2007.

[45] Frank R H. Choosing the right pond: Human behavior and the quest for status [J]. OUP Catalogue, 1993, 56 (1): 84-88.

[46] Guenno G, Tiezzi S, Mattei F E E. The index of sustainable economic welfare (ISEW) for Italy [J]. Social Indicators Research, 1998.

[47] Guscina A. Effects of globalization on labor's share in national income[J]. Social Science Electronic Publishing, 2006, 6 (294).

[48] Hamilton K. Green adjustments to GDP [J]. Resources Policy, 1994, 20 (3): 155-168.

[49] Harrison A E. Has globalization eroded labor's share? Some cross-country evidence [Z]. Unpublished Paper, 2003.

[50] Harrod R F. An essay in dynamic theory [J]. The Economic Journal, 1939, 49 (193): 14-33.

[51] Heal G M. The optimal use of exhaustible resources [J]. Handbook of Natural Resource and Energy Economics, 1993 (3): 855-880.

[52] Henderson H, Lintott J, Sparrow P. Indicators of no real meaning [M]//Paul Ekins. The living economy: A new economics in the making. London: Routledge & kegan Paul, 1986.

[53] Hicks J R, Allen R G. A reconsideration of the theory of value [J]. Part I. Economica, 1934, 1 (1): 52-76.

[54] Hirschman A O, Rothschild M. Thechanging tolerance for income inequality in the course of economic development with a mathematical appendix [J]. The Quarterly Journal of Economics, 1973, 87 (4): 544-566.

[55] Hotelling H. The economics of exhaustible resources [J]. The Journal of Political Economy, 1931, 39 (2): 137-175.

[56] Hurst E, Stafford F. Home is where the equity is: Mortgage refinancing and household consumption [J]. Journal of Money, Credit and Banking, 2004: 985-1014.

[57] Im J. Optimal taxation of exhaustible resource under monopoly [J]. Energy Economics, 2002, 24 (3): 183-197.

[58] Jackson T, Laing F, Macgillivray A, et al. An index of sustainable economic welfare for the UK, 1950 - 1996[R]. University of Surrey Centre for Environmental Strategy. Guildford, 1997.

[59] Jackson T, Mcbride N. Measuring progress. A review of adjusted measures of economic welfare in Europe [R]. Report to the European Environment Agency. Guildford: University of Surrey, 2005.

[60] Jackson T, Stymne S, Sustainable economic welfare in Sweden: A Pilot Index 1950-1992 [R]. Stockholm Environment Institute, Stockholm, 1996.

[61] Jones B A, Rachlin H. Delay, probability, and social discounting in a public goods game [J]. Journal of the experimental analysis of behavior, 2009, 91 (1): 61.

[62] Juncal Cuñado1 Fernando , Pérez de Gracia. Does education affect happiness? Evidence for Spain [J]. Social Indicators Research, 2012 (108): 185-196.

[63] Kakwani N, Pernia E M. What is pro-poor growth? [J] Asian development review, 2000, 18 (1): 1-16.

[64] Kaldor N. Welfare propositions of economics and interpersonal comparisons of utility [J]. The Economic Journal, 1939: 549-552.

[65] Kaldor N. Alternative theories of distribution [J]. The Review of Economic Studies, 1955, 23 (2): 83-100.

[66] Kapteyn A, Van Herwaarden F G. Interdependent welfare functions and optimal income distribution [J]. Journal of Public Economics, 1980, 14

(3): 375-397.

[67] Kirman A P. Whom or what does the representative individual represent? [J] The Journal of Economic Perspectives, 1992, 6 (2): 117-136.

[68] Kuznets S. Economic growth and income inequality [J]. The American Economic Review, 1955, 45 (1): 1-28.

[69] Laibson D. Golden eggs and hyperbolic discounting [J]. The Quarterly Journal of Economics, 1997, 112 (2): 443-478.

[70] Lawn P A, Sanders R D. Has Australia surpassed its optimal macroeconomic scale? Finding out with the aid of benefit and cost accounts and a sustainable net benefit index [J]. Ecological Economics, 1999, 28 (2): 213-229.

[71] Lawn P A. A theoretical foundation to support the Index of Sustainable Economic Welfare (ISEW), Genuine Progress Indicator (GPI), and other related indexes [J]. Ecological Economics, 2003, 44 (1): 105-118.

[72] Lawn P A. An assessment of the valuation methods used to calculate the index of sustainable economic welfare (ISEW), genuine progress indicator (GPI), and sustainable net benefit index (SNBI) [J]. Environment, Development and Sustainability, 2005, 7 (2): 185-208.

[73] Layard R. Happiness and public policy: A challenge to the profession [J]. The Economic Journal, 2006, 116 (510): C24-C33.

[74] Leibenstein H. Bandwagon, snob, and Veblen effects in the theory of consumers' demand [J]. The Quarterly Journal of Economics, 1950, 64 (2): 183-207.

[75] Little I. M. The valuation of the social income [J]. Economica, 1949: 11-26.

[76] Little I. M. Social choice and individual values [J]. The Journal of Political Economy, 1952, 60 (5): 422-432.

[77] Lohmann S. Information technologies and subjective well-being:

Does the internet raise mate－rial aspirations? [J]. Oxford Economic Papers, 2015, 67 (3): 740-59.

[78] Mamalakis M J. Misuse and use of national accounts as a welfare indicator: Selected analytical and measurement issues [J]. Review of Income and Wealth, 1996, 42 (3): 293-320.

[79] Marks N, Abdallah S, Simms A, et al. The happy planet index [M]. London: New Economics Foundation, 2006.

[80] Maslow. A. H. Atheory of human motivation [J]. Psychological Review, 1943 (50): 370-396.

[81] Max-Neef M. Economic growth and quality of life: A threshold hypothesis [J]. Ecological Economics, 1995, 15 (2): 115-118.

[82] Mcgillivray M, White H. Measuring development? The UNDP' s human development index [J]. Journal of International Development, 1993, 5 (2): 183-192.

[83] Mcgillivray M. Thehuman development index: yet another redundant composite development indicator [J]. World Development, 1991, 19 (10): 1461-1468.

[84] Moffatt I, Wilson M D. An index of sustainable economic welfare for Scotland, 1980-1991 [J]. International Journal of Sustainable Development & World Ecology, 1994, 1 (4): 264-291.

[85] Morris M D, Mcalpin M B. Measuring the condition of India's poor. [J]. Population and Development Review, 1984, 10 (2): 375-376.

[86] Neumann J V, Morgenstern O. Theory of games and economic behavior [M]. Princeton: Princeton University, 1947.

[87] Neumayer E. On the methodology of ISEW, GPI and related measures: Some constructive suggestions and some doubt on the threshold hypothesis [J]. Ecological Economics, 2000, 34 (3): 347-361.

[88] Neumayer E. The human development index and sustainability—a constructive proposal [J]. Ecological Economics, 2001, 39 (1): 101-114.

[89] Ng Y. Environmentally responsible happy nation index: Towards an internationally acceptable national success indicator [J]. Social Indicators Research, 2008, 85 (3): 425-446.

[90] Nordhaus W D, Tobin J. Is growth obsolete? [J]. NBER, 1972.

[91] Osberg L, Sharpe A. An index of economic well-being for Canada [J]. Challenge, 2010, 53 (4): 25-42.

[92] Osberg L, Sharpe A. Anindex of economic well - being for selected OECD countries [J]. Review of Income and Wealth, 2002, 48 (3): 291-316.

[93] Oshio T, Kobayashi M. Area-level income inequality and individual happiness: Evidence from Japan [J]. Journal of Happiness Studies, 2011, 12 (4): 633-649.

[94] Pasinetti L L. Rate of profit and income distribution in relation to the rate of economic growth [J]. The Review of Economic Studies, 1962, 29 (4): 267-279.

[95] Persky J, Tam M Y. Local status and national social welfare [J]. Journal of Regional Science, 1990, 30 (2): 229-238.

[96] Pigou A C. the economics of welfare [M]. Macmillan, 1920.

[97] Pigou A C. Some aspects of welfare economics [J]. The American Economic Review, 1951, 41 (3): 287-302.

[98] Pareto V. Cours d'economie politique[M]. Lausanne: F. Rouge, 1896.

[99] Quah D. One third of the world's growth and inequality[R]. CEPR Discussion Paper No. 3316. 2002.

[100] Richter M K. Revealed preference theory [J]. Econometrica, 1966 (34): 635-645.

[101] Robbins L. An essay on the nature and significance of economic sci-

ence [M]. New York University Press, 1984.

[102] Robinson J. The accumulation of capital [M]. London: Macmillan, 1956.

[103] Rosenberg D, Oegema P, Bovy M. ISEW for the Netherlands: Preliminary results and some proposals for further research [M]. IMSA, Amsterdam, 1995.

[104] Runciman W G. Relative deprivation & social justice: A study attitudes social inequality in 20th century England [J]. American Socilogical Review, 1967, 32 (1): 132.

[105] Sagar A D, Najam A. The human development index: A critical review [J]. Ecological Economics, 1998, 25 (3): 249-264.

[106] Samuelson P A. Foundations of economic analysis [D]. Cambridge: Harvard University Press, 1947.

[107] Samuelson P. A. Arrow's mathematical politics[J]. Human Values and Economic Policy, 1967: 41-51.

[108] Samuelson P. A. Reaffirming the existence of "reasonable" Bergson-Samuelson social welfare functions [J]. Economica, 1977: 81-88.

[109] Schumpeter J A. History of economic analysis [M]. London: Allen & Unwin, 1954.

[110] Sen A. Real national income [J]. The Review of Economic Studies, 1976, 43 (1): 19-39.

[111] Sen A. On Ethics andeconomics [M]. Cambridge, MA: B. Blackwell, 1987.

[112] Shleifer A, Vishny R W. The grabbing hand: Government pathologies and their cures [M]. Harvard university Press, London, 1998.

[113] Sierminska E, Takhtamanova Y. Wealth effects out of financial and housing wealth: Cross country and age group comparisons [R]. Available at SSRN 1007825, 2007.

[114] Smith A. An inquiry into the nature and causes of the wealth of nations [M]. Dublin: Printed for Messrs, 1776.

[115] Solow R M. Intergenerational equity and exhaustible resources [J]. The Review of Economic Studies, 1974, 41: 29-45.

[116] Solow R M. On the intergenerational allocation of natural resources [J]. The Scandinavian Journal of Economics, 1986, 88 (1): 141-149.

[117] Steger T M, Egli H. A dynamic model of the environmental Kuznets curve: Turning point and public policy [R]. Sustainable Resource Use and Economic Dynamics, 2007.

[118] Stiglitz J E. Monopoly and the rate of extraction of exhaustible resources [J]. The American Economic Review, 1976: 655-661.

[119] Stockhammer E, Hochreiter H, Obermayr B, et al. The index of sustainable economic welfare (ISEW) as an alternative to GDP in measuring economicwelfare. The results of the Austrian (revised) ISEW calculation 1955-1992 [J]. Ecological Economics, 1997, 21 (1): 19-34.

[120] Stuphorn V. Neuroeconomics: Cardinalutility in the orbitofrontal cortex [J] . Current Biology, 2006, 16 (15): 591-593.

[121] Subramanian A. What is China doing to its workers? [J]. World Economy, 2009.

[122] Veblen T. Thetheory of the leisure class: 1899 [M]. New York: Penguin Books, 1965.

[123] Vollebergh H R, Kemfert C. The role of technological change for a sustainable development [J]. Ecological Economics, 2005, 54 (2): 133-147.

[124] Xu C. The fundamental institutions of China's reforms and development[J]. Journal of Economic Literature, 2011, 49 (4): 1076-1151.

[125] Zeckhauser R, Spence M, Keeler E. The optimal control of pollution [J]. Journal of Economic Theory, 1972 (4): 19-34.

[126] Zhou W, Wu K P. The Optimal Depletion of Exhaustible Resource under Different Commitment [J]. China Population Resources and Environment, 2012: 10 (2).

[127] 白重恩，钱震杰，武康平．中国工业部门要素分配份额决定因素研究 [J]. 经济研究，2008 (8): 16-28.

[128] 白重恩，钱震杰．国民收入的要素分配：统计数据背后的故事 [J]. 经济研究，2009 (3): 27-41.

[129] 白重恩，钱震杰．谁在挤占居民的收入——中国国民收入分配格局分析 [J]. 中国社会科学，2009 (5): 99-115.

[130] 庇古．福利经济学 [M]. 何玉长，丁晓钦，译．上海：上海财经大学出版社，2009.

[131] 边沁．道德与立法原理导论 [M]. 时殷弘，译．北京：商务印书馆，2000.

[132] 陈建东，戴岱，冯瑛．居民收入样本分组数与基尼系数测算的关系探讨 [J]. 统计与决策，2011, 15 (9).

[133] 陈志武．最大的收入差距在政府和民间 [J]. 商周刊，2012 (8): 23.

[134] 陈训波，周伟．家庭财富与中国城镇居民消费：来自微观层面的证据 [J]. 中国经济问题，2013 (2): 46-55.

[135] 杜斌，张坤民，温宗国，等．城市生态足迹计算方法的设计与案例 [J]. 清华大学学报（自然科学版），2004 (9): 1171-1175.

[136] 冯海波．"包容性增长"理念的学理澄明及其现实意义 [J]. 南昌大学学报（人文社会科学版），2010 (6): 21-25.

[137] 官皓．收入对幸福感的影响研究：绝对水平和相对地位 [J]. 南开经济研究，2010 (5): 56-70.

[138] 过孝民，於方，赵越．环境污染成本评估理论与方法 [M]. 北京：中国环境科学出版社，2009.

[139] 黄有光．效率，公平与公共政策 [M]．北京：社会科学文献出版社，2003.

[140] 扈中平．教育何以能关涉人的幸福 [J]．教育研究，2008 (11)：30-37.

[141] 胡联合，胡鞍钢，徐绍刚．贫富差距对违法犯罪活动影响的实证分析 [J]．管理世界，2005 (6)：34-44.

[142] 胡志军．基于分组数据的基尼系数估计与社会福利：1985~2009 年 [J]．数量经济技术经济研究，2012 (9)：111-121.

[143] 金江，何立华．教育使人幸福吗？——基于武汉市城镇居民的实证分析 [J]．经济评论，2012 (6)：36-43.

[144] 郎咸平．中国经济到了最危险的边缘 [M]．北京：东方出版社，2012.

[145] 李稻葵，刘霖林，王红领．GDP 中劳动份额演变的 U 型规律 [J]．经济研究，2009 (1)：70-82.

[146] 李金早．告别 GDP 崇拜 [M]．北京：商务印书馆，2011.

[147] 李实，赵人伟．中国居民收入分配再研究 [J]．经济研究，1999 (4)：3-17

[148] 李特尔．福利经济学述评 [M]．北京：商务印书馆，1980.

[149] 厉以宁．西方福利经济学述评 [M]．北京：商务印书馆，1984.

[150] 陆岷峰，张惠．关于“包容性增长”的内涵辨析及实现要点研究 [J]．桂海论丛，2011 (1)：68-72.

[151] 鲁元平．中国“幸福—收入之谜”的作用机制研究 [D]．华中科技大学博士学位论文，2012.

[152] 罗楚亮．教育、收入与主观幸福感 [J]．理工高教研究，2006，25 (1)：1-5.

[153] 罗楚亮．绝对收入、相对收入与主观幸福感——来自中国城乡住户调查数据的经验分析 [J]．财经研究，2009 (11)：79-91.

［154］罗长远，张军．经济发展中的劳动收入占比：基于中国产业数据的实证研究［J］．中国社会科学，2009（4）：65-79.

［155］马克，布劳格．1990：经济学方法论［M］．石士钧，译．北京：商务印书馆，1992.

［156］茅于轼．择优分配原理：经济学和它的数理基础［M］．广州：暨南大学出版社，2008.

［157］潘春阳，杜莉，蔡璟孜．中国消费率下降之谜：基于资金流量表的分析（1992~2007）［J］．上海经济研究，2010（7）：3-12.

［158］斯蒂格利茨等．对我们生活的误测：为什么 GDP 增长不等于社会进步［M］．阮江平，王海昉，译．北京：新华出版社，2011.

［159］汪丁丁．经济学思想史讲义［M］．上海：上海人民出版社，2008.

［160］王小鲁，樊纲．中国收入差距的走势和影响因素分析［J］．经济研究，2005（10）：24-36.

［161］武康平，张国胜，周伟．民生福利评价的理论与实践［J］．南京社会科学，2012（7）：1-7.

［162］吴克明，余晶，卢同庆．大学毕业生与青年农民工就业比较研究［J］．教育与经济，2015（4）：23-29.

［163］巫强．周波．绝对收入、相对收入与伊斯特林悖论：基于 CGSS 的实证研究［J］．南开经济研究，2017（4）：41-58.

［164］许成钢．地方分权的双刃剑［J］．新经济导刊，2010（3）：17.

［165］杨缅昆．通货膨胀测算问题的若干探讨［J］．统计研究，1998（3）：45-48.

［166］杨缅昆．国民福利：诺德豪斯—托宾核算模式评析［J］．统计研究，2007（5）：21-25.

［167］杨缅昆．论国民福利核算框架下的福利概念［J］．统计研究，2008（6）：72-77.

[168] 杨缅昆．社会福利指数构造的理论和方法初探 [J]．统计研究，2009 (7)：37-42.

[169] 叶航．西方经济学效用范式的逻辑缺陷 [J]. 经济学家，2003a (1)：93-97.

[170] 叶航．效率与公平：一个建立在基数效用论上的新视角——黄有光新著《效率、公平与公共政策》评析 [J]. 管理世界，2003b (12)：150-153.

[171] 叶航，汪丁丁，贾拥民．科学与实证——一个基于“神经元经济学”的综述 [J]. 经济研究，2007 (1)：132-142.

[172] 袁正，郑欢，韩骁．收入水平、分配公平与幸福感 [J]. 当代财经，2013 (11)：5-15.

[173] 袁志刚，朱国林．消费理论中的收入分配与总消费——及对中国消费不振的分析 [J]. 中国社会科学，2002 (2)：69-76.

[174] 约瑟夫，熊彼特．经济分析史 [M]. 朱泱等，译．北京：商务印书馆，1991.

[175] 张斌，何晴．资本报酬、收入分配与福利增长 [J]. 税务研究，2011 (3)：20-23.

[176] 张坤民，孙荣庆．中国环境污染治理投资现状与发展趋势分析 [J]. 中国环境科学，1999，19 (2)：97-101.

[177] 张伟．经济福利测度：理论分析与中国经验研究 [D]. 华中科技大学博士学位论文，2010.

[178] 赵志君．收入分配与社会福利函数 [J]. 数量经济技术经济研究，2011 (9)：61-74.

[179] 周国梅，周军．绿色国民经济核算国际经验 [M]. 北京：中国环境科学出版社，2009.

[180] 朱幼文，周瀚光，戴洪才．管子直解 [M]. 上海：复旦大学出版社，2000.

[181] 周广肃，孙浦阳．互联网使用是否提高了居民的幸福感——基于家庭微观数据的验证［J］．南开经济研究，2017（3）：18-33.

[182] 周伟，武康平．个税免征额、税率与拉弗曲线［J］．经济学家，2011a（10）：68-76.

[183] 周伟，武康平．个人所得税、政府转移支付与个体行为激励——基于拉弗曲线的统一讨论［J］．南开经济研究，2011b（5）：98-112.

[184] 周伟，武康平．不同承诺能力下可耗竭资源的最优消耗［J］．中国人口·资源与环境，2011c，21（5）：21-25.

[185] 周伟，武康平．从“掠夺之手”到“仁慈之手”——基于Kaldor模型对中国劳动收入份额“U”型演变的理论解释［J］．南京社会科学，2013（3）：26-32.

[186] 朱国林，范建勇，严燕．中国的消费不振与收入分配：理论和数据［J］．经济研究，2002（5）：72-80.

[187] 朱启贵．绿色国民经济核算论［M］．上海：上海交通大学出版社，2005.

[188] 朱荣科，赵亚乔．福利经济思想的重新表述与学科诞生［J］．财经问题研究，1998（7）：70-72.

后　记

首先感谢国家社科基金项目对本专著出版给予的支持。如果要回顾这个项目的起源，不可避免会想起当初2011年下半学期在清华大学经管学院笔者博士学位论文开题前焦虑的许多日日夜夜，多个自己选好的题目因为种种原因而不被导师所肯定，从而几乎对自己失去了信心，甚至产生了对写毕业论文的恐惧。所幸的是，在学业上笔者碰到了自己毕生最好的老师——武康平，被他严格训练的同时不得不为他的睿智所折服。他在“十二五”规划出台前就已敏锐捕捉到政府在“保障和改善民生”方面的变化，带着我们做了很多与民生福利相关的前期工作后认为，未来将以此作为转变经济发展方式的根本出发点和落脚点，这与后来正式出台的“十二五”规划不谋而合。至此，笔者在感受到老师伟大情怀的同时也欣然接受了他给自己指定的命题作文——经济福利核算的理论基础及其公理化指标体系构建，并在论文开题报告会上得到李子奈等老师的肯定和赞赏。

由于准备充分、思路清晰，与导师的充分交流也使自己对这篇“命题作文”的可能成果有了充分把握，于是果断地申报了2012年的国家社科基金项目并获得资助。因此，该项目的立项与笔者博士学位论文的开题是分不开的。立项后，根据该项目的前期成果与后期的潜心研究，顺利完成了博士学位论文《经济福利核算的理论及其指标研究》（与开题时的题目稍有微调），并得到论文评审专家与答辩组成员的一致好评。因此，项目《经济福利核算的理论基础及其公理化指标体系构建》（12XJL006）与笔者博士学位论文是紧密联系的，但其区别也非常明显。

显著的区别是用 CFPS2010 与 CFPS2012 数据集中微观调查数据更新了原博士论文中 CFPS2008 与 CFPS2009 数据，由原来的几千个样本数据换成了现在的几万个，用更新、更有代表性的数据重做了博士学位论文中所有的实证分析部分，提高了统计分析的稳健性与可靠性，并根据实证结果重新进行了整理和分析。因此，第 3 章几乎是重写的，也正因为实证分析前烦琐的数据整理，笔者几度想放弃修改，每每这个时候，想起在校时武老师的严谨态度与对事情尽善尽美的追求，笔者又重新鼓起勇气，毫不夸张地说，如果没有对这部专著带着某种神圣的使命，笔者不会坚持到现在。

正因为身上的某种使命和情怀，对本专著的核心部分——经济福利指标的构建与核算部分（第 4 章）也几乎进行了重写，在指标的逻辑构建方面，尽可能思虑全面，譬如增加了指标构建的假设前提，而在参数的校准与福利的核算方面也采取了更为科学的实证方法（关于采取的更为科学的参数校准方式在下文还将重提），当然，也更新了福利核算的宏观统计数据（更新至 2017 年）与核算结果，意外的是，数据的更新（原博士学位论文数据截至 2011 年）使本书原有观点有所变化，发现中国自“十二五”规划（2011 ~ 2015 年）后已跳出 1997 年亚洲金融危机后 Max – Neef（1995）所提出的“门槛假说”现象，且与“十二五”规划、“十三五”规划以及党的十九大报告中聚焦民生、改善民生的时间契合，当然，这是基于官方公布的基尼系数分析的结果。

总之，由于本项目研究的内容比较多，且有些不太成熟的思想需要得到锤炼与沉淀，以及主要结果需要得到实践检验，为了使项目的完成尽可能不留遗憾，故该项目在博士学位论文答辩后，即 2013 年 5 月基本完成之后仍不断修改完善，现项目的最终成果（专著）在内容上得到了充实、对观点进行了更新、结构更为合理以及研究方法上得到了改进和提高。具体来看包括以下几个方面。

在内容方面，比原博士学位论文充实了许多。譬如在该项目最终成果专著中，在第 3 章因素检验的计量分析部分专门增添了本书实证分析中核心过程的理论依据（第3.1.2节）、教育、医疗是否满足Nordhaus和Tobin（1972）所提出的“工具性”性质（第3.2节），而博士学位论文则没有进行专门深入的讨论。其实，教育与医疗支出变量不显著的稳健结果的意义深远，首先暗示我们在构建影响居民幸福感的实证模型时，可以遵循Diener（1999）的思路将教育与医疗排除在幸福方程之外（在本专著中的3.3节已体现）。其次在本项目后期构建经济福利指标进行福利核算时，应遵循Nordhaus和Tobin（1972）的福利核算范式将教育、医疗支出作为“工具性支出”而给予扣除。

显然，深入研究教育、医疗与居民幸福之间的关系在指导经济学的理论与实证建模，福利指标构建以及反思我们当前的教育模式、城乡医疗保障体系等方面有重要意义。如果居民在教育、医疗方面的支出不能直接给人幸福，而仅作为人力资本提升社会生产率与个体收入水平的中间投入的话，那么我们可以考虑将教育与医疗看作通往幸福途中的“工具”，从而居民的教育医疗支出应当作为一种“工具性”的投资支出对待，而政府为了提升民生福利则应主动承担居民在教育医疗等方面的负担，完善城乡义务教育与医疗保障体系。

在观点方面，由于研究内容的充实与分析过程的改进，专著比原博士论文中的计量分析更为明确，结果更为稳健可靠，当然依据构建的福利指标CMEW对居民经济福利的核算也更为可靠可信，特别是，宏观统计数据（更新至2017年）的更新使其核算结果与原博士学位论文结果（数据截至2011年）有所变化，原来认为中国可能出现的“门槛假说”现象在中国自“十二五”规划（2011~2015年）后已跳出而不复存在，反映了党和国家领导人自“十二五”规划特别是党的十九大报告以来取得的突出成就与做出的英明决策。

在结构方面，由于增加了研究内容，专著的结构更为合理，分析结果也更为明确。譬如增加了实证分析中部分过程的理论依据的证明（第3.1.2节），使第3章后续的实证分析过程更具坚实的理论基础。而增加的教育医疗对居民经济福利的工具性检验这一节，其结果表明我们在构建影响居民幸福感的实证模型时，应遵循 Diener（1999）的思路将教育与医疗排除在幸福方程之外，更重要的是在构建经济福利指标进行福利核算时，应与福利指标公式中涉及的居民经济福利增减项目首尾连贯一致。

在研究方法方面，专著较博士学位论文得到了改进和提高。譬如在原博士学位论文中仅从计量理论上提及被解释变量“生活满意度”（“福祉”）对影响经济福利的因素与影响非经济福利的因素回归，等价于“生活满意度”对影响非经济因素回归后所得到的残差再对影响经济福利因素的回归，即“生活满意度”对非经济因素回归后所得到的残差意味着在“生活满意度”（“福祉”）中消除了非经济因素影响的非经济福利后剩余下来的经济福利，因此残差再对影响经济福利因素回归的结果就是经济因素影响经济福利的结果。但对于这一重要分析过程并未在博士学位论文中提供理论依据，且未重视隐含于福祉中的经济因素与非经济因素相关系数为 0 的条件，所以这隐含的条件并未在博士学位论文的估计与检验过程中得到重视。但在该项目的最终成果专著中，专门讨论并证明了本专著实证分析中的这一重要过程并实现了如何使解释变量中核心变量之间相关系数为 0 的详细过程，且该方法在第 3 章整章都一以贯之，从而得到更为稳健可信的实证结果。

更值得一提的是，在原博士学位论文中福利指标 CMEW 中关键参数的校准偏于主观，而在最终成果专著——《经济福利核算的理论基础及其指标体系的逻辑构建》中采取了以标准误最小为标准结束计算机循环的更为科学的参数校准方式，通过点估计与区间估计后，参数的校准值比原来严谨了许多。总之，博士学位论文修改后的专著对影响经济福利因素的检验、福利的核算与提升居民经济福利的对策建议更为完善，实证结果更为稳健可靠、构建的福利指标 CMEW 更具坚实理论基础从而更为科学。因此，依据 CMEW 所核算出来的居民福利更是对 GDP 的补充与超越，当然，就指标的优越性而言，CMEW 也是对 GDP 的超越，我们翘首以待 CMEW 指标的推广。

最后，本专著也是中国博士后科学基金（2018M630736）、江西省教育厅科学技术研究重点项目（GJJ170314）、江西省科技厅软科学研究项目（20161BBA10049）、江西省博士后科研择优项目（022140046）的重要研究成果。